广视角·全方位·多品种

权威·前沿·原创

上海蓝皮书

BLUE BOOK
OF SHANGHAI

总编／潘世伟

上海经济发展报告
（2011）

创新驱动与转型发展

主　编／沈开艳

ANNUAL REPORT ON ECONOMIC DEVELOPMENT
OF SHANGHAI(2011)

社会科学文献出版社
SOCIAL SCIENCES ACADEMIC PRESS (CHINA)

法律声明

　　"皮书系列"（含蓝皮书、绿皮书、黄皮书）为社会科学文献出版社按年份出版的品牌图书。社会科学文献出版社拥有该系列图书的专有出版权和网络传播权，其 LOGO（▣）与"经济蓝皮书"、"社会蓝皮书"等皮书名称已在中华人民共和国工商行政管理总局商标局登记注册，社会科学文献出版社合法拥有其商标专用权，任何复制、模仿或以其他方式侵害（▣）和"经济蓝皮书"、"社会蓝皮书"等皮书名称商标专有权及其外观设计的行为均属于侵权行为，社会科学文献出版社将采取法律手段追究其法律责任，维护合法权益。

　　欢迎社会各界人士对侵犯社会科学文献出版社上述权利的违法行为进行举报。电话：010 - 59367121。

社会科学文献出版社

法律顾问：北京市大成律师事务所

上海蓝皮书编委会

主编简介

沈开艳 女，江苏无锡人。经济学博士。现为上海社会科学院经济研究所副所长、研究员。1986 年毕业于南京大学经济系，获经济学学士学位；1991 年、2001 年毕业于上海社会科学院研究生部，分别获经济学硕士、博士学位。主要研究方向为宏观经济、中国经济理论与实践、印度经济等。曾出版《聚焦大都市》（主编）、《中国期货市场运行与发展》（个人）、《就业促进与和谐社会》（主编）、《经济发展方式比较研究》（主编）等学术专著，在核心刊物上发表的主要论文有《上海率先解决城乡二元结构的障碍及其成因分析》、《中印信息产业发展比较的经济学分析》、《中国与印度：关于经济改革与发展的分析和思考》、《上海张江高科技园区创新集群模式的特征及主要政策》等。

中文摘要

《上海经济发展报告（2011）》由总报告、综合篇、专题篇及案例篇组成。

总报告将 2011 年定位在"十二五"开局之年的基础上，结合国内外宏观经济形势的变化，并通过回顾和分析 2010 年上海经济发展的态势与特征，预测 2011 年上海经济发展面临的突出问题，利用经济领先指标及其合成指数的走势，运用情景分析方法对 2011 年上海经济形势和主要宏观经济指标进行了判断与预测。

2011 年是"十二五"规划的开局之年，是加快调整经济结构、转变经济发展方式非常重要的一年。上海在保持经济稳定增长的同时，不仅需要解决发展过程中长期存在的旧问题，还将面临新出现的一些"两难"问题。

基于这些矛盾和问题，再结合 2011 年国内外宏观经济形势，以及"世博后效应"对上海经济增长的影响与作用，通过对 2011 年上海宏观经济主要领先指标及其合成指数走势的分析，本报告认为，由于上海经济稳定快速增长的基础不够稳固，2011 年经济增速的不确定性依然较大，经济出现一定幅度回落的可能性非常大。2011 年上海宏观经济领先指数的走势将缓慢上升，但升幅不大，预计全年上海经济增速将低于 8%。

在"十二五"期间，上海发展的主线是转型发展与创新驱动。经济发展形势尚不明朗的 2011 年是上海城市实行转型的关键一年。其间，转型的障碍主要来自于上海节点枢纽功能的尚未建立，区域经济龙头地位的尚未确立，以及上海对外辐射和服务全国的能力尚显不足等方面。为此，如何从系统、网络和功能的角度来看待上海的城市转型，如何在时空坐标中对上海作更加合理的定位，同时也从中寻找城市转型的新动力，如何进一步优化城市空间的新城战略，进一步发展民营经济的对内开放战略，以及如何进一步转变政府职能体制等是至关重要的。本书还通过实证案例对日本川崎市的产业发展特征和产业结构变化进行分析，进而对上海的产业转型提出了颇具思考性的问题。

从创新的角度讲,从资本驱动向创新驱动转变是城市在高级发展阶段转型的基本方向。上海是否具备了从资本驱动发展向创新驱动发展转变的条件了呢?本书基于对城市发展阶段理论的分析,并通过对上海创新条件的整体评价,认为当前上海的创新条件离发达国家创新城市的标准仍有比较大的差距。在创新条件不足的背景下,上海在"十二五"的开局之年只有通过包括理念创新、体制机制创新、城市经营管理创新、产业体系创新和技术创新等在内的多元创新形成上海的转型动力,才能推动上海向创新驱动阶段发展。

从 2011 年起,上海的城市发展和经济发展正式进入了"后世博"时代。"后世博"时代是上海城市基础设施投资的重要转折期,是上海城市品牌建设与城市竞争力提升的关键时期,也是借助于虹桥综合交通枢纽与长三角同城化效应的进一步突显期。对此,本书通过三个世博专题报告分别作了详细分析。

2011 年,随着中心城区利用和发展空间的日趋狭小,上海需要加快新城建设。这对上海社会经济持续稳定增长,对优化上海城市空间结构,对提升上海城市产业能级,对破解城乡二元结构,对建设低碳生态、智慧宜居城市,对推进长江三角洲区域经济社会一体化发展具有重大作用。为此,必须提高新城建设在上海城市发展中的战略定位,要从长三角城市群建设的角度重新定位,从城市功能入手调整建设思路,并尽快制订有别于中心城区的人口导入计划。

2011 年的上海,还需要关注以下话题:第一,产业融合与业态创新已成为当前全球经济发展的新趋势、新动向。上海在经济转型过程中也出现了新型业态企业。这些新型业态给当前传统政府管理体制和运行机制带来了巨大挑战,值得关注。第二,随着经济社会发展与人口年龄结构变动,上海的劳动力成本上升已成定势。上海在直面劳动力成本上升的同时,更需提出有效应对成本上升和促进经济转型的对策措施。第三,房地产市场走势向来是经济发展景气与否的重要因素。上海房地产市场在经历多次宏观调控后,2011 年调整势在必然,房价将有微幅下跌。第四,人民币区域化、国际化进程明显加快。在人民币国际化背景下,上海建设国际金融中心仍存在金融体制、金融监管、市场基础、金融人才等领域的瓶颈与问题,迫切需要各方共同克服,提出针对性的政策建议。

Abstract

"Annual Report on Economic Development of Shanghai (2011)" is made up of four parts. The first part, namely the General Report, is classified in terms of themes and the other parts are General Aspects, Specified Aspects and Cases.

The main report, taking the year 2011 as the beginning year of the 12th five-year plan and taking into account both the domestic and external macro-economic situation, is targeted at some distinct problems through reviews and analysis of the economic development pattern and features of the year 2010. Making use of the leading economic indexes and the trend of some composite indexes, the report does some judgments and prediction of the major economic situation and some major macro economic indexes in Shanghai.

The fact that the year 2011 is the beginning year of the 12th five-year plan will help to step up the adjustment of economic structures and economic transformations. It is a year of great importance. While making every effort to ensure stable economic growth in Shanghai, the city has to tackle existing problems it has come across in the course of development, while confronting newly cropped-up hard nuts.

In view of these problems we are confronted with and taking into account analysis and judgment of the macro domestic economic situation and the post-expo impact on the economic growth of Shanghai, this report suggests that the rapid stable economic development of Shanghai is still not guaranteed owing to lack of a sound foundation. This supposition is also made through analysis of the leading indexes and the trend of the composite indexes of Shanghai macro economy. The uncertainty of the speed of economic growth could be well predicted and chances are that the city's economy might undergo decline to a certain extent. The leading index of Shanghai macro economy might be going up at a slow pace and with a small margin. The growth rate of Shanghai economy is estimated to be lower than 8%.

During the "12th five-year", the main stream of Shanghai development will be economic restructuring and innovation and the year 2011 will prove to be a year of crucial importance. The barrier for transformation will come from the fact that the pivotal function of Shanghai is not yet established. Nor is its leading role in economy in the delta region. The radiation effect of Shanghai and its potential to serve the whole of the country is not yet brought about. Therefore, it is absolutely vital to look upon Shanghai city transformation from aspects of system, network and functions. We should position Shanghai even more reasonably and properly in terms of space-time coordinates. Furthermore, we need to explore new driving forces for city transformation; for instance, we could work out new urbanized towns with an end to bettered city space structure. We could also develop domestic open strategies and incubate more privately-owned enterprises. Above all, we should further transform government function mechanisms. Through the specific case of the city of Kawasaki and via examining its development features and industry structure changes, the book, so to speak, offers some food for thought for Shanghai industry transformation.

To transit smoothly from capital-driven period to renovation-driven period is now the basic aim of any city which is at its advanced stage of development. Is Shanghai ready for the transformation? The present book, while studying city development theories and assessing the conditions for innovation as a whole, states that Shanghai has yet a long way to go to qualify itself as an innovative city like one in a developed country, that is, Shanghai is not yet 100% ready. Under such circumstances, in the beginning year of the "12th five-year", Shanghai should go all out to seek innovation in areas of systematic mechanism, city running, industry system and technology. The city should also strive to foster new transformation impetus for the diversified innovative development and push the city forward to its innovation-oriented development stage.

Starting from the year 2011, Shanghai will witness the "post-expo" period in its city and economic development. The "post-expo" period is the crucial time for the building up of Shanghai city brand and its city competitiveness. The "post-expo" period will be the time during which the urbanization effect of the Yangtze River Delta will be further projected, with Hong Qiao being the integrated transportation hub. The present book makes separate analysis of three specified expo reports.

In 2011, with the room for development in the central area getting less and less, Shanghai needs to step up its new urban town construction. It is, so to speak, imperative for the city of Shanghai to maintain its economic growth, improve its space structure, upgrade its city industry level, effect some breakthroughs in city and countryside dual structure, and to establish a low-carbon, smart and livable city and contribute to the integration of different regions in the Yangtze River delta region. To materialize those set goals, Shanghai must intensify the strategic positioning of new urban towns in its development. Shanghai should reposition its role in the construction of city group in the delta region, readjust its construction road map in its city functions and accordingly its population relocation plans in the new urban towns should be worked out. The population relocation pattern in these areas should be different from that in the city downtown area.

In 2011, Shanghai also needs to pay attention to following topics: Firstly, industry integration and innovation in the area of industrial status quo have become a new tendency in economic globalization. Shanghai has witnessed its new-type industrial pattern in the process of its economic transformation. This new type of the industrial pattern has triggered great spotlight attention and has posed challenges to traditional government management and running mechanism. This very fact calls for great attention. Secondly, with the change of age structure of people in Shanghai and with the economical and social development, labor cost in Shanghai has definitely risen. While facing the rise of labor cost, Shanghai has employed corresponding strategies and measures to cater to the rise and economic transformation. Thirdly, the tendency of real estate industry in Shanghai will be a vital factor in the estimation of the economic prospect of Shanghai. Real estate industry still commands a high price range despite various macro control policies so a low-margin decline is expected in 2011. Fourthly, the regionalization and globalization of RMB will markedly quicken its steps. With the globalization of RMB in progress, our efforts to build Shanghai into an international financial center would not be plain-sailing. We will undoubtedly encounter bottlenecks in financial mechanism and financial supervision, market foundation, financial talents, etc. We are in urgent need to tackle all the bottlenecks and come up with corresponding policies and proposals.

目录

ⅬⅣ　案例篇

皮书数据库阅读**使用指南**

CONTENTS

B IV   Cases

总 报 告

General Report

B.1

"十二五"开局之年上海经济
发展预测分析与对策建议

朱平芳*

摘　要：本文结合国内外宏观经济形势的变化回顾分析了2010年上海经济转型的态势与特征，根据这些特征，利用经济领先指标及其合成指数的走势，运用定量分析工具对2010年上海经济形势和主要宏观经济指标进行了判断与预测。全文梳理了"十二五"开局之年上海经济转型面临的突出问题，运用情景分析对2011年上海经济的转型和主要宏观经济指标进行了预测，综合各种正、反两方面的因素，认为上海经济增长将有所减缓，提出了相应的政策建议。

关键词：经济转型　预测分析

* 朱平芳，上海社会科学院数量经济研究中心主任，研究员，博士生导师，主要研究方向为宏观经济、经济形势分析与预测、数量经济学等。

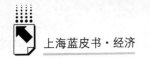

一 2010 年国内外宏观经济形势分析与上海经济运行态势的判断

（一）2010 年国内外宏观经济形势分析

2010 年，中国经济进入了"最复杂的时期"，美国经济增长好于欧洲，欧洲经济复苏相对缓慢，并且面临逐步加剧的主权债务危机和政府信用降低的问题。中国经济增长虽然将达到 10.1% 的较高水平，但面临着经济刺激政策退出、经济结构调整力度不断加大的压力。我们认为，复苏仍将是未来几年全球经济的主题，金融危机对全球实体经济的影响仍将延续，经济增长速度将明显放缓。随着世界经济一体化进程的加快，国家与地区之间的经济联系日益紧密。上海的经济发展除了受国际政治与经济环境变化的影响外，还会受到国家宏观经济政策变化、国内经济发展的环境以及区域经济竞争格局变化的影响。

由于美国经济增长不及先前普遍预期的好，2010 年 11 月初推出了宽松量化的货币政策，并竭力逼迫人民币升值，此举可能会抑制中国产品的出口，这将给上海经济带来负面的影响。欧盟、日本等经济相对弱势，随着制造业库存的企稳，库存的增长需要消费的支撑。欧洲和美国 10% 左右的高失业率将继续维持，就业率恢复到危机前水平估计需要 4～5 年时间，世界可能要迎来一场将持续 6～8 年的就业和社会保障危机。以此判断，在较长的一段时期内外部需求不会有明显增加，较快的消费增长只是一个愿望，经济增长的动力明显受到掣肘。美欧为提高自身就业水平采取了强硬的贸易保护政策，限制进口增加出口。中国经济的最大贸易伙伴是欧盟、美国和日本，一方面，外部疲软的消费不可能带动中国的出口出现持续快速增长；另一方面，中高端产品出口受发达国家"反倾销"的挤压，低端产品出口受发展中国家更低生产成本的挤压。上海经济传统的外需推动模式难以维持，短期内对外向度较高的上海经济的发展很不利。

从 2010 年中国季度经济运行的情况看，前高后低的局面已经基本确定，预计全年 GDP 增长速度将达到 10% 左右的水平。其中，第一产业增加值增长率将达到 4.1%。受房地产市场调控以及各部门、各地区淘汰落后产能、节能减排的力度加大的影响，2010 年工业将呈现前高后低的发展态势，预计第二产业增加值增速将达到10.7%，比2009年高0.8个百分点。第三产业增长比较稳定，预计将达到10.1%的水平。全社会固定资产投资由于受2009年基数较高、一系列针对高房价的调控措施和政府严格控制新开工项目、对地方政府融资平台严格审查等宏观调控政策的影响以及扩张性财政政策的效力的逐步减弱，2010年其增速将明显降低，预计全年将达到277500亿元左右，名义增长率为23.4%，比2009年低6.7个百分点，剔除价格因素，投资实际增长率为19.5%，比2009年低13.8个百分点。

2010年CPI上涨的85%主要是由食品类价格和居住类价格的快速上涨引起的。预计全年CPI上涨幅度将达到3.3%左右。

由于受政策刺激效应开始递减以及近期汽车和住房销售增速明显下降的影响，而消费的其他亮点还没有形成规模，2010年消费需求增速有所放缓。预计全年社会消费品零售额名义增速将达到18.1%，比去年高出2.6个百分点，但实际增速有所放缓，为15.2%，低于2009年16.9%的实际增长速度。

随着2010年下半年国际大宗商品价格高位回稳、国内投资需求有所放缓，预计我国外贸出口和外贸进口都将呈现"前高后低"的走势，全年出口增速达到27.3%，进口增速达到35.7%，全年贸易顺差将达到1650亿美元，净出口对经济增长仍旧是负贡献。

综观2010年的"房地产市场调控"、"淘汰落后产能"、"出口退税率上调"、"重启汇率改革"、"提高基准利率与存款准备金率"等一系列政策，它们进一步加大了经济结构调整的力度，有助于进一步改善和推动经济增长质量和经济结构的改善。

（二）2010年上海经济运行态势的分析与预测

2010年是"世博盛会"年，消费与旅游业的超预期增长已经成为共识，但我们必须清楚地认识到，即便消费与旅游业超预期增长，但它们对于GDP增长的贡献还是相对有限的。根据我们的测算，总消费支出每增长1个百分点，对GDP增长的贡献为0.5个百分点左右。预计今年由于"世博盛会"的带动，总消费支出超预期增长大概在4~5个百分点，对上海GDP增长的贡献将超过2个百分点。从2010年第3季度的宏观经济数据发现，同期外贸进出口增长速度为37.0%，较上半年的42.5%回落了5.5个百分点；工业总产值增长速度为20.3%，较上半年的28.0%回落了7.7个百分点。但上海经济增长短期内主要依靠外贸与工业的大幅增长拉动的明显趋势没有改变，只是显露出前高后低的态势。

当然，我们还必须高度关注 2010 年金融业、房产业等行业的实际增长情况。由于货币供给适度紧缩与房地产调控的政策取向已经非常明显，考虑到美国宽松的量化货币政策以及流动性的高度过剩，结合国内外经济形势发展的复杂性，谨慎判断与预测上海宏观经济的增长趋势是很有必要的。

2010 年上海经济的快速增长，不仅由于去年同期第二产业基数偏低、今年工业大幅增长，而且较大程度上更得益于"世博"带来的旅游、消费和会展的大幅增长及由此带来的货物与服务净流出的快速增长。2011 年是"十二五"规划的开局年，是加快调整经济结构、转变经济发展方式非常重要的一年。上海在保持经济稳定增长的同时，不仅需要解决发展过程中长期存在的旧问题，还将面临新出现的一些"两难"问题。深化经济结构调整，促进经济发展方式转变，是上海 2011 年乃至未来五年经济发展的重要目标。

1. 2010 年上海宏观经济主要领先指标及其合成指数走势的分析

根据上海社会科学院数量经济研究中心开发的由 8 个经济领先指标组成的上海宏观经济先行指标体系的运行情况，2010 年第 1 季度许多经济领先指标继续回升，但领先指标合成指数升势趋缓，其数值由 2009 年第 4 季度的 17.8 升至 2010 年第 1 季度的 21.2（见图 1），增速有所减缓。第 2 季度上海宏观经济主要领先指标的运行态势保持平稳良好，经济领先指标合成指数由第 1 季度的 21.2 显著回落至 10.8，虽好于年初的预期，但增速却由减缓变为下滑。我们发现 2010 年第 3 季度上海 8 个经济领先指标中餐饮业增加值同比增长率由于"世博"效应，进一步提升至 25.1%，高于预期；集装箱吞吐量同比增速有所回落，由第 2 季度 21.7% 的增长率降至 18.3%，但仍保持较快增速，表明进出口运行态势持续转好，预计 2010 年外贸进出口将对经济增长产生较大推动作用；沪市股票市场价格指数在第 2 季度出现同比下跌 19% 的态势开始明显减缓，第 3 季度同比仅下跌 4.5%，预计第 4 季度沪市股票市场价格指数将出现同比上升的局面，表明投资者虽然对宏观经济政策和未来经济回暖趋势比较谨慎，但对全年经济增长比较乐观；制造业产成品库存同比增速由第 2 季度的 6.4% 微降至第 3 季度的 6.1%，基本持平，表明库存增长速度随着制造业的快速增长反而微微下降，产能过剩不明显，但我们依然要注意产能过剩的出现可能对未来工业增长的制约影响；外贸进口同比增速由第 2 季度的 43.8% 大幅回落至第 3 季度的 27.5%，回落的幅度高于预期，表明进口需求虽还强劲，但快速的回落显示未来外贸出口难以持续大幅回升；第3季度累计新增就业岗位达16.8万个，较去年同期减少了3.8万个，低于原来的预期，表明就业状况基本平稳，存在着一些季节性波动；经理人订单指数（PMI）同比和环比增长速度都出现负增长，由第2季度的5.7%下降至第3季度的﹣4.3%左右，基本接近于原来的预期，制造业虽将保持着景气的态势，但中期并不很乐观；企业家信心指数的增长率由第2季度的28.6%继续较大幅度地回落至11.6%，基本接近于原来的预期，表明企业家对未来经济发展信心和态度继续保持谨慎。2010年第3季度上海宏观经济主要领先指标的运行态势基本接近预期，但出现回落的指标增加，经济领先指标合成指数由第2季度的10.8进一步回落至6.7，虽回落态势有所趋缓，但与我们的预期一致。8个经济领先指标中的大多数指标在2010年第2季度的表现好于预期，第3季度的实际表现比预期的差一些。2010年以来国内外经济与政治形势变得较为复杂，流动性泛滥、通货膨胀都将加剧经济走势的不确定性。根据上海宏观经济先行指标的走势时间超前的基本规律，我们继续维持对2010年上海经济增长速度将超过2009年水平的判断，并继续保持对2010年上海经济增长速度略为调高的预测，但我们对2010年上海的经济并不过分乐观，其轨迹出现前高后低的局面不会改变，政府刺激经济的作用的效应已经逐渐变弱，1~3季度上海经济增长速度继续降至11.5%，较上半年回落了1.2个百分点。随着"世博"的落幕和工业增速的进一步下降，预计2010年全年上海经济增长速度将继续回落。

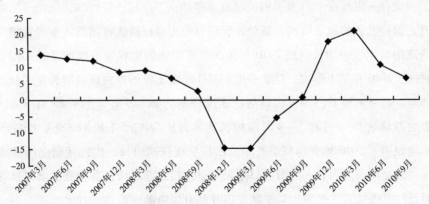

图1 上海经济领先合成指数

资料来源：《上海统计年鉴2010》，《上海市统计月报》。

2. "世博效应"对上海经济增长的影响与作用分析

（1）消费将偏离自然增长的路径呈现大幅增长

"世博"会的召开必然对主办地相关产业产生巨大影响。虽然历届"世博"会主办方各有盈亏，但服务业却无一例外地从中受益。如1992年塞维利亚"世博"会的举办使西班牙的产业结构发生了较大变化，服务业的比重从1990年的57%增长到1993年的63%，年平均增长率为10.1%。由于美国、欧洲等发达国家的经济已经出现回暖与复苏，"世博"会期间国外游客来上海参观游览数量没有偏离预期太多。上海"世博"会对服务业的影响将促使上海的消费规模强劲扩大，"世博"期间游客流量已经达到了7300万人次左右的规模，超过了原来的预期。国内外大量游客来上海参观游览，外部大幅增加的消费将使上海在2010年期间的自身消费偏离自然增长规律的路径而呈现较大幅度增长的态势。我们发现1~6月上海的社会消费品零售总额同比增长为17.5%，1~9月的社会消费品零售总额同比增长为17.6%，始终维持在高增长的水平。我们预计消费对经济增长的贡献将超过2个百分点以上。

（2）国内外游客的大幅增加将使货物与服务净流出呈现较快增长

由于"世博"会的举办改善了举办地的旅游和道路交通基础设施，带来的旅游收益在世博会期间及其结束后将持续较长的时间，这会带来较长时间的商品零售业的繁荣。7300万人次左右的国内外游客来上海参观游览，大大繁荣了住宿、餐饮、食品、游览、购物、休闲娱乐、交通运输、信息传输等服务行业的经营，由此在一定程度上刺激了相关制造业和都市工业订单的增加，促使开工率的提升，保持就业的稳定增长，带动外贸进口与出口保持快速增长，使得货物与服务净流出呈现较快增长，到2010年第3季度为止的宏观经济数据已经支持了这一判断。2010年第1季度、第2季度和第3季度上海的外贸进口增长速度分别为63.6%、43.8%和27.5%，出口增长速度分别为26.2%、37.2%和31.3%，外贸进出口总额1~6月和1~9月的增长速度分别为42.5%和37.0%，这些事实明确地说明了2010年货物与服务净流出将呈现快速增长，由此带动上海经济继续保持快速增长。当然，外贸进口总额与进出口总额的增长态势显示出明显的前高后低的发展特点，外贸出口总额则出现陡升缓降的态势。

（3）与"世博"相关的工业将会有所受益

"世博"会前后国内外游客超常规地增加，必然会产生对住宿、餐饮、食品、游览、购物、休闲娱乐、交通运输、信息传输等服务行业的需求，从而促使这些行业的繁荣，由此在一定程度上刺激了相关的制造业、都市工业订单的增加和相关服务业的增长。由于存在这样的"世博"效应，2010年上海工业中的电子信息产品制造业，汽车制造业，食品、饮料业，服装与鞋帽，文化、娱乐、印刷与旅游品制造等相关制造业和都市工业都将因"世博"而明显增长。1~8月上海电子信息产品制造业、汽车制造业的利润总额分别增长830%、130%，而规模以上轻工业增加值1~6月和1~9月的增长率分别为18.1%和18.4%，与此有关的企业从中都将获得较高的收益，并将由此促进工业增加值的较快增长。

（4）第二产业与工业将保持良好的增长势头，但仍将出现前高后低的态势

根据我们的测算，目前上海第二产业对GDP增长的贡献度为17.2%，其中工业对GDP增长的贡献度只有14.6%，即第二产业增长1个百分点，会对GDP的增长贡献0.17个百分点，而工业增加值增长1个百分点，会对GDP的增长贡献0.15个百分点。所以，上海目前第二产业增长对GDP增长的贡献作用相对较弱。

2010年上海制造业存在着机会与挑战。一方面，由于诸如钢铁、成套设备、机电和一些高新技术产业等重工业产品的外部需求没有明显增长，发达国家贸易保护主义政策以及对人民币升值的强力施压，由此带来对重工业产品出口的负面影响；另一方面，依靠国内经济的快速增长和上海"世博"效应的带动，尤其是全国工业与中西部地区基础设施建设和城镇化进程的加快，加上2009年上海工业增加值的基数较低，上海市2010年上半年和1~9月规模以上重工业增加值的增长速度分别达到了26.2%和22.1%，轻工业增加值的增长速度分别达到了17.4%和18.0%，都保持了较快的增长态势。重工业、轻工业增长特点的差异表现在前者为前高后低，后者为持续上升，后者的运行轨迹更为健康。当然，重工业尚存的过剩产能与增加的库存会造成开工率不足，直接影响经济增长的后续速度。还有，电子行业和一些高技术制造行业今年的增长速度出乎人的预料，轻工业中食品、饮料、服装与鞋帽、文化、娱乐、都市工业与旅游品制造等行业也因"世博"效应而存在较大的市场需求，形成订单增加，开工率提升，就业增长的良好局面，促使轻工业呈现持续较快的增长。从2010年第1季度、第2季度和第3季度外贸进口与出口增长出现较大幅度增加的态势可以明确预期今年工业增长速度会大大快于2009年。当然，我们还必须重视劳动力成本上升所造成

的业务增加、利润不增的现象正在慢慢出现，从而影响民营企业投资的积极性而可能带来的负面影响；注意通货膨胀逐渐推高原材料的成本，而产品价格无法进一步上升所造成的企业利润空间被压缩，从而抑制工业增长的负面影响。我们必须清醒地认识到发展先进制造业是工业增长的新动力，而制造业的升级需要一个较长时期的过程，先进制造业在中短期内难以形成规模。尽管政府为此积极推动高新产业技术化、大飞机项目、新能源产业、汽车等高科技产业的发展，实施了加大投资和政策扶持力度等手段，但是技术的消化、吸收和自主创新需要一个辛苦加痛苦的积累过程，同时，制造业的产能受到内、外部需求的限制而存在很大的不确定性，因此，未来上海的工业发展将出现增长缓慢、动力不足的态势。虽然 2010 年初上海工业出现大幅增长，但随着引发增长的效应逐步减弱，工业增长出现了明显的前高后低的态势。我们看到，国际、国内经济发展的不确定性增大且经济形势复杂性加剧，信贷投放规模的均衡性和投资热点不断减少，工业高速增长的势头不具有可持续性。不仅 2010 年第 1 季度、第 2 季度和第 3 季度的 PMI 走势说明了这一点，而且今年第 1 季度、第 2 季度和第 3 季度工业固定资产投资分别出现 4.9% 的低速增长、11.7% 的负增长和 0.6% 的近乎零增长也明确说明了这点。因此，2010 年上海的工业出现前高后低的运行态势已经确定。我们已经看到，2010 年上海第二产业增加值第 1 季度、第 2 季度和第 3 季度的增长率分别为 26.3%、18.1% 和 14.9%，第二产业的运行随着工业同样呈现前高后低的态势。2010 年第 4 季度上海工业继续保持年初快速增长的难度将会很大，预计 2010 年上海第二产业增加值的增长率可能达到 15% 左右的水平。

（5）金融、房地产的增速将大幅回落，第三产业增速大大低于 2009 年

2010 年 11 月初美国出台了量化宽松的货币政策以刺激经济的复苏，这在一定程度上会带动有关国家继续保持适度宽松货币政策，从而有可能动摇一些国家央行原先对于结束紧急流动性措施的坚决态度。从经济复苏状况良好的发达国家和新兴发展中国家的货币政策来看，2010 年它们的融资环境回归"正常化"的路径和行动没有发生变化。在各国央行执行货币政策"常态化"出现微妙变化的同时，信贷增长的前景变得更为复杂。

2010 年我国广义货币 M2 增长目标和新增人民币贷款规模都将低于去年实际执行的结果，同时，管理好通胀预期，优化信贷结构，落实有保有控的信贷政策，严控对"两高"行业和产能过剩行业的贷款，强化贷后管理，确保信贷资

金支持实体经济，积极扩大直接融资等政策都充分说明了中央逐步收紧流动性的明确态度。然而，我国目前的广义货币供应量与 GDP 之间的比例在进一步加大，央行 2010 年 9 月末的数据显示，广义货币余额已经达到了 69.64 万亿元，按照国家统计局发布的前三季度 GDP 达 26.866 万亿元计算，超发货币将近 42.774 万亿元。与此同时，美国出台了量化宽松的货币政策，直接诱发了流动性的泛滥。虽然我们预期在国际、国内经济与贸易的严峻形势和不确定性加强的宏观背景下，今年股票市场与房地产市场很难继续活跃，财富效应将显著下降，但由于对房地产严厉的调控政策促使"房市"的部分资金进入资本市场与期货市场，使得从 2010 年初至今房地产市场呈现交易大幅萎缩的低迷现象，而商品期货市场持续活跃，10 月开始股票市场交易量突然大幅增长，市场明显趋于活跃，财富效应又重新显现，储蓄搬家的现象重新出现。虽然 2010 年 1~3 季度金融业增加值的增长率只有 2.9%，但预计第 4 季度金融业增加值的增速会快速提升，全年达到 6% 左右的增长率是有可能的。

根据我们的测算，目前上海第三产业对 GDP 增长的贡献度为 82.9%，其中金融业对 GDP 增长的贡献度高达 32.9%，房地产业对 GDP 增长的贡献度高达 20.0%，即第三产业增长 1 个百分点，会对 GDP 的增长贡献 0.83 个百分点，而金融业增加值增长 1 个百分点，会对 GDP 的增长贡献 0.33 个百分点，房地产业增加值增长 1 个百分点，会对 GDP 的增长贡献 0.2 个百分点。所以，上海目前第三产业增长对 GDP 增长的贡献作用很强。

虽然 2010 年第 4 季度金融服务业的增长可能脱离下滑的轨道，但其波动幅度的加大并不利于经济稳定发展，股票市场脱离经济基本面发生持续上扬的时间不会太长，过度的上涨将会引发较长时间的调整与低迷，反而会使得它对上海经济增长的贡献作用减小。目前看来，金融业带动上海经济增长的动力已显不足。金融与房地产业是支撑第三产业最重要的因素，成为上海服务经济的标杆，这是上海经济发展自然形成的结果，它的大幅波动直接影响着上海第三产业在整个经济中的地位。

上海房地产业已经存在价格上涨速度过快、价格相对偏高的普遍现象，导致政府在房地产方面持续出台调控措施。继北京推出"地产 11 条"之后，深圳也推出"地产 13 条"，上海、杭州等地方政府也将推出地产调控政策，说明政府对平抑过高的房价，抑制房地产市场的过度投机已经采取了严厉的措施，表明政府对资产泡沫风险的担忧远大于经济二次探底的可能。预计过高的房价需要一定时间的消化，房地产行业上升的空间将被大大压缩，房地产市场交易将大幅萎缩，由此将导致房地产业出现较大幅度的负增长。

根据2010年初国内外经济形势变化的新特点以及对相关的数据分析判断，上海今年的金融业和房地产业的增速将出现大幅回落，金融业出现低速增长，房地产业出现大幅负增长的可能性更大。虽然消费与旅游业出现超预期增长已经在预料之中，但它们对经济增长的贡献相对有限。2010年上半年上海金融业增长速度只有4%左右，1～3季度金融业增加值的增长率进一步回落至2.9%，但随着第4季度流动性的泛滥以及所引发的资本市场资金推动型的不断活跃，预计全年很可能回升至6%左右的水平。2010年上海房地产业的增速已经发生急转，第1季度出现了17%的大幅负增长，上半年出现了28.2%更大幅度的负增长（其中，第2季度上海房地产业的增速为－38.2%，出现大幅度的负增长），1～3季度继续出现22.9%的大幅负增长（其中，第3季度上海房地产业的增速为－14.2%，负增长的幅度也不小）。由于10月以来股票市场对房地产市场资金的分流较为严重，我们预计全年房地产业的增速将达到25%左右的大幅负增长。2010年上半年上海的第三产业增速为6.2%，预计全年上海的第三产业增速可能在6.5%左右的水平。

（6）投资也将出现前高后低的运行态势，增速大幅下降

2010年正值上海"世博"会期间，虽然2010年第1季度上海固定资产投资增速出现快速增长，达到18.3%，但随着"世博"相关的建设投资的结束，投资空间明显萎缩，上半年上海固定资产投资增速已经由第1季度的18.3%快速降为上半年的2.2%，其中第2季度上海固定资产投资增速为－9.4%。2010年1～9月上海固定资产投资增速已经出现7.4%的负增长，其中第3季度上海固定资产投资增速出现20.5%的大幅负增长。

我们知道，上海城市化建设的新一轮高潮以及城市化所需各种配套服务设施的建设，上海市服务业的升级，旧区改造的进一步开展，城市副中心带的建设，会展中心的建设，制造业不断向高端价值链升级及其各种大项目的实施进行，都将在一定程度上带动投资，但这并非在2010年就能完成。根据我们测算，迪士尼项目预计总投资超过500亿元，首期投资244.8亿元。迪士尼主题公园预计2010年开工，2013年竣工，建设期为四年，每年拉动的投资约为61.2亿元。

2008 年 5 月成立的上海中国商用飞机有限公司,预计未来 3 到 5 年投资 600 亿元,其中用于大型民用客机的研制费用约为 400 亿元,用于大型军用运输机研制的费用约为 200 亿元,如果以 5 年计算,2009～2013 年,每年拉动投资 120 亿元。由于上海固定资产投资的规模已经很大,这些新项目的投资难以产生较高的增量,因此,未来投资进入一个低速增长阶段已经很难避免。

根据我们的测算,目前上海固定资产投资对 GDP 增长的贡献度为 39.56%,即固定资产投资增长 1 个百分点,会对 GDP 的增长贡献 0.4 个百分点。根据我们对未来上海投资将进入一个低速增长阶段的判断,结合今年上海全社会固定资产投资运行的轨迹,2010 年上海固定资产投资增速第 1 季度以两位数快速上升,第 2 季度快速回落至一位数的负增长,第 3 季度则进一步以两位数的负增长速度回落,预计第 4 季度很可能以两位数的增长快速上升,全年将回到 1.5% 左右的水平。虽然投资增速的减缓将制约上海 2010 年的经济增长,但也为我们"调整产业结构,转变经济发展方式和推动经济进入创新驱动、内生增长的发展"提供了很好的机会。

(7) 国内外货物与服务的净流出将明显增长,将在一定程度上带动经济增长

由于"世博"期间带来消费与旅游的收益在"世博"结束后仍将持续较长的时间,大量国内游客将涌入上海参观游览,这将使 2010 年的上海对国内各省市的货物与服务出现较大的净流出。同时,国外游客的大幅增加,也将使得上海对国外的货物与服务出现较大的净流出。我们已经看到,2010 年第 1 季度、第 2 季度和第 3 季度上海的外贸进口增长速度分别为 63.6%、43.8% 和 27.5%,出口增长速度分别为 26.2%、37.2% 和 31.3%,外贸进出口总额 1～6 月和 1～9 月的增长速度分别为 42.5% 和 37.0%,这些事实明确地说明了 2010 年货物与服务净流出将呈现快速增长,从而在一定程度上带动上海的经济增长。我们预计 2010 年全年货物与服务净流出增速将达到 18% 左右的水平。

但我们必须注意到 2010 年内外需出现了"前强后弱"的态势,出口在 2009 年第 4 季度达到临界值后,2010 年上半年虽较快地恢复甚至达到危机前水平,然而第 3 季度出现回落,主要原因就是 2010 年世界经济增长同样呈现"前高后低"态势。上海制造业面对欧债危机、贸易保护等复杂的国际环境以及出口退税调控、汇改后人民币屡创新高与央行调高人民币基准利率等压力,出口订单指数在 6 月份回落至临界值下方后,近期仍在临界值附近徘徊。

（8）2010年通货膨胀的压力将会增大

由于2009年积极的财政政策和适度宽松的货币政策的效应持续作用以及规模巨大信贷的投放，由此所集聚的通货膨胀能量未能及时释放，这就加重了人们对2010年通货膨胀的预期。2010年的CPI和PPI的增长已经略为超出市场的预期，我国政府还将继续保持积极的财政政策和适度宽松的货币政策，上半年保持了较大的信贷投放规模。另外，国际金融市场波动有所加剧，资源价格上涨趋势明显，虽然中国股票市场的估值基本适度，但创业板和中小企业板的股票估值已经偏高，房地产市场的价格也维持高位，这些对我国经济都将形成通货膨胀的合力。我们已经看到，2010年以来多个粮食与蔬菜产地遭受自然灾害，流动性泛滥使得大量资金把粮食作物的商品期货价格大幅推高，10月份CPI已经达到4.4%的上涨幅度，其中，食品价格更达到了超过10%的涨幅。因此，未来物价能否控制在3%以内难度非常大，不确定性更大。对于上海这一国际性大都市而言，2010年由于"世博"效应将引发很大的消费需求，商品价格上涨的压力与幅度比全国平均水平大得多。因此，2010年通货膨胀的压力将会增大。

（9）2010年上海宏观经济形势的预测与分析

2010年上海宏观经济形势将继续在适度宽松的货币政策和积极的财政政策持续、稳定贯彻的环境中运行，但国际政治与经济形势的复杂性和不确定性却有所增强，尤其是美国与欧洲各国央行对于结束紧急流动性措施的态度非常坚决，在金融危机导致各国购买力下降以及当前美国和其他发达国家失业率居高不下的情况下，美国政府很可能继续在人民币升值方面向中国施加压力，为其扩大出口铺路，期间又通过一系列针对中国产品的反倾销和反补贴制裁和特保措施。这些都将不利于上海经济的顺利发展。虽然工业增长快速回升，但金融业和房地产业难以继续保持稳定、快速增长。金融业很可能维持低速增长，而房地产业预计将出现大幅度的负增长。"世博"效应将使得消费与旅游业出现超预期增长，消费规模因此出现大幅度提高。

如果适度宽松的货币政策趋于收紧，积极的财政政策稳定和有效；国际政治与经济形势平稳，美国经济运行进一步复苏回暖，欧洲主权债务危机不再恶化；各类突发性疫情不再发生；国内没有巨大的自然灾害出现；上海市政府房地产调控政策不过于严厉；工业增长前高后低，平均增速高于10%；金融业出现低速增长，房地产业出现较大幅度的负增长；消费规模出现大幅度提高，固定资产投资出现低速增长或小幅负增长，全年货物与服务净流出呈现 15% 以上的增长。预计 2010 年上海最终消费支出增长率将达到 13.6% 左右的水平；固定资产投资增速将出现较大幅度的回落，预计全年在 1.5% 左右；全年货物与服务净流出将呈现 17% 以上的增长。我们运用贡献率分解法结合时间序列分析和计量经济模拟等方法预测了 2010 年上海主要宏观经济指标的实际增长率，结果如表 1 所示。

表 1 2010 年上海主要宏观经济指标增长情况

单位：亿元，%

上海 GDP 增长率（实际）	9.5	其中：金融业增加值增长率（实际）	6.0
GDP 总量（现价）	16927.3	房地产业增加值增长率（实际）	−25
第二产业增加值增长率（实际）	15.2	最终消费支出增长率	13.8
第二产业增加值总量（现价）	7224.7	固定资产投资增长率	1.5
其中：工业增加值增长率（实际）	16.2	固定资产投资总量（现价）	5371.3
第三产业增加值增长率（实际）	6.5	货物与服务净流出增长率	18
第三产业增加值总量（现价）	9702.6		

二 "十二五"开局之年上海经济转型面临的突出问题

2011 年上海的经济发展除了受国际政治与经济环境变化的影响外，还会受到国家宏观经济政策变化、国内经济发展的环境以及区域经济竞争格局变化的影响。"十二五"开局之年将是我们面对的"最不确定的时刻"。

（一）传统的外需推动模式难以维持，外部需求不会有明显增加

虽然有关国际机构对美国经济增长的预期普遍较为乐观，由此可能为中国增加产品出口提供新机会，上海经济也因此得益，但欧盟、日本等经济相对弱势，随着制造业库存的企稳，库存的增长需要消费的支撑。欧洲和美国 10% 左右的高失业率将继续维持，就业率恢复到危机前的水平估计需要 4 ~ 5 年时间，世界可能要迎来一场将持续 6 ~ 8 年的就业和社会保障危机。因此，外部需求不会有明显增加，较快的消费增长只是一个愿望，经济增长的动力明显受到掣肘。美欧为提高自身就业水平采取了强硬的贸易保护政策，限制进口增加出口。中国经济的最大贸易伙伴是欧盟、美国和日本，一方面外部疲软的消费不可能带动中国的

出口出现快速增长，另一方面中高端产品出口受发达国家"反倾销"的挤压，低端产品出口受发展中国家更低生产成本的挤压。2011年中国经济增长高度不确定，上海经济传统的外需推动模式难以维持，这对外向度较高的上海经济的发展很不利。人民币升值的加快导致了进一步升值的预期，如何解决经济发展过程中面临的新"两难问题"，都将给经济的发展带来制约作用。还有，美国推出的量化宽松的货币政策可能动摇有关发达国家2011年宽松货币政策退出的行动与态度，低利率水平在2011年可能继续维持，这都将给中国和上海增加产品出口带来巨大压力。

（二）消费增长难以持续，对经济增长的贡献作用显著降低

2010年"世博"盛会给上海的消费与旅游带来超预期的增长，但我们必须清楚地认识到这种超预期的增长对于GDP的贡献是相对有限的。据我们的测算，总消费支出每增长1个百分点，对GDP增长的贡献为0.5个百分点左右。随着"世博"效应的消退，考虑到后"世博"时期会展与旅游效应的持续以及政府通过发展社会事业和改善民生措施引发的带动消费作用，物价水平难以从高位快速回落，全年通胀的水平还会处在比较高的位置，这样将给消费增长带来一定的抑制作用。预计2011年总消费支出增长将回落约7个百分点，对上海经济增长的贡献作用减少约超过3个百分点以上。

（三）经济与金融的不稳定性与风险可能出现加剧的趋势

第一，预计2011年世界性经济刺激政策全面退出的步伐有所减缓。由于各国经济刺激政策退出的不同步有可能加剧全球经济与金融的不稳定性和风险。美国推出的量化宽松的货币政策可能动摇有关发达国家2011年宽松货币政策退出的行动与态度，低利率水平在2011年可能继续得以维持，但诸如澳大利亚和许多新兴国家宽松货币政策退出的行动却异常坚决。世界经济运行中汇率风险的增加及原油、黄金等商品价格的不断推高助长了股票和房地产等资产价格的泡沫，出现本币升值等，这将不利于中国经济的发展，进而抑制上海经济的发展。第二，国际贸易竞争和贸易保护主义加剧。自国际金融危机爆发以来，20国集团中17国推出的保护主义措施大约有78项，其中47项已付诸实施，3/4是针对中国的。由于国际间的政策合作意愿减弱，协调难度加大，扩大对外贸易、稳定库

存已成为各国恢复经济厚望的领域。美国政府提出了经济将更注重出口而非消费的观点，这使中国的经济增长会受到较大抑制，对经济外向度高的上海压力更大。第三，欧洲主权债务危机和政府信用降低可能引发新一轮国际资本市场的冲击波，这就可能会对世界经济的复苏产生重大负面影响。希腊主权债务危机刚过不久，爱尔兰又面临主权的信用危机，西班牙、葡萄牙和英国的财政状况也存隐忧，中国购买的欧洲主权债券份额的大小将直接影响到国内金融市场的稳定，进而对对金融业依赖度较高的上海经济产生较大的负面影响。第四，经济复苏过程中重新进入的逐利性资本的流向可能出现反复，这种反复对上海经济的影响表现为外商直接投资会伴随全球资本流动而产生增加或减少，从而造成上海吸引外商投资的波动。另外，金融资本在资本市场的大进大出，加剧了股市与房市的投机性，不利于上海金融业的稳定与健康发展。第五，人民币升值与通胀预期的双重压力将导致大量资本的流入，从而助长期货市场大宗商品、粮食作物等商品期货的价格上涨，助长股票与房地产资产的泡沫，这种短期的繁荣会刺激上海经济增长，但对上海经济的可持续发展将带来严重的隐患与风险。另外，由于大宗商品的定价权基本都掌握在发达国家手中，其价格的波动将对上海经济的良性发展带来极大的压力，不利于上海经济发展。11月初美国推出的量化宽松的货币政策、国内货币的大量超发、流动性泛滥将加剧通胀的预期，从而促使资产泡沫的逐步累积。中国人民币升值与通胀预期的双重压力使得央行难以大幅度升息，但升息的频率一定会逐步增加。从国内而言，投机炒作等因素推动大宗商品价格上涨将受到一定的制约，预计2011年国际大宗商品价格出现振荡的幅度将有所趋缓，这对上海经济发展是一个机会。

（四）投资储备不足，民间投资缺乏动力，政策退出风险压力临近

首先，随着"世博"相关的建设投资的结束，投资储备后续项目有可能跟不上。这主要表现为传统工业项目受产能过剩的挤压，尤其在外需收缩时压力更大，而新型工业项目由于技术不成熟，又受到高风险的挤压；低端的劳动密集型产业领域受到周边国家的挑战和生产成本上升的影响正逐渐失去比较优势，高端的研发领域难敌发达国家的竞争，吸引外资正大幅度下降。因此，投资空间将明显萎缩（虽然"世博"带来的土地收益可能成为未来上海投资的动力源，但投资的方向与后续项目有可能跟不上）。其次，上海城市化建设的新一轮高潮对提

升投资的空间不大。虽然上海城市化所需各种配套服务设施的建设，上海市服务业的升级，旧区改造的进一步开展，制造业不断向高端价值链升级以及各种大项目的实施进行，都将在一定程度上带动投资，但这并非 2011 年就能完成的。民间投资增长缓慢，尚未实现由政府带动向市场驱动转换。同时，由于上海商务成本、劳动力成本逐步攀升，吸引外部资本的难度亦不断上升。因此，2011 年起上海投资将进入一个低速增长阶段，投资增长后劲乏力，必须充分估计投资形势的复杂性、严峻性和不确定性。最后，上海郊区建设以及城市副中心带的建设将为扩大投资规模、增加消费、提升服务业的规模创造一定的机会，有利于经济转型与经济增长。而且应注意我国经济刺激政策退出的风险。我国经济刺激政策的明确退出，流动性将大幅收紧，虽然流动性依旧充沛，但由于货币政策的推出与银根的收紧会对已经形成的投资产生较大的负面影响，可能导致一些烂尾工程。还有，房地产在带动投资、增加财政收入等方面又发挥着难以替代的作用，一旦政策改变，有可能导致市场暴跌，抑制投资，影响经济和财政收入的增长。因此，应充分注意与评估政策的风险，保持政策的稳定性、持续性以及退出的灵活性。进一步关注货币超发、流动性泛滥与投资项目缺乏，由此推高商品价格、刺激通货膨胀的延续的不利结果的发生。

（五）产业结构仍将被动调整，优化的基础不牢固

自 1999 年上海市第三产业占比过半以来，2000～2005 年的 6 年中第三产业占比一直在 51%～53% 之间波动。由于决定上海经济发展的主要因素是工业、金融业和房地产业，因此，当 2007 年股市、房市大幅上涨，工业稳中略降时，第三产业占比突破了 53%，升至 54.6%；2008 年金融业的快速发展与工业的明显下降导致第三产业占比进一步升至 56%；到 2009 年由于经济刺激政策引发的金融业与房地产业共同的大幅增长，而外部需求的锐减引起的工业大幅回落，使得第三产业占比创历史新高，达到 59.4%。2010 年广义货币 M2 和新增人民币贷款的增长目标都低于 2009 年实际执行的结果，同时，央行通过公开市场业务连续 9 个月净回笼资金和连续三次上调人民币存款准备金率 50 个基点，明确反映出宽松货币政策退出的迹象。国家与地方又在地产方面持续出台严厉的调控措施，显示政府正坚决平抑过高的房价，抑制房地产市场过度投机。2010 年股市下跌，房市委靡，但工业出现了较快增长，第三产业占比很可能回落，可能继续

在 60% 以下盘整。由于稳定而较为活跃的股票市场有助于减小流动性的压力，对管理好通货膨胀是有利的，因此 2011 年中国股票市场总体将呈现慢牛格局，股价指数震荡上行，但不会像 2007 年那样狂涨。而房市随着政府对房地产严厉调控政策的积极实施，伴随着经济刺激政策全面退出，已经难有上扬的基础和动力，但这并不意味着 2011 年上海房地产业就没有增长，只不过幅度有限。一个逐步走向健康的房地产市场对经济发展方式的转变非常有利。虽然服务业比重提高是由其自身发展速度较快和政府全力推进发展现代服务业等因素引致，但很大程度上是由于工业增长速度下降、金融业或房地产业发展速度快速提升所致，并非主动调整的结果，因此，上海产业结构优化的基础不牢固，夯实这一基础的唯一途径就是扎扎实实地转变经济发展方式，由此逐步带动产业结构升级，使得产业结构不会出现过大的波动。建议上海充分利用"世博"会扩大上海在世界上的知名度和影响力，继续加大会展与旅游设施的投入，提高境内外游客数量的持续增长和接纳能力。随着"迪士尼"项目落户浦东，通过吸引大量人流和商流可以让"世博效应"延续，并带动相关服务业较快发展，不断优化产业结构。

（六）上海经济运行的工业、金融业和房地产业三大引擎的短中期动力已显不足

工业、金融业和房地产业是带动上海经济增长的三大引擎。发展先进制造业是工业增长的新动力，而制造业的升级需要一个较长期的过程，先进制造业在中短期内难以形成规模。尽管政府为此积极推动高新产业技术化，推动大飞机项目、新能源产业、汽车等高科技产业的发展，实施了加大投资和政策扶持力度等政策，但是技术的消化、吸收和自主创新需要一个辛苦加痛苦的积累过程。同时，制造业的产能受到外部需求的限制，这在"后金融危机"、"后世博"期间存在很大的不确定性。因此，2011 年上海的工业发展将出现增长缓慢、动力不足的态势。目前上海房地产业已经存在价格上涨速度过快、价格相对偏高的普遍现象。最近，政府在房地产方面持续出台调控措施，继北京推出"地产 11 条"之后，深圳也推出"地产 13 条"，上海、杭州等地方政府也会推出地产调控政策，说明政府对平抑过高的房价、抑制房地产市场的过度投机已经采取了严厉的措施，表明政府对资产泡沫风险的担忧远大于经济二次探底的可能。预计过高的房价需要一定时间的消化，房地产行业上升的空间将被压缩，2011 年上海房地

产业将继续出现增长缓慢、动力不足的态势。2010年广义货币M2和新增人民币贷款的增长目标都低于2009年实际执行的结果，同时，央行通过公开市场业务连续9个月净回笼资金和连续三次上调人民币存款准备金率50个基点，明确反映出吸收流动性、宽松货币政策退出的迹象。2010年股市持续下跌，由于股票市场的运行机制已经发生根本性变化，单边做多才能盈利的市场功能已成为过去，预计2011年股市大幅上涨的可能性不大。而地产调控政策中短期内直接降低房地产业的繁荣，导致房地产业在2011年可能处于价跌量平的态势，进而影响房地产业对国内生产总值的贡献度，从而传导至金融业的增长，这些都会降低市场对未来商业银行与保险公司的赢利预期。虽然股票市场国际版的推出对上海建设国际金融中心具有重要意义，但是，短期内金融服务业将面临增长下滑的趋势，它对上海经济增长的贡献作用将有所减小，金融业带动上海经济增长的动力已显不足。金融与房地产业是支撑第三产业的最重要的因素，构成了上海服务经济的标杆，这是上海经济发展自然形成的结果，它的大幅波动直接影响着上海第三产业在整个经济中的地位。未来上海经济发展战略的制订必须注重通过实实在在地调整经济结构，转变发展方式，承受中短期的经济回调与衰退的压力，逐渐改变这一自然形成的结果，构建创新驱动、内生增长、结构优化、自适应性强的上海经济运行系统。

（七）创新驱动模式在体制缺陷和监督不完善并存的条件下效率难以提高

改革开放以来的每个"五年计划"，技术创新的驱动模式都是由政府引领的。这样的模式在一定阶段对促进科技进步、不断加大投资和政策扶持的力度、积极推动高新产业技术化起到了很大的作用。但由于政府主导着支持创新活动的大量公共资源的分配，体制缺陷势必导致过多的行政干预，一定程度上影响了市场机制作用的完善，常常出现"市场失灵"和"政策失灵"的现象，出现创新活动中民营企业被挤出的现象。而不少得到政府公共资源支持的创新项目，由于监督缺失造成最终成果的评估过于宽松，缺乏淘汰与竞争机制。改革开放30多年来，虽然上海的R&D经费支出占GDP比重位居全国第二，但技术与品牌在全国已经没有优势，创新活动的效率难以提高。"十二五"期间上海的发展将围绕"转型"，通过创新驱动"调结构、转方式"，必须进行制度创新，完善体制，形成科学的监督机制，积极提高创新活动的效率。解决好公共科技资源的优化配置问题，处理好"产、学、研"过程中产业与高校间绩效考评机制的统一，高端人才在产业与高校之间顺利流动的机制建立，产业与高校、研究机构在利用高校高端人才的利益补偿机制等问题上，真正释放出30多年来上海积累的创新能量。韩正市长已对扩大上海生物医药产业化规模有了明确的指示，预期相应的政策将会出台，阻碍生物医药产业化规模扩大的各种机制与制度将会被逐步消除，"十二五"期间上海生物医药产业化规模一定会有明显的扩大，并将带动其他高技术领域的研发效率提高与产业化规模扩大。

（八）"西快东慢"区域经济发展格局的形成过程是缓慢和曲折的，其增长重心逐步出现的多元化对上海经济挑战与机会并存

"十二五"期间经济一体化程度将大大提高，长三角会在中国率先形成全球经济区，这将有助于上海经济地位的提升和国际大都市建设进程的加快。然而，"西快东慢"的区域经济发展格局使得经济增长重心出现多元化趋势。由于落后地区的后发优势和发达地区总量规模庞大的原因，在我国区域经济政策的作用下，金融危机之下出现的"东部慢、中西部快"的发展格局很有可能在较长的时间内得以延续。未来的5~10年内，我国的区域经济将逐步实现由目前的东、中西部的不均衡发展向逐步均衡发展转移。国内区域经济发展格局的这种变化将对上海的经济发展产生双重影响。一方面，中西部地区在快速的经济增长过程中将派生出大量的需求与机会，包括为上海先进制造业的转型与升级提供各种腾笼换鸟的机会，为金融服务业、生产性服务业、专业服务业、信息服务业等具备相对优势的现代服务业提供各种服务需求，这些需求与机会将对上述行业的发展产生积极的影响与作用，从而促进上海的经济增长。另一方面，中西部地区的经济增长将加剧包括外资、资本流动、人才在内的生产要素的竞争。资本与人才的分流将不可避免地对上海的经济发展产生消极影响。而在中西部经济的快速发展之下，由于地缘、风俗习惯等因素的作用，区域性的金融中心的建立很有可能成立。果真如此的话，如果这些区域性的金融中心不能与上海国际金融中心形成错位竞争，那么将给上海的金融业发展带来一定的冲击。但是，我们必须看到，"西快东慢"区域经济发展格局的形成过程将是缓慢与曲折的，在国内外经济日趋稳定发展的形势下，东部仍然是最具投资吸引力的区域。

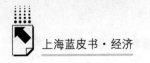

三 "十二五"开局之年上海经济形势的判断与预测

（一）2011 年国内外宏观经济形势的分析与判断

从总体上看，我国经济内生驱动增长的模式正逐步形成，短期内仍将维持投资主导、消费支撑的动力格局。2011 年以及未来的一段时间内，我国经济将继续保持平稳、较快的增长速度，宏观经济运行的波动主要来自外部冲击以及宏观调控的力度。2011 年是"十二五"规划的第一年，也是加快转变经济发展方式非常重要的一年，在保持经济平稳、较快增长的同时，需要重点解决长期存在以及新出现的一些"两难"问题。深化经济结构调整，促进经济发展方式转变，是 2011 年乃至未来五年经济发展的重要目标。

由于影响我国经济运行的基本因素没有发生明显变化，在保持宏观调控政策力度相对稳定的条件下，2011 年我国经济仍将保持高位平稳较快增长态势，预计 GDP 增长速度将达 10% 左右。

如果 2011 年国内不出现大范围严重自然灾害，第一产业将继续保持 4% 左右的增长速度。

由于我国中期工业化、城镇化和市场化的趋势没有发生根本转变，增长的立足点依然稳定，2011 年第二产业增长速度仍将在 10% 以上。由于第三产业发展呈现平稳增长态势，对推动经济的作用逐步加强，预计 2011 年第三产业增长 10.2% 左右。

受一系列针对高房价的调控措施、政府严格控制新开工项目、对地方政府融资平台严格审查等政府宏观调控政策的影响以及受扩张性财政政策的效力逐步减弱的影响，预计 2011 年全社会固定资产投资将保持在 20% 左右增长速度。

在收入与消费总量平稳增长的同时，由于在收入结构的多种层面上存在着显著的不均衡问题，即在行业收入之间、城乡收入之间及城镇居民收入之间都表现为收入差距明显扩大的趋势，预计 2011 年，社会消费品零售额名义和实际增速将分别达到 18.0% 和 14.9%，消费需求增速将继续放缓。

2010 年进入下半年，美国经济开始呈现下滑迹象，全球经济复苏的不确定因素有所放大，加之受人民币升值及出口退税反向调整等因素影响，我国外贸出口持续回升的势头将有所放缓。预计2011年我国贸易顺差可能逐步上升,贸易顺差将达到1730亿美元左右的规模,净出口对经济增长的贡献很可能由负转正。预计2011年流动性会有所收缩,但其泛滥的程度不会有很大的改观,货币超发的滞后效应将继续发挥作用,但适度宽松的货币政策可能会转向稳健,逐步从紧,加息频率变快将逐步显现。如果2011年经济形势维持稳定较快的增长,资本市场继续保持适度活跃,金融业的增长将会比2010年有所提高,由此带动第三产业增速的提升。

(二)2011年上海经济运行态势的分析与预测

2011年上海宏观经济形势在适度宽松的货币政策全面退出的环境中面临高度的不确定性。世界性经济刺激政策的退出,金融危机导致各国购买力下降以及欧美发达国家失业率居高不下,中国将面临美国等发达国家强烈要求人民币升值的压力,为其扩大出口铺路,同时,中国还将面对一系列针对中国产品的反倾销和反补贴制裁和贸易保护主义措施。这些都很不利于上海经济的顺利发展。上海经济增长幅度将出现一定回落,疲态与滞胀现象可能显现。虽然工业增长保持一定的速度,但不会太快。如果2011年全国经济形势维持稳定较快的增长,资本市场继续保持适度活跃,上海金融业的增长将会比2010年有所提高,由此带动第三产业增速的提升。同时,固定资产投资也可能出现一定增长,而房地产业难以继续保持快速增长,很可能维持低速增长。消费规模将有所回落。

1. 2011年上海宏观经济主要领先指标及其合成指数走势的分析

2010年第4季度上海宏观经济领先指数的走势将平稳,2011年上海宏观经济领先指数的走势将缓缓上升,升幅不大,预示着上海经济在2011年的增速将低于8%。

考察上海社会科学院数量经济研究中心开发的8个经济领先指标,我们预计2011年可能的运行情况:2011年餐饮业增加值同比增长将缓缓下滑(由于通胀水平的提高);集装箱吞吐量同比增速有所回落,但出现大幅度的负增长可能性很小(世界经济活跃度随着美国、欧洲一些国家的刺激政策出台有所提高,对美欧的出口将继续增加);中国的进出口增长幅度虽然变小,但依然会保持较快的速度;沪市股票市场价格指数将震荡上行,呈现慢牛格局;投资者虽然对宏观经济政策和未来经济回暖趋势谨慎乐观,制造业产成品库存同比增速将逐步回升，库存增长将导致产能过剩，但不会过于严重，我们依然要注意产能过剩的出现可能对未来工业增长的制约影响；外贸进口同比增速将比 2010 年有所下降，表明进口需求虽然会保持比较强的态势，但出口增速将比 2010 年回落得快些，显示未来外贸出口难以与进口同步增长，出口形势不容乐观；累计新增就业岗位基本保持稳定态势，就业状况基本平稳，存在着一些季节性波动；经理人订单指数（PMI）同比和环比增长速度将正、负交替，处于上下震荡态势，制造业将基本保持景气的态势，但总体不乐观；企业家信心指数处于谨慎看好状态，但同比和环比增长率将正、负交替，表明企业家对经济发展信心和态度继续保持谨慎。2011 年国内外经济与政治形势变得较为复杂，流动性泛滥、通货膨胀都将加剧经济走势的不确定性。我们对 2011 年上海的经济运行虽不悲观，但很难乐观，其运行轨迹出现前探底后缓升的局面。政府刺激经济的作用的效应已进一步减弱，随着"世博"的落幕和工业增速的进一步下降，根据上海宏观经济先行指标的走势时间超前的基本规律，预计 2011 年全年上海经济增长速度将继续回落。我们认为 2011 年上海经济增长速度将低于 2010 年的水平。

2. "世博后效应"对上海经济增长的影响与作用的研判

2011 年随着"世博"的落幕，"世博后效应"对上海经济增长将产生一定的影响。"世博"带来的园区土地增值将为新一轮投资增加不小的资金储备，城市化建设的新一轮高潮也将到来。城市化所需各种配套服务设施的建设，上海市服务业的升级，旧区改造的进一步开展，制造业不断向高端价值链升级以及各种大项目的实施进行，都将在一定程度上带动投资。当然，我们也应看到外部经济形势依然严峻，许多不确定性还存在。

"世博"后上海经济增长幅度将出现一定回落，疲态与滞胀现象可能显现。工业增长将出现一定的回落；金融业将出现一定的增长，但不会太快；房地产业很可能维持低速增长；消费规模将有所回落，固定资产投资可能出现低增长。预计 2011 年上海 GDP 实际增长率将回落至不到 8%，其中，第二产业与工业的增长势头将明显减弱，全年将出现平缓上升的走势。第二产业的实际增长率维持在 6.2% 左右，工业的实际增长率在 6.0% 左右。第三产业随着金融业增长的加快、房地产增速的趋稳转正将有所上升，第三产业实际增长率维持在 8.3% 左右，金融业的实际增长率在 11% 左右。投资增速有所提高，但增长率不会大幅提高，预计固定资产投资增长率将为 10% 左右。"世博后效应"将明显使消费、旅游业出现回落，总消费支出增长率维持在4%左右。上海宏观经济形势在适度宽松的货币政策全面退出的环境中面临高度的不确定性。世界性经济刺激政策退出，金融危机导致各国购买力下降以及欧美发达国家失业率居高不下，中国将面临美国等发达国家强烈要求人民币升值的压力，为其扩大出口铺路，同时，还将面对一系列针对中国产品的反倾销和反补贴制裁和贸易保护主义措施。这些都很不利于上海经济的顺利发展。

3. 2011年上海宏观经济形势预测及其情景分析

2010年上海经济的快速增长，不仅由于2009年同期第二产业基数偏低、2010年工业大幅增长，而且较大程度上更得益于"世博"带来的旅游、消费和会展的大幅增长及其由此带来的货物与服务净流出的快速增长。2011年是"十二五"规划的开局年，是加快调整经济结构、转变经济发展方式非常重要的一年。上海在保持经济稳定增长的同时，不仅需要解决发展过程中长期存在的旧问题，还将面临新出现的一些"两难"问题。深化经济结构调整，促进经济发展方式转变，是2011年乃至未来五年上海经济发展的重要目标。

2011年影响上海宏观经济运行的因素主要来自国内增长的基本动力、世界经济环境，以及宏观调控的政策力度这三个方面。宏观经济运行的波动主要来自外部冲击以及宏观调控的力度。

金融危机后，我国内需驱动增长的模式得到进一步强化，但投资依赖的增长特征更加明显，并且东部的投资吸引力依然很强。虽然上海正在逐步摆脱不同于全国的投资依赖的增长路径，2010年上海投资的增速远远低于经济的较快增速，但外商投资的显著增加对上海经济的转型和发展方式的转变来说是一个可抓住的机会。全球经济复苏的复杂性、曲折性进一步显现，我国外贸出口面临的不确定性进一步放大。国际货币基金组织和世界银行对2011年全球经济信心不足，分别预测2011年世界经济增长速度不会高于2010年增长速度。中央政府调控房地产市场的一系列政策，虽然有助于抑制投资投机性住房需求速，但对房地产下游制造业投资产生了广泛的影响，短期内对经济产生下行压力。清理地方融资平台措施逐步落实，虽然有助于降低地方政府偿债风险，但短期内将会放缓固定资产投资节奏。实现节能减排目标将会对我国重工业增长产生一定的抑制作用。

由于2010年11月初美国推出的量化宽松的货币政策的刺激，我国国内货币的大量超发，导致流动性泛滥加剧，通胀的预期提升。在这一背景下，资产泡沫很有可能逐步累积。诸如澳大利亚和许多新兴国家宽松货币政策退出的行动异常坚决，中国人民币升值与通胀预期的双重压力使得央行难以大幅度升息，但升息的频率一定会逐步增加，预计中国宏观经济政策可能在 2011 年变调——从"积极的财政政策和适度宽松的货币政策"走向"积极的财政政策和稳健的货币政策"。但国际政治与经济形势的复杂性和不确定性却有所增大，金融危机导致美国和其他发达国家购买力下降以及失业率居高不下，美国政府将利用各种手段继续在人民币升值方面向中国施加压力，尤其是 2010 年 11 月初美国推出的量化宽松的货币政策可能动摇有关发达国家 2011 年宽松货币政策退出的行动与态度，低利率水平在 2011 年可能继续得以维持，为其扩大出口铺路，这些都将不利于上海经济的顺利发展。预计2011 年上海工业增速将明显回落，金融业增长可能有所加快，但房地产业增长不会快速反弹；投资增长将有所加快，但"世博"效应的大幅降低将使消费明显回落，进口与出口的增长将双双减速，货物与服务净流出将出现低增长或小幅负增长。

我们把 2011 年上海宏观经济增长趋势划分为三种情景，即基准情景、乐观情景和悲观情景。三种情景的详细描述如表 2 所示。

表 2　2011 年上海宏观经济增长趋势可能情景一览

情景类型	情景描述
基准情景	货币政策转向稳健并持续趋于收紧，积极的财政政策保持适度稳定，但其效应逐步减弱；国际政治与经济形势的复杂性和不确定性有所增大，美国经济运行继续复苏回暖，但其推出的量化宽松的货币政策可能动摇有关发达国家宽松货币政策退出的行动与态度，欧洲主权债务危机不再恶化；各类突发性疫情不再发生；国内没有巨大的自然灾害出现；上海市较为严厉的房地产调控政策进入实施阶段；工业增长前低后高缓缓上升，平均增速低于7%；金融业增长有所提升，房地产业增长由负转正，但处于低增长状态；消费规模出现明显回落，固定资产投资增长有所提升，全年货物与服务净流出呈现接近于零的低增长或小幅负增长
乐观情景	适度宽松的货币政策继续保持，流动性依然宽松，积极的财政政策持续、稳定和有效；国际政治与经济形势好于预期，美国与欧洲经济运行持续向好，欧洲主权债务危机明显改善；美国推出量化宽松的货币政策后并没有动摇有关发达国家宽松货币政策的退出；各类突发性疫情不再发生；国内没有大的自然灾害出现；上海市严厉的房地产调控政策实施得比较温和；工业增长有所回落，但好于预期，平均增速高于7%；金融业出现较快增长，房地产业平均出现5%左右的增长；消费规模没有出现大幅度回落，固定资产投资出现较快增长，全年货物与服务净流出呈现3%以上的增长
悲观情景	货币政策转向并持续明显的收紧，积极的财政政策虽能持续，但效应大幅度减小；国际政治与经济形势的复杂性和不确定性明显增大，美国经济运行复苏回暖，但其货币政策退出缓慢；欧洲主权债务危机持续恶化，经济复苏缓慢；各类突发性疫情不再发生；国内没有巨大的自然灾害出现；上海市房地产调控政策实施得非常严厉；工业增长前低后高，平均增速低于4%；金融业增长依然维持低速，房地产业增长接近于零或负增长；消费规模出现低速增长，固定资产投资继续出现3%左右的增长，全年货物与服务净流出呈现5%左右的负增长

（1）基准情景

在基准情景下，我们预计 2011 年上海最终消费支出增长率在 6.2% 左右的水平；固定资产投资增速将出现较大幅度的上升，预计全年在 8.0% 左右；全年货物与服务净流出将呈现 0.1% 左右的增长。我们运用贡献率分解法结合时间序列分析和计量经济模拟等方法预测了 2011 年上海主要宏观经济指标的现价绝对量与实际增长率，结果如表 3 所示。

表3　2011 年上海主要宏观经济指标的现价绝对量与实际增长率

单位：亿元，%

2011 年上海 GDP 增长率（实际）	7.3
GDP 总量（现价）	18761.5
第二产业增加值增长率（实际）	6.2
第二产业增加值总量（现价）	7915.2
其中:工业增加值增长率（实际）	6.0
第三产业增加值增长率（实际）	8.3
第三产业增加值总量（现价）	10770.9
其中:金融业增加值增长率（实际）	10.6
房地产业增加值增长率（实际）	3.8
最终消费支出增长率	6.2
固定资产投资增长率	8.0
固定资产投资总量（现价）	5953.7
货物与服务净流出增长率	0.1

（2）乐观情景

在乐观情景下，我们运用贡献率分解法结合时间序列预测和计量经济模拟了 2011 年上海主要宏观经济指标的现价绝对量与实际增长率，结果如表 4 所示。

表4　2011 年上海主要宏观经济指标的现价绝对量与实际增长率

单位：亿元，%

2011 年上海 GDP 增长率	9.8
GDP 总量（现价）	19150.7
第二产业增加值增长率	8.2
第二产业增加值总量（现价）	8032.3
其中:工业增加值增长率	8.0
第三产业增加值增长率	10.6
第三产业增加值总量（现价）	11038.8

续表 4

其中:金融业增加值增长率	13.6
房地产业增加值增长率	5
最终消费支出增长率	8.8
固定资产投资增长率	10.1
固定资产投资总量(现价)	6101.7
货物与服务净流出增长率	3

（3）悲观情景

在悲观情景下，我们运用贡献率分解法结合时间序列预测和计量经济模拟了
2011 年上海主要宏观经济指标的现价绝对量与实际增长率，结果如表5 所示。

表5　2011 年上海主要宏观经济指标的现价绝对量与实际增长率

单位：亿元，%

2011 年上海 GDP 增长率	3.2
GDP 总量(现价)	18010.6
第二产业增加值增长率	3.1
第二产业增加值总量(现价)	7662.8
其中:工业增加值增长率	3.0
第三产业增加值增长率	3.5
第三产业增加值总量(现价)	10268.3
其中:金融业增加值增长率	4.1
房地产业增加值增长率	−0.8
最终消费支出增长率	2.6
固定资产投资增长率	3.8
固定资产投资总量(现价)	5735.8
货物与服务净流出增长率	−5

我们采用了连续型隐马尔可夫的模型（Hidden Markov Model）进行了基本分
析（仅用了上海市的 1993～2009 年的年度数据，由于数据量较少，可能精度不
够）。分析过程用上海市的数据把以往各年的经济发展分成"乐观"、"基准"、
"悲观"三种状态。

根据历史数据，再结合 2010 年第 1、2、3 三个季度经济运行的数据，运用
相关的模型等定量分析方法估计并调整了在"乐观"、"基准"、"悲观"三种状
态下 GDP 增长率的不同分布。我们大致判断 2011 年全年上海经济发展"乐观"

状态发生的概率为30%，"基准"状态发生的概率为60%，"悲观"状态发生的概率为10%。

四 "十二五"开局之年上海经济转型的对策建议

（一）积极抓住"后世博"发展机遇，转变城市发展方式

严峻的外部经济形势以及世界经济复苏的不确定性，针对"世博"的投资和各项社会事业活动将趋于平静，预计"世博"后上海经济可能出现低谷效应。我们必须积极抓住"世博"提升上海国际大都市影响与声誉的机会，转变城市发展方式，有效利用"世博"园区的增值效应，增加城市发展的财力储备。通过开发利用其留下的各种设施，大力发展金融、商贸、旅游会展、物流、咨询等现代服务业，加快国际金融中心与国际航运中心的建设，发展创意产业，促进上海服务业升级和对外辐射能力的提高，成为上海经济增长的稳定动力。另外，通过积极推进城市化建设，完善城市化所需各种配套服务设施，进一步开展旧区改造和城市副中心带的建设，促进制造业不断向高端价值链升级以及各个大项目的实施进行，有效带动国有、民营和外商的投资。把外商投资的显著增加作为上海经济转型和发展方式转变的一个可抓住的机会，继续加大经济发展方式的转变，把投资驱动的粗放模式逐步转变为创新驱动、知识驱动的内涵方式，为上海未来经济发展积蓄持续动力。

（二）积极推进体制与机制的转型，促进经济结构转型

上海市自20世纪90年代以来，顺应发达国家产业向发展中国家梯度转移的趋势，加快了产业结构的战略性调整，培育了一批具有高成长性的支柱产业，基本建立起了新型的现代化产业体系，产业互补性有所增强。通过确定工业中的电子信息产品、汽车、石油化工及精细化工、精品钢材、成套设备、生物医药制造业为六大重点发展行业，以推进先进制造业的发展；通过确定金融、商贸、旅游会展、物流、咨询等为现代服务业的重要组成部分，以促进上海服务业的对外辐射能力的提高，成为上海经济增长的稳定动力。

"十二五"是后金融危机、后世博、后工业化发展的历史性时期与上海全面

转型的关键时期，上海进入了以功能塑造、城市创新、协调发展和国际竞争力提升为特征的整转型阶段，也是上海全面建设政治、经济、社会、文化"四位一体"全球城市的关键时期。"十一五"可以看做是转型的起步阶段，"十二五"则将是转型的突破阶段，可以说"转型"贯穿着"十二五"规划的主线。必须积极推进社会主义市场经济体制改革，完善社会保障体系、医疗保险体系和义务教育体系，在此基础上全面提升上海建设"两个国际中心"的软实力。并且要积极尝试相关的机制创新，尤其是完善政府引领的创新驱动模式，逐步消除其在体制上的缺陷和在监督上的缺失，依赖体制与机制的转型争取在新能源技术、生物技术等领域有所突破，提升自身创新能力与国际竞争力。

（三）抓住中西部积极推进工业化、城镇化建设的时机，发挥东部地区投资效益高的优势，推动外需向内需的转型

由于中西部和东北经济增长对外需的依赖程度小，目前又处于工业化、城市化发展的高涨时期，加快产业转移的进程有助于推进东部和中西部经济的发展逐步趋向均衡，有助于上海逐步实现外需转内需的进程。中西部和东北经济增长的加快，会逐步减轻上海对贫穷地区的责任，上海必须积极利用这一机会，提升自己的竞争力，巩固其在长三角地区的龙头地位，发挥在区域经济发展中的辐射作用，增强自身满足国内经济建设的需求功能。而且应在政策上有所储备，积极应对工业化、城市化带来的重心向中西部转移所形成的吸纳人才能力下降、老龄化程度加剧、社会压力加大等现象。上海应抓住中西部积极推进工业化、城镇化建设的时机，有效进行产业转移。同时，必须高度关注利用积极财政政策在中西部投资所发挥的效应正在弱化的现实，主动发挥东部地区投资效益高的优势，调整投资结构，转变引进外资的方式，争取更好的投资项目落户上海。金融危机后，我国内需驱动增长的模式得到进一步强化，但投资依赖的增长特征更加明显，并且东部的投资吸引力依然很强。上海目前已经领先全国正在逐步摆脱投资依赖的增长路径，2010 年上海投资的增速远远低于经济的较快增速就是一个很好的现象。

（四）逐步完善创新驱动发展模式，推进经济发展方式的真正转变

在目前外需恢复缓慢、贸易摩擦加剧的背景下，国家将加大开放型战略调

整的力度，为企业开拓国际市场和走出去提供更强有力的支持和帮助，对企业走出去提供更多的资金和信息扶持，进一步推动国际贸易人民币结算和发展人民币离岸业务。这将为上海扩大企业走出去、发展人民币金融业务和建设国际金融中心提供有力的支持，加快上海建设"四个中心"的进程，上海应积极利用这一大机遇有所作为。另外，宏观调控和政府投资的重心将转向"惠民生"，上海应积极抓住这一机会，发挥这方面的比较优势，通过加快社会事业的发展推动经济增长，通过发展社会事业和改善民生带动消费增长，促进经济良性发展。同时，带动上海产品与服务的销售，为企业创品牌、拓市场和抓创新提供新动力。

上海应加大转变经济发展方式的力度，积极从目前投资驱动的经济增长方式逐步转变为以创新驱动、资本驱动为经济发展的主要动力。从近几年的实践中，上海已经取得了一定的成效。然而，近年来经济虽保持较快增长，但投资增长却保持相对较低的水平。虽然投资驱动对经济波动的影响会逐步减弱需要较长的时间，经济结构逐步转向以服务经济为主也需要较长的时间，但这必将成为上海未来经济发展的持续动力，推进经济发展方式的真正转变。

（五）高度关注宏观调控政策力度，继续完善风险监测预警系统

上海应当高度关注中央政府对房地产市场调控的后续政策，关注国务院清理地方政府融资平台的措施落实状况，关注当前节能减排特别是节能的非常严峻形势，把握自身经济内生驱动增长模式的形成过程，在维持目前投资主导、消费支撑格局的同时，积极应对来自外部的冲击以及宏观调控政策对经济运行带来的影响，尽可能保持经济平稳、较快的增长。

2011年国内外经济、社会等环境可能纷繁复杂，因此，不仅应该建立完善的包括经济、社会、安全保障等在内的风险监测指标体系、风险警戒线、数据信息处理、风险等级显示和预警信息发布等方面的风险监测预警系统，以便及时向风险承担主体发出预警信号，使之尽早采取有效防范措施，还应建立整个社会发展的适应性调节机制，形成一整套的经济周期熨平措施，建立政府的应急反应基金，强化企业面对风险市场的警觉意识，有效控制环境变化对经济可能造成的冲击。

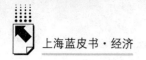

（六）妥善解决经济运行中的一些新"两难"问题，发挥各级政府的作用

国际金融危机冲击以来，我国宏观经济运行中出现一些新的"两难"问题，上海应高度重视这些问题，认真处理好转变经济发展方式与当前宏观经济调控的关系，把调整和改革收入分配结构作为经济发展方式转变的突破口，作为判断转变经济发展方式效果的关键。努力保持房地产市场价格稳定，使广大居民在住房需求得到基本保障的基础上，能够逐步改善和提高居住条件，同时又使房地产业健康发展，保持经济稳定增长。积极落实提高劳动报酬在初次分配中的比重的要求，在保证广大劳动群众进一步分享改革开放成果的同时，又能继续有效保持城市的国际竞争力。在保持经济稳定增长的同时，完成节能减排的目标，积极实现培育新的增长点，增加有效供给，淘汰落后产能，防止重复建设，加强增长的可持续性。在此过程中，发挥各级政府应有的作用很重要。各级政府要制定和落实保证这些新"两难"问题得以有效解决的具体措施，监督社会各方面认真执行相关的政策措施，通过实施相应的财政税收和转移支付政策，在收入再分配过程中注重实现公平，保障弱势群体的收入水平，保证高质量地提供公共服务，确保各项社会事业的健康发展。

五　结束语

由于上海经济稳定快速增长的基础不够稳固，2011年经济增速的不确定性依然较大，经济出现一定幅度回落的可能性非常大。我们需要居安思危，准备短、中、长期的应对措施与发展战略。毕竟我国的科技与经济实力不如发达国家，金融体系的现代化程度也不如发达国家。上海的消费潜力不会太大，虽高于全国平均水平，但不可能独立于全国。

"十二五"是后金融危机、后世博、后工业化发展的历史性时期与上海全面转型的关键时期，上海进入了以功能塑造、城市创新、协调发展和国际竞争力提升为特征的整转型阶段，也是上海全面建设政治、经济、社会、文化"四位一体"全球城市的关键时期，"转型"贯穿着"十二五"规划的主线，而稳妥实施社会主义政治体制改革，大力推进社会主义市场经济体制改革，完善社会保障体系、医疗保险体系和义务教育体系则是转型的基础和成功的关键。因此,上海应在体制改革方面走出一条更新的道路。

参考文献

《中国经济形势分析与预测——2010年秋季报告》(2010年10月),中国社会科学院经济蓝皮书"中国经济形势分析与预测"课题组。

《未来中国国内环境发展变化与上海经济发展战略研究》(课题编号:2009—Z—10),2009年上海市政府发展研究中心委托,朱平芳主持。

《2010年上海经济形势研判与跟踪研究》(课题编号:2010—Z—09),2010年上海市政府发展研究中心委托,朱平芳主持。

〔美〕格里高利·曼昆著《宏观经济学》,梁小民译,中国人民大学出版社,2000。

《上海统计年鉴2009》,中国统计出版社,2009;《上海统计年鉴2010》,中国统计出版社,2010。

《上海市统计月报》(2009年1月至2010年10月),上海统计局。

综合篇
General Aspects

B.2
经济发展不确定性条件下的
转型动力

陶纪明*

　　摘　要：上海正处于城市转型的关键期，其转型的障碍主要来自于上海节点枢纽功能尚未建立，区域经济龙头地位尚未确立，对外辐射、服务全国的能力尚有不足。为此，上海宜从系统、网络和功能的角度来理解上海的城市转型，在时空坐标中对上海做更加合理的定位，同时也从中寻找城市转型的新动力，主要包括进一步优化城市空间的新城战略，进一步发展民营经济的对内开放战略和进一步转变政府职能的体制深化战略。

　　关键词：上海　转型　动力

* 陶纪明，上海社会科学院经济研究所副研究员，经济学博士，主要研究方向为宏观经济、全球城市发展、现代服务业等。

一 2011年上海面临的国际国内环境分析

（一）国际环境依然复杂严峻，但不乏有利因素

就在全球经济复苏乏力，经济学家对是否会"二次探底"忧心忡忡之际，美国政府为摆脱持续高企的失业率，于2010年11月启动了第二轮的量化宽松货币政策。美元如洪水般涌出，进一步打破了本已脆弱的国际汇率市场，加剧了国际资本市场和大宗商品市场的震荡，为全球经济复苏增添了新的变数。总体来看，2011年全球经济发展形势依然很不明朗，但在迷雾重重之中，我们依然可以寻找到一些对中国和上海经济长远发展有利的因素。

1. 后危机时代是上海城市转型的关键机遇期

金融危机过后，欧美日等国经济长期保持低迷，实体经济迟迟没有好转迹象，而近来发生的美国一意孤行推行量化宽松货币政策、欧洲主权债务危机，以及日本零利率政策都表明这三大全球最重要的经济体的传统的低储蓄、高负债、高消费的经济发展模式出现了巨大的危机，全球经济发展模式面临转型的深刻要求。应该看到，这是中国以及上海顺势调整经济发展方式，推动产业结构升级的战略机遇期。如果错过，美国可能会通过新能源、新材料和更广泛的信息技术重执全球经济之牛耳，届时中国又将回到被动性和依附型经济发展路径上去。据国际货币基金组织10月份做出的预测，2011年美国、欧元区和日本的经济增长率分别为2.3%、1.5%和1.5%，而中国则仍然保持近10%的增长。发达国家经济的低增长和我国经济的强劲增长所形成的反差为上海城市转型提供了一个稳定的环境，保证了转型受到的阻力最小，付出的代价也最小，而转型也可以在更深和更广的范围内得以推行。

2. 汇率变动将改变上海和中国经济长期增长的逻辑轨迹

劳动力、环境、能源成本低廉是我国在国际竞争中的主要比较优势，并造成了对发达国家长期的贸易顺差。但金融危机过后，美国采取的量化宽松货币政策又进一步压制了美元，两股力量的叠加使得人民币在长期内升值趋势难以改变。我们知道，人民币升值会抑制我国加工产品的出口，从而对中国整体经济增长带来一定的负面冲击，同时也增加了中国同发达经济体之间的贸易摩擦；但硬币的

另一面是，人民币升值降低了企业的利润，迫使其通过技术创新、组织革新、商业模式再造来维持生存，获得更高的收益。这种"静悄悄"的改变恰恰是经济转型在微观层面的重要表现。与此同时，人民币升值也在一定程度上扩大了人民币在全球金融市场的影响力，增强了中国对高质量外资的吸引力，对中国企业在海外投资、并购重组和其他资本运作会产生积极影响，而在一个更深的层面上，它也为人民币最终走向国际化奠定了坚实的基础。毋庸置疑，发生在实体经济和虚拟经济中的这场变革将彻底改变中国经济运行的基本轨道，成为中国经济转型的根本驱动力。

3. 新经济的萌芽初露为上海城市转型提供了新的动力

发达经济体之所以会爆发金融危机的一个深层次原因是其实体经济原有的增长动力逐渐丧失，为寻求新的经济增长点，以美国为首的发达国家除了通过货币政策寻找新的经济平衡外，还开始全面推行"新经济"战略：大力发展以新能源、新材料、新能源汽车、太空、海洋、生物医药产业、智慧地球、低碳为代表的战略新兴产业，并开始逐步实施"再制造业"，寻求实体经济和虚拟经济之间的新平衡。

如果说上一轮以信息产业为代表的新经济美国处于遥遥领先地位的话，那么本轮的新经济各国基本处于同一起跑线上，许多技术都处于萌芽或实验状态，在某些领域和某些环节上，比如新能源汽车，上海甚至处于国际领先地位。上海完全可以通过制度、体制、人才等方面的创新政策来推动技术创新和产业发展，在部分新经济领域与发达国家一争高下，从而形成服务经济和战略性新兴产业双轮驱动的良性发展态势，避免发达国家城市转型过程中经常出现的经济衰退、就业下降和财政危机。

（二）国内环境总体平稳，但"调结构、转方式"压力重重

多家权威机构普遍预测 2011 年中国经济增长速度会低于 2010 年，其中最乐观的 IMF 预测增长率是 9.9%，最悲观的联合国《2010 年世界经济形势与展望》中预测增长率为 8.8%，均低于其对 2010 年的预测值。总体而言，2011 年经济增长放缓将是一个大概率事件，而通货膨胀上升、出口和投资的回落会进一步放大经济增长的不确定性，因此"稳增长"仍将成为 2011 年经济运行的主基调，但相机抉择的货币和财政政策的出台在对冲上述诸多不利因素的同时，也将试图

进一步转变经济发展方式，调整产业结构。因此，"十二五"对中国的长远发展而言同样是一个关键时期，机遇与风险共存。但我们也必须要清醒地看到，"控通胀"与"稳增长"和"促就业"之间有一种内在矛盾性，应对不得当，很容易陷入"滞胀"困局，如果再加上"转方式"这一目标，政策之间很容易形成纠结和摩擦，加大经济走势的不明朗性，对政府宏观调控的智慧将带来极大的考验。

1. 通货膨胀上行压力凸显，可能会成为影响经济平稳增长的首要因素

2010 年我国 CPI（消费者物价指数）一直都保持稳步上升的态势，如图 1 所示。这是全球为应对金融危机而采取的宽松货币政策的必然结果。第一，我国在 2009 年加大了货币投放力度，年末广义货币供应量（M2）余额同比增长 27.7%，狭义货币供应量（M1）增长 32.4%，远高于经济形势快速平稳发展的 2007 年的 16.7% 和 21.1%。2009 年短期贷款和中长期贷款同比增长 17.7% 和 43.5%，而 2007 年该指标分别为 16.8% 和 22.4%，特别是中长期贷款增速几乎翻了一番。2010 年 1~9 月份尽管货币投放有所放缓，但 M1 和 M2 增速依然在 20% 的高位徘徊。2009 年出台的 4 万亿元刺激计划在为市场注入大量流动性的同时，也为 2010 年温和的通货膨胀埋下了隐忧。第二，在全球流动性泛滥的背景下，美元持续贬值导致国际大宗商品价格出现整体上涨，而 2010 年 11 月份美国启动的第二轮量化宽松货币政策又进一步起到火上浇油的效果，国际金价屡创新高，其他各类大宗商品价格也形成了价格上扬的强烈预期。我国作为大宗商品进口大国（平均在 40% 以上，有时会超出 60%），价格体系不可避免地受到显著影响，从目前发展态势看，这种输入型通胀还将在明年持续存在。第三，发达国

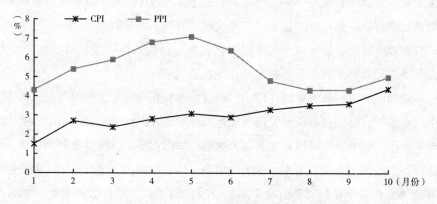

图1　2010 年 1~10 月份 CPI 和 PPI 走势

家的低利率政策（日本甚至采取了零利率政策）又把大量的热钱赶到中国这样的经济增长态势良好的发展中国家，进一步加剧了输入型通胀的压力。第四，在我国今年不断出台的控制楼市价格过快上涨的严厉政策的打压下，大量囤积于楼市的投机资金开始逐渐流入农产品市场，使得农产品价格出现了大幅上涨。第五，一些正常的价格调整，比如劳动力工资上调、资源产品价格调整以及原材料价格上涨等也在某种程度上推高了物价上涨的幅度。

事实上最令人担心的是大宗商品、原材料和农产品价格的上涨，因为它最有可能向下游传导，从而引发全面的物价上涨。如果物价持续升温，且通胀预期迟迟不能消除，则会引发三个严重后果。其一，恶化收入分配，低收入群体实际生活水平会下降；其二，诱发或逼迫实体经济的资本向投机、交易和虚拟经济转移，这不仅会抑制实体经济的创新，甚至连正常生产都难以维持；其三，就业无法扩大，甚至会下降。这三个结果必然会扭曲经济增长的正常步调，引发货币政策导向的偏离，从而抑制上海产业结构调整和城市转型的进程。

2. 投资增幅回落，存在结构性调整要求

我们的基本判断是，2011 年投资增幅将趋于回落，主要是基于以下三方面因素。

首先是挤出效应。2009 年国家出台的 4 万亿元刺激计划中的很多项目属于未来投资的前移，相当于把 2010 年的投资挤出了。其次是政策效应。2010 年对房地产市场的调控和地方融资平台的治理在很大程度上压制了地方政府的投资冲动，特别是房地产投资，从 2007 年到 2010 年前三季度均占当年固定资产投资的18% 左右，是投资总额的第一大行业。最后是波及效应。地方政府投资和房地产投资的萎缩将影响到建材、建筑、工程机械、装修、家庭耐用品等一系列下游投资，波及效应巨大。长期以来，投资一直都是拉动我国经济增长最重要的动力，因此其高位回落对经济增长的影响不容小视。

尽管如此，我们依然可以发现一些亮点，这些亮点将对中国经济的长期发展产生积极影响。首先是非国有投资呈现超出预期的强劲增长。曾几何时，在国家出台 4 万亿元刺激计划时，许多人认为这会对非国有资本，特别是其中的民营资本的投资产生挤出效应。但两年发展的实践表明，这种担心是多余的，政府投资力度的增加事实上引发了非国有资本更大规模的投资。统计数据表明，2008 年非国有投资占城镇固定资产总投资比重为 57%，2009 年下降到 55%，挤出效应有所显现，但从 2010 年以来，非公经济投资有了大幅回升，据统计，2010 年 1~10 月份非国有固定资产投资累计同比增长为 28.4%，远高于国有及国有控股投资 19.6% 的增长速度，其占城镇固定资产总投资比重也提高到了 58.4% 的水平。我们的判断是随着 5 月份《国务院关于鼓励和引导民间投资健康发展的若干意见》（又称非公经济"新 36 条"）细则的进一步深化，民间投资的潜力还将得到进一步释放。其次，战略性新兴产业和现代服务业等领域将成为 2011 年投资的新增长点。从 2009 年国务院相继出台的十大产业振兴规划中已不难看出，低碳节能环保、信息、生物医药等新兴行业以及传统制造业中的高端环节受到了政府政策的青睐，而 2010 年 9 月出台的《国务院关于加快培育和发展战略性新兴产业的决定》则进一步把政府长期关注的焦点集中到了具有战略意义的七大行业上。这七大行业包括：①为节约资源、保护环境提供技术、装备和服务保障的节能环保产业；②以高速铁路为代表的高端装备制造产业；③以生物医药和生物农业为代表的生物产业；④以纳米为代表的新材料产业；⑤包括燃料电池汽车、混合动力汽车、氢能源动力汽车和太阳能汽车等在内的新能源汽车；⑥以太阳能、地热能、风能、海洋能、生物质能和核能为代表的新能源产业；⑦以互联网、云计算为技术基础的新一代信息技术产业。这些产业项目的启动必将引发大量的新增投资。最后，现代服务业和社会民生等领域的投资也将在 2011 年有所增长。

因此，2011 年投资整体回落的同时还将伴有一个深刻的投资结构的调整，战略性新兴产业和现代服务业在政策的"保驾护航"下将会获得更多资本的青睐，这种投资结构调整将直接引发未来产业结构的调整和经济发展方式的转变。可以预见的是，更加注重效率与公平的均衡，注重人和生态环境的和谐共处，以人为本的发展方式将逐渐主导中国经济的发展，这既为上海率先实现经济发展方式的转变奠定了坚实的基础，又带来了巨大的压力。

3. 出口走势尚不明朗，但回落可能性较大

金融危机过后，中国出口经历了一个探底回升的过程。在危机初露的 2008 年，我国出口总额达到 14305 亿美元，同比增长 17.4%；危机全面爆发的 2009 年，我国出口总额下降到 12017 亿美元，同比下降 16%；但进入 2010 年，尽管欧美等发达国家经济形势并未实质走好，但我国的外贸出口却出现了大幅回升的态势，货物出口逐月走高，2010 年前三季度已达到 11346 亿美元，同比增长了 34%。因此如果发展环境变化不大，考虑到基数原因，2011 年出口增幅可能会

缓慢滑落。但自从金融危机过后，发达国家针对我国的贸易摩擦便此起彼伏，以美国为首的发达国家对中国人民币的汇率也采取了逼迫升值的政策，同时也考虑到我国劳动力和环境成本的提升以及原材料价格的上涨，这些因素的叠加可能会削弱中国出口产品的国际竞争力，降低劳动密集型、贸易加工型、中小型出口企业的利润，甚至给其生存带来严峻挑战。

中国目前已经到了必须要转变贸易发展方式的阶段，在这一新的历史时期，一些有条件的大城市，特别是上海，更应该率先实现对外贸易的转型，通过发展高附加值产品贸易和服务贸易来获得国际贸易的新平衡，同时也通过贸易来推动金融、航运、信息等高端服务业的发展，引导高新技术产业和战略新兴产业的健康发展。

4. 消费欲振乏力，对产业结构转型形成长期制约

居民消费不足一直是困扰我国经济健康发展的隐忧。从 2000 年以后，居民消费占 GDP 比重一直在逐年下降，到 2008 年已经降到 35.3%，比 1990 年大幅下降了近 15 个百分点，不仅远低于发达国家 70% 的水平，而且也低于同为发展中国家印度的 55%[①]的水平。

消费不足的根源在于收入分配差距过大，而近期持续上升的通货膨胀又进一步削减了低收入群体的实际收入，这增加了国家经济政策的两难性：既要控制物价，又不能伤及微观企业。因此，尽管我们已经出台了一系列扩大内需和调整收入分配的政策，但这些政策真正发挥效力，特别是理顺收入分配机制，则是一个长期的渐进式过程。而近期不断升温的通货膨胀则又会部分抵消上述政策所带来的积极影响，在延滞内需扩大的同时也给产业结构调整带来压力。国家淘汰落后产能，企业加大创新投入的力度和广度将会不可避免地受到影响，因为这都可能会对就业进而对消费产生负面作用。

从国家扩大内需的角度出发，结合十七届五中全会的精神，我们认为"十二五"期间国家将加强两方面的消费导向。其一是服务性消费，包括文化、餐饮娱乐、教育医疗、旅游等；其二是中低端消费，特别是中西部地区和农村地区的消费。这两块消费领域的崛起，将对我国经济平稳增长、产业结构调整和产业布局优化都会产生深远的影响。

---

① 刘煜辉：《经济复苏要走出"高储蓄低消费"怪圈》，2009 年 5 月 20 日《上海证券报》。

二　城市转型势在必行

"十一五"是上海经济发展进程中的一个重要转折期，其间，上海常住人口已经逼近 2000 万，人均 GDP 突破了 1 万美元大关，服务业比重达到 60%，港口货物吞吐量跃居世界第一，金融和航运中心已经粗具规模，并上升为国家战略。从世界城市发展实践看，这些指标汇聚在一起则意味着这一城市已经开始进入或即将进入服务经济为主导的经济发展阶段。在这样一个发展阶段，土地价格、交通成本、公共服务价格成本都不可避免地会逐步抬高，增加了企业的商务成本和运营成本。因此在这样的城市中，高创新性、高附加值的产业必将成为城市的主导产业，而部分传统产业，比如生活性服务业和都市型制造业，将依附于这些高附加值产业而获得生存空间。由此可以看出，上海的产业体系转向现代服务业和先进制造业是城市发展内在规律的要求，是不可避免的一种趋势。

与此同时，国内和国际环境也对上海形成以服务经济为主导的产业结构形成了特定的和持续的压力，主要表现在以下方面。

（一）传统增长动力不足，周边省市纷纷赶超上海

以往上海经济增长的两大驱动力——出口和投资，在危机过后纷纷显示出疲态。如果说出口是受国际环境影响而具有短期性的话，那么投资效益的逐年走低则表明在传统增长路径下，上海的比较优势已消耗殆尽。图 2 反映的是上海每百

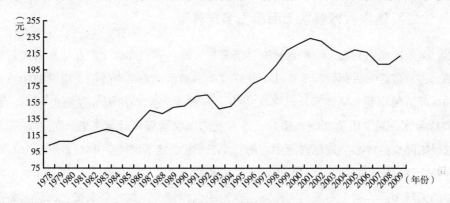

图 2　每百元增加值对应的固定资产总额

元增加值对应的固定资产总额，总体上呈现出一个逐渐上升的趋势，并在 2001 年达到 233.7 元的顶点。此后，尽管该值出现了回落，但最低的 2008 年也高达 200.4 元，并且在 2009 年迅速上升到 212 元。这意味着上海每增加 100 元产值，需要使用的资产量越来越多，投资的边际效益在递减。

事实上在商务成本高企、土地资源日益减少、环境保护日益严格的背景下，上海增长速度下降是一个必然趋势。表 1 的数据已经很明显地反映出，2004 ~ 2009 年，上海的增长速度在几个重要省市中几乎是最低的，唯一可比的是与上海同处工业化后期阶段的北京市。低速增长意味着上海必须要寻找到新的发展动力，真正实现经济发展方式的转变。

表 1　各地区生产总值增长率（按不变价格计算，上年 = 100）

单位：%

地区 \ 年份	2004	2005	2006	2007	2008	2009
北京	14.1	11.8	12.8	13.3	9.0	10.1
天津	15.8	14.7	14.5	15.2	16.5	16.5
上海	14.2	11.1	12.0	14.3	9.7	8.2
江苏	14.8	14.5	14.9	14.9	12.3	12.4
浙江	14.5	12.8	13.9	14.7	10.1	8.9
安徽	13.3	11.6	12.8	13.9	12.7	12.9
山东	15.4	15.2	14.8	14.3	12.1	11.9
广东	14.8	13.8	14.6	14.7	10.1	9.5

资料来源：《中国统计年鉴 2009》及各省市 2009 年统计公报。

（二）国家战略要求上海率先实现转型

上海的城市转型是以中国转变经济发展方式、调整和优化产业结构为大背景的。为实现这一目标，需要在几个条件成熟的城市率先实现转型，以带动区域和国家经济的顺利发展。国家已多次提出上海要率先实现向服务经济的转型，而 2009 年国务院推出的《国务院关于推进上海加快发展现代服务业和先进制造业建设国际金融中心和国际航运中心的意见》，更是把上海金融中心和航运中心建设提升到国家战略的高度，并由此而形成长三角世界城市群的核心和全球城市网络的关键节点，使上海成为有国际影响力的世界城市。这些要求都意味着上海要在产业结构、体制机制、城市功能、发展动力等方面实现全面的转型。

（三）国家产业政策和宏观调控导向的转变要求上海转型

根据中央战略部署，"十二五"时期，中国经济发展的区域格局将总体上表现为"中西部地区加速工业化、城镇化，东部地区加速现代化"的特征。上海作为东部地区的龙头已经到了由外延型规模扩张向内涵式质量提升的阶段，因此国家性的大项目、大投资重点会考虑安排在西部地区，东部大城市的机会越来越少。上海发展的新动力必须要在优化城市环境、提高区域创新能力、提升城市服务能级、占领价值链高端环节等方面去寻找。

（四）内需不足，新老二元结构的问题必须要解决

与全国一样，上海需求对经济增长的贡献率也处于偏低的水平，2009 年上海最终消费支出占 GDP 的比重为 52.3%，尽管略高于全国平均水平，但与发达国家和国际大都市相比仍有较大的差距。

内需不足除受到收入分配差距的影响外，还有两个重要因素不容忽视。

其一是政府消费和居民消费结构失衡。最终消费支出由居民消费、政府消费两部分构成，从图 3 可以看出，自 1978 年以来，上海最终消费支出中居民消费部分一直呈逐年下降的态势，从 1978 年的 81.7%，下降到 1990 年的 79.5%，再下降到 2000 年的 78.2%，并在 2009 年下降到 73.5%；而政府消费支出比重则一直持续上升，从 1978 年的 18.3%，升到 1990 年的 20.5%，再升到 2000 年的 21.8% 和 2009 年的 26.5%。我们知道，政府消费与居民消费内容有着较大的差别，由于预算的软约束，政府消费不会形成鼓励市场竞争、促进产业结构升级的作用，甚至在某些时候还会产生保护落后企业的结果。

其二是城乡消费差距在持续扩大。图 4 反映了上海城乡消费水平倍率的变化趋势，即城市居民消费支出与农村居民消费支出的比值。可以看出，这一比率在 1985 年达到最低的 1.14 倍后便开始逐年上升，在 2000 年达到 2.13 倍，2009 年增加到 2.32 倍。按上海 82% 城市化率水平计算①和 2000 万人口计算②，上海将

---

① 由《上海统计年鉴2010》计算的 2009 年上海城市化率为 82.7%。
② 上海 2009 年常住人口 1921 万，预计到 2015 年人口将达到 2100 万。

有 400 万人口处于低消费水平状态。如果再考虑到城镇常住人口中的外来人口和低收入群体，则消费水平受到抑制的人群还要大幅增加。

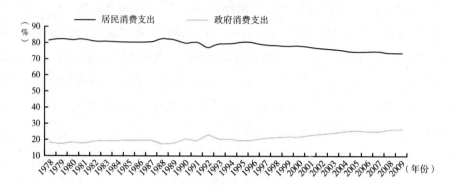

图 3　上海最终消费支出的结构比例

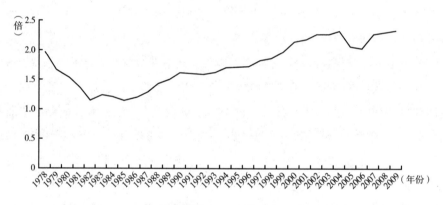

图 4　城乡消费水平倍率变化趋势

三　上海城市转型的条件分析

上文的内外部环境分析表明上海正面临着城市转型的迫切要求。但转型除了压力以外，还需要有适宜的条件，否则转型仍然难以顺利推进。本文认为，上海进一步转型的条件已经基本具备，但仍存在一定的阻力和困难。

（一）转型的有利条件

人均 GDP 突破 1 万美元大关，服务业比重接近 60%，城市化率水平超过

80%，发达的基础设施水平，这些既是上海城市转型的基础，也是上海顺利转型的前提条件。除此之外，以下几点也成为助推上海城市转型的重要条件。

1. 世博会及其后续效应有利于上海的城市转型

本届世博会除了直接刺激上海的各种服务性需求，提升和完善上海的基础设施建设外，还在体制机制、政府治理、国际化、技术创新等方面对上海的城市转型产生影响。如果说前者属于世博会的"硬效应"的话，那么后者则属于一种"软效应"，而这种"软效应"恰恰是上海城市转型最为迫切需要改进之处，因此它对上海城市转型的顺利进行会提供一种持续不竭的内在推动力。

（1）世博会在体制机制方面有许多重要突破，有许多值得推广

为保证世博会的顺利进行，上海出台了许多临时性政策，在许多领域实行了重大改革，比如对知识产权的保护、货物通关和检验检疫、外汇管制、税收优惠、特殊的主体登记、城市协调管理体制和区域联动发展体制等方面，都有较大的突破。世博会的运营是对上述新政的一次集中检验，实践表明，这些政策和体制突破的效果是良好的，有许多值得日后推广和应用。

（2）世博会大大推进了上海国际化进程

世博会是世界各国全方位展示和交流各国政治、经济、社会、文化和科技成就与发展前景的全球性盛会。上海世博会是历届世博会中参展方数量最多的一届世博会，共有 189 个国家、57 个国际组织、众多企业和国际知名人士参展，其中有 22 个国家与中国并无官方的外交关系，世博会的影响力可见一斑。据测算，世博会所引发的外交活动和企业交流，其频率和密度将是平日的 5 倍到 10 倍。世博会为加强上海的国际交流与合作提供了一次难得机遇，也为上海进一步推进国际合作交流奠定了良好基础。此外，世博会还构建了庞大的国际网络资源，增进了上海与世界的友谊和信任。盛会过后会积淀下一个庞大的国际组织网络、世界城市网络、国际媒体网络和跨国公司网络资源，上海利用这些网络关系平台可以提升国际形象和国际影响力，推动上海国际化跨越式发展。与此同时，以这些网络平台为基础，各种国际资源，特别是高端人才、国际组织和跨国公司，也会加速向上海集聚。因此，世博会会大大提升上海的全球资源配置能力、国际资源的集聚能力和国际影响力。

（3）世博会有利于各种新技术在上海的推广和应用

首先，世博会成为一次集中应用高科技产品的盛会。比如上海借助世博会对

物联网技术大规模运用和示范，发布了《上海推进物联网产业发展行动方案（2010～2012年）》，成为全国首个发布物联网发展最具可操作性方案的城市，使得物联网技术产业化所需时间大大缩短。除了以RFID为基础的物联网技术外，全息投影、OLED、太阳能光伏建筑一体化、风冷热泵技术、新能源汽车、智能交通、智能建筑等多项新兴技术在世博园内集中展示和应用，无疑为其向产业化发展推进了一大步。其次，本届世博会也集中展示了各国在生态建筑、新能源、信息运营等方面的最新科技成果，为上海吸收、购买、引进提供了很好的契机。

2. 长三角同城化有助于上海的城市转型

近两年国家连续出台了两部针对长三角区域长期发展的政策文件——《国务院关于进一步推进长江三角洲地区改革开放和经济社会发展的指导意见》及《长江三角洲地区区域规划》，预示着长三角地区发展进入新的战略机遇期。按照国家战略部署，长江三角洲地区要建设成为亚太地区重要的国际门户、全球重要的现代服务业和先进制造业中心以及具有较强国际竞争力的世界级城市群，而上海要充分发挥国际经济、金融、贸易、航运中心作用，成为引领该区域整体优势发挥和竞争力提升的核心。为此，国家批准了在上海建设虹桥综合交通枢纽的项目，进一步推进上海与长三角区域交通网络的全面对接，并以此为契机在长三角建立起一个多元化、立体化、智能化的区域交通网络体系。上海到杭州45分钟，上海到南京70分钟，最快5分钟一班，虹桥枢纽的建成标志着长三角已经步入同城化时代。

首先，同城化有助于长三角市场一体化的完善。人才、资本、信息等资源要素在区域内的配置会更加流畅，资源的利用效率会大大提高。其次，同城化有助于产业一体化的形成和完善，从而形成以城市核心比较优势为基础的区域专业化分工格局，有助于区域内整体产业竞争力和创新能力的提升。再次，也是更重要的，同城化有助于长三角区域在交通、市场和产业一体化的基础上形成政府服务和社会管理的一体化，包括金融体系的相互支持，中介服务业的相互融合，社保、医疗、环保、信息、信用管理、工商执法等体制上都可以实现一体化运作。最后，在此基础上可逐渐向制度一体化迈进，不断深化经济、金融、税收、产权、信用和社会保障制度以及市场秩序规范等方面的一体化进程，共同构建统一、规范、与国际接轨的区域制度框架。

不难看出，长三角同城化效应将直接推动上海核心竞争力的提升，推动上海服务业中的高端环节的发展和布局，使具有比较优势的产业顺利地向外转移，从而起到优化上海的产业、人口结构和布局，优化上海城市空间布局的作用，这为上海城市的转型提供了充分的腾挪空间。从某种意义上说，它是上海顺利转型的必要条件之一。

3. 民营经济发展势头良好为城市转型提供了重要支撑

危机过后上海民营经济保持了良好增长的态势。到 2009 年上海非公经济占 GDP 的比重已经上升到 48.4%，其中民营和个体经济占到 23.7%，与外资经济的差距在逐年缩小（见图5）。2010 年，民营和个体经济继续保持快速增长势头，截至 10 月份，民营和个体经济固定资产投资额达 792 亿元，同比增长了 39.7%，而国有经济投资则下降了 23.7%，外资投资微增了 0.2%（见表2）。2010 年前三季度，国有经济生产总值同比下降了 25.6%，而民营经济则大幅增长了 40% 以上。民营经济很可能在 2010 年超过外资经济成为总量第二、增速第一的经济体。

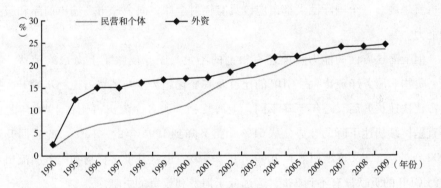

图 5　上海民营和个体经济与外资经济占 GDP 的份额

表 2　2010 年 1～10 月份上海固定资产投资总额及增长率（按所有制分）

单位：亿元，%

类　别	1～10 月	同比增长	类　别	1～10 月	同比增长
全社会固定资产投资总额	4022.98	-5.5	私营经济固定资产投资总额	792.01	39.7
国有经济固定资产投资总额	1594.55	-23.7	外资经济固定资产投资总额	543.21	0.2

资料来源：上海统计局月度数据。

民营经济的快速发展对上海的城市转型有着重要的意义。民营经济无疑是最活跃最有创新潜力的经济体，它已经成为上海发展高端服务业和战略性新兴产业的重要力量。数据显示，2008 年末，上海航运、物流、中介、信息服务等 9 大重点服务行业中，有 6 个行业的私营经济单位数占到本行业单位总数的 80% 左右，而在全市认定的高新技术企业和高新技术转化项目中，私营企业所占比重都超过了 70%。① 其次，民营经济的快速发展也可以弥补城市转型过程可能会出现的投资、就业下降的困境，在稳增长、促就业的同时也为社会稳定作出贡献。

（二）转型的不利条件

制约上海城市转型的最大障碍在于上海节点枢纽功能尚未建立，区域经济龙头地位尚未建立，对外辐射、服务全国的能力尚有不足。

城市经济学把从事对外出口的部门称为城市基础部门，把从事出口的行业称为城市的基础经济。② 从这一定义可以看出，一个城市对外辐射力越强，向城市外部输出的货物和服务的规模越大，则该城市的能级就越强，在城市网络中的地位也就越高。一个国际性大都市应该具有辐射全球，向全球市场输出商品和服务的能力。

但上海这方面的能力目前还有很大的不足。图 6 反映了上海最终消费、投资、货物和服务净流出③占 GDP 的比重及其变化趋势。与消费占比稳步攀升，投资占比快速提升后又逐年下降不同，上海货物和服务净流出占比在 1996 年之前一直呈持续快速下降的态势，从 61% 一路下降到 1996 年的 - 12%，此后回升到 2000 年的 7%，又逐渐回落到 2009 年的 2.7%。也就是说，货物和服务净流出对上海 GDP 的贡献只有不到 3%，远远低于消费和投资的贡献。

一般而言，靠投资拉动的经济体基本上都处于粗放式的规模扩张阶段，在投资主导的规模扩张完成后，经济体将进入创新驱动和内需驱动的阶段。创新不仅

---

① 上海市工商业联合会等主编《2010 上海民营经济》，上海财经大学出版社，2010，第 38 页。
② 阿瑟·奥沙利文：《城市经济学》（第四版），中信出版社，2003，第 129 页。
③ 货物和服务净流出指的是货物和服务流出减货物和服务流入的差额。流出包括常住单位向非常住单位出售或无偿转让的各种货物和服务的价值；流入包括常住单位从非常住单位购买或无偿得到的各种货物和服务的价值。地区核算净流出，除包括本地区对外贸易及国外非贸易往来的净出口额，还包括地区间货物和服务流出减流入后的净额。

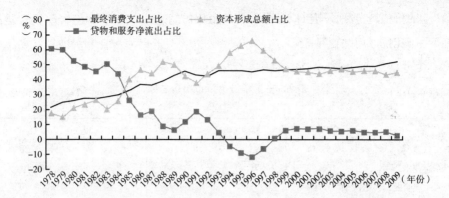

图6 上海最终消费、投资、货物和服务净流出占 GDP 的比重及其变化

包括制造企业的技术创新，而且也包括服务企业的商业模式创新，以及城市管理模式的创新。对于一个国际性大都市来讲，受商务成本的限制以及高端服务业特有的集聚特性，其创新更多地表现为高端的现代服务业在国际大都市集聚，在经济全球化背景下，这些服务业往往有服务一个区域、一个国家甚至是全球经济的能力，从而大大提升该城市对外部经济的辐射力，也就是城市系统向外输出的能量要大于向内吸收的能量，并且这种净流出在乘数效应的带动下，会为该城市带来数倍的收入，从而又进一步扩大了该城市居民的消费内力。从这个角度来说，上海城市转型的结果是消费与货物和服务净流出占 GDP 比重要保持相当的水平，而投资的比重要适当降低下来。

本文认为，以下几个因素阻碍了上海城市节点枢纽功能的形成和完善。

1. 国有企业的保守和民营企业的弱小制约了对外辐射能力

从表3 的数据可以看出，国有企业出口额不论是绝对量还是增长速度都远远低于外资，而民营经济的出口额尽管在高速增长，但绝对规模偏小，2009 年仅相当于外资的18%。因此上海出口主要是由外商投资企业来完成的。而外资的性质也决定了其出口的产品主要以加工贸易为主，2009 年占到出口总额57% 强。内资与外资的出口对一个地区的作用是不相同的，在外资主导出口的情况下，除了产业链条短、带动力不足、缺乏技术扩散效应等外，一个最大区别是乘数效应不同。内资出口对区域经济拉动的乘数效应要远高于外资。

2. 产业高端环节的竞争力偏弱

如果从行业类别看，发达国家所涉及的优势产业上海几乎都有涉及，但如果从产业的价值链考察，则可以发现上海的企业仍然主要以低端环节为主，这从以下两个指标可以反映出来。

表3 主要年份上海市出口总额

单位：亿美元，倍

指　标	2000 年	2008 年	2009 年	2009/2000 年	2010 年 1～10 月
出口总额	253.54	1693.50	1419.14	5.60	1473.28
国有企业出口额	106.78	335.71	264.59	2.48	255.01
外商投资企业出口额	142.61	1137.35	970.92	6.81	1023.90
私营企业出口额	4.15	—	174.04	41.9	184.32
一般贸易出口额	101.72	642.16	488.62	4.80	512.83
加工贸易出口额	147.83	917.99	814.63	5.51	821.79

资料来源：《上海统计年鉴2010》，上海统计局月度统计数据；私营企业2000年数据是由出口总额扣除外资和国有经济出口部分计算而得。

其一是服务贸易的出口比重及其结构。我们知道服务贸易是衡量一个地区/国家服务业全球竞争力强弱的重要指标。据商务部发布的统计数据显示，2009年上海服务贸易进出口总额达到790亿美元，其中出口342亿美元，进口448亿美元，逆差为106亿美元。[1] 从服务贸易的结构看，首先是运输、旅游这两个传统服务贸易项目占到50%以上，其次为近年增长异常迅猛的服务外包，而这些产业无论如何增长，都不能体现上海服务业的竞争力。而在真正的行业高端，比如金融保险、专业服务领域，上海一直都处于严重逆差状态。

其二是企业的对外投资，它是反映一个地区企业微观竞争力的重要指标。尽管上海已经提出"走出去"战略多年，也制定了相应的支持政策，但受体制机制的困扰，国有企业总是缺乏创新精神和闯荡市场的勇气，"走出去"的步伐小心翼翼且步履蹒跚，与国有经济庞大的资产存量严重不成比例。

3. 行政性壁垒带来的隐性市场分割制约了资源的合理配置，影响了企业能级的提升

地方政府的行政权力与市场经济利益之间千丝万缕的联系已成为制约中国服

---

[1] 《2009年上海服务贸易进出口额占全国27.55%》，上海商务委网站，http：//www. scofcom. gov. cn/sfic/sc/list. jsp。

务业健康发展的重大障碍。在集团利益和地方利益共同驱使下，地方政府利用自身的行政权力为区域市场设置了重重的"玻璃幕墙"，看不见摸不着但真实存在。这种"玻璃幕墙"在保护"自己的"企业的同时也为其他企业进入该市场设置了很高的门槛，增加了企业进入的交易成本。这种特征普遍存在于生产性服务业领域，被称为"关系密集型"行业，包括金融、鉴证、评估、咨询、法律、会计等。其结果是行政上的条块权力把一个市场分割成诸多的小市场，行业内的企业彼此都囿于一个狭小的市场和圈子内，彼此事实上处于互不竞争的状态，严重地扭曲了市场优胜劣汰的基本功能。在这样一个大的体制背景下，服务企业很难有快速发展的机会。

四 上海城市转型的动力

本文认为，上海的城市转型应该从一个更为广阔的视角来审视，而不能简单将其理解为服务业比重的提高。事实上，城市转型的更本质内涵在于城市功能、发展模式和发展路径所发生的质的改变。城市转型是城市在新的发展条件下如何主动选择或被动适应新的发展模式从而摒弃传统的难以为继的发展模式的过程。这一过程涉及产业结构、空间结构、交通运输和通信体系、对外联系方式、政府职能、法律和监管环境、生活环境以及各种非政府组织等同时或相继都发生的深刻的变革、调整和转型，而产业结构的升级不过是城市转型这一大变革中的一个重要的组成部分。

从系统、网络、功能的角度来理解上海的城市转型，可以在时空坐标中为上海做更加合理的定位，同时也可从中寻找到城市转型的新动力，具体而言，即进一步优化城市空间的新城战略，进一步发展民营经济的对内开放战略和进一步转变政府职能的体制深化战略。

（一）新城建设为城市转型打开新空间

"十二五"期间上海的战略发展重心将由中心城区转向郊区，以新城战略为核心的城市空间重构拉开了大幕。

一直以来上海的城市空间结构表现为由中心城区向郊区蔓延的态势，其结果是产业、人口和各种社会服务资源高度集聚于中心城区，中心城区的负荷已经达到极限，而更为广阔的郊区，则表现为人口集中度不足、交通不畅、社会事业缺乏，工业园区与周边城镇不能很好地融合，其结果是城乡脱节，产业和城市脱节，城市不仅没有"让生活更美好"，而且也在很大程度上制约了产业功能的进一步培育。

为此，上海亟须在6000平方公里的范围内重新规划其人口、基础设施、社会服务等各种资源的配置，其中的关键是要在上海中心城区周边形成若干个人口在100万左右的功能性节点新城，并带动中心城区副中心的崛起以及郊区新城周边新市镇城市形态的完善，从而形成一种更加富有层次和弹性的城市空间结构。这样规划的意义表现在以下方面。

1. 有助于郊区实现产城融合，为上海经济增长提供新的空间

首先，新城战略的实质是用大中城市的标准对郊区的几个核心区进行开发，郊区基础设施和社会服务事业不足的历史欠账将得到弥补，市级重大产业项目也将优先向郊区配置，从而会启动新一轮的投资热潮，延缓上海投资下滑的势头，同时也将带动郊区消费水平的提升。这为上海未来经济增长打开了一个广阔的新空间。比如，从长期发展角度看，上海服务业比重提升的关键环节是郊区服务业比重的提升，目前中心城区服务业比重已经达到80%以上，而郊区新城的城市化会启动大规模的服务消费，提高郊区服务业的比重和能级。

其次，新城战略可以解决郊区长期存在的产城分离或者是有产无城的问题，助推上海的工业园区顺利实现产业升级和功能提升。长期以来，上海工业园区一直都没有很好地考虑如何依托城镇良性发展的问题，更谈不上产业区和城区的联动与耦合了。这种产城分离导致了人产分离，人气不旺，园区只是一个工作挣钱的地方，而不能成为员工生活居住的场所，不仅影响了企业的发展，而且也影响到城市交通、人才的吸引和留住。

2. 有助于上海国际大都市目标的实现

上海的目标是要成为长三角区域的核心城市，成为有国际影响力的国际大都市，而目前上海单核心空间结构无法支撑这一目标的完成，因为600平方公里的中心城区不可能承载如此之多的功能，且早已有不堪重负之感。如果在中心城区周边建立若干个功能完备、富有区域特色的节点新城，则一方面可以分流中心城区过于密集的人口和产业资源，另一方面，也可以承担部分辐射长三角和全国的经济功能，形成"核心区—新城—长三角和全国"梯次结构。与此同时，新城也可利用自身的比较优势直接融入全球城市网络，在为上海核心区分担城市功能的同时也为上海经济增长带来新的活力。

（二）对内开放为城市转型带来新活力

如果说过去 30 年中国经济增长的动力主要来自对外开放的话，那么随着"刘易斯拐点"的到来，中国经济未来增长的主要动力将来自对内开放，民营经济将迎来全面增长的黄金期。

我们知道，民营经济的发展一直都受到体制方面的制约，生存环境艰难，可谓在夹缝中求生存。比如"非国民待遇"问题，据调查民营企业税负普遍高于国企和外企，特别是在资源税、城市维护建设税及教育费附加等方面民营企业仍然受到不公平对待。再如民营企业的融资难、吸引人才难、进入政府采购体系难、获得政府资金难、进入国企主导行业难，以及民营企业在正常运营过程中所常常遇到的"玻璃门"，如此等等，不一而足。尽管如此，20 世纪 90 年代以来，上海的民营和个体经济仍然获得了快速增长，民营经济的产值由 1990 年的 15.5 亿元增长到 2009 年的 3571 亿元，占 GDP 比重从 1990 年的 2.0% 增长到 2009 年的 23.7%，2009 年从业人员达到 548.25 万人，比重占到 51.5%，成为带动上海经济增长的一支重要力量。不难看出，民营经济是一个创新能力、适应能力极强的经济群体，我们有理由相信，如果套在民营经济身上的枷锁被打破的话，它还将爆发出更大的发展活力。

除吸纳就业人员、拉动经济增长外，民营经济的另外一个重要功能是推动上海服务业由量的扩张向质的提升转型。立足上海的现实，不论是生产性服务业还是消费性服务业，都存在供给和需求双重抑制的现象，而民营经济的进入是打破这一恶性循环的有力武器。从生产性服务业角度而言，上海的高端服务业已经基本搭起了种类齐全的功能模块，但每一个模块的正常运行需要一些融合剂和催化剂，也就是中介组织，特别是高端模块在进行业务创新的时候更需要有第三方组织的介入，为其提供各种信息，提供所需人才，降低交易风险和各种成本，这些主干性的功能模块和中介组织共同构成生产性服务业发展的网络和平台。如果缺乏这样的组织，不仅高端服务业的功能模块很难建立，即便是勉强建立起来，也很难得到市场需求的支持。这种第三方组织一般来说规模不大，但在市场中的搜寻能力、适应能力、创新能力非常强，因此特别适合民营经济的进入。而在生活性服务业领域，比如公共事业领域，也同样存在这种双重抑制的现象，现有的体制对这些服务业的供给形成一种抑制，而这些服务业的不发展又进一步抑制了居民对生活性服务业的消费需求。目前，大规模高等级的公共服务业主要由国有企业和外资企业构成，但规模不大、布局灵活，适合当地居民实际需求的公共服务企业仍较为缺乏，而民营经济正好可以弥补这一市场欠缺。

从这个角度来说，民营经济的发展对上海转型的意义重大，下一步需要考虑的是如何引导和鼓励民营经济的健康发展。

2010 年 5 月份国家发布的《国务院关于鼓励和引导民间投资健康发展的若干意见》（又称"新 36 条"），在鼓励民营经济发展，破除体制机制障碍方面释放了一个明确而强烈的信号：国家鼓励和引导民间资本进入法律法规未明确禁止准入的行业和领域，包括基础产业和基础设施领域、市政公用事业和政策性住房建设领域、社会事业领域、金融服务领域、商贸流通领域以及国防科技工业领域，并规定要规范设置投资准入门槛，创造公平竞争、平等准入的市场环境，市场准入标准和优惠扶持政策要公开透明，对各类投资主体同等对待，不得单对民间资本设置附加条件。以此为契机，上海应该出台落实"新 36 条"的细则，进一步深化和落实国家对民营经济的鼓励政策，切实消除民营经济发展的体制障碍，营造民营企业公平竞争和发展的产业环境，完善市和区县两级政府的民营经济服务功能，建立便利的民营经济公共服务和信息交流平台。不难看出，政府服务民营经济的过程事实上也是政府转变政府职能、加强服务能力的过程。因此，民营经济的发展与政府全面向"服务型政府、公共型政府和法治型政府"转型有很强的内在逻辑联系，如能形成良好的互动，将为上海城市的成功转型奠定坚实的基础。

（三）体制变革为城市转型带来新动力

仔细梳理上海服务业发展脉络可以发现，凡是有特殊政策的年份，服务业发展都比较快，而优惠政策缺乏的年份，服务业则往往会陷入停滞状态。比如 20 世纪 90 年代上海服务业的快速发展，特别是金融业的快速发展，显然同浦东开发开放所带来的优惠政策密不可分，而 1991 年实施的《上海市住房制度改革实施方案》和 1998 年推出的"住房分配货币化"政策，直接刺激了上海房地产业的腾飞，十年间房地产业相对 GDP 增长速度高达 13.18%。再比如，上海在

2002 年率先制定了《上海市鼓励外国跨国公司设立地区总部的暂行规定》，其中税收、经营权限、人才、一次性补贴等各方面的优惠措施对上海吸引跨国公司总部发挥了重要作用。但随着国家政策的调整和变化，各种更规范的适用于全国的法律出台，上述暂行规定中的优惠措施并不再具有吸引力。与此同时，其他省市也出台了更加优惠的政策，这些都给上海进一步吸引跨国公司总部带来负面的影响。政策优惠一旦失去效力，则上海服务业的发展便出现动力不足的情况。2008 年以来上海服务业比重的大幅攀升，显然也是受金融危机和国家出台的一揽子经济刺激计划的影响。危机使得上海制造业出现大幅下滑，而国家出台的宽松的货币政策又直接刺激了金融和房地产业的发展，此消彼长，上海服务业比重才会出现幅度如此之大的提升。

之所以存在这样的一种发展模式，其根本原因在于上海的服务业仍然在很大程度上受到体制方面的约束，这种约束是市场力量所无法单方面冲破的，必须要靠政府自身的调整和改革来解决这一问题。毫不夸张地说，体制层面的约束已经成为制约上海服务业发展的主要障碍。正因为如此，上海往往需要特殊的政策来冲破这种体制的束缚，一旦政策的优惠力度不再，则服务业便会迅速失去发展动力。因此，上海未来的发展模式必须要寻找一种内生的自我发展的可能性，不能再单纯依靠优惠政策在短时间内的刺激，而把这种可能性转变为现实性的基础便是一个完善的富有弹性富有技巧的行政管理体制。着眼于长远，上海应坚持从"系统性"和"制度性"两个方面设计服务经济发展总体规划，为服务业发展奠定坚实的基础。

从现实层面分析，上海也已经具备了在体制层面进行系统性改革和突破的可能性。比如国务院发布的关于建设"两个中心"的意见对上海金融和航运服务业的发展提出了具体的目标、要求和相关配套的政策措施，浦东综合配套改革试点也赋予了上海在行政管理体制方面的先行先试权，世博会积累了大量有效经验以及国家多次提出要建设"法治政府"、"服务政府"的要求。把这几个方面综合在一起，不难看出上海已经具备了在体制层面产生系统性突破的内外部条件。体制性变革的突破可从以下三个层面着手。

其一，在"法治政府"、"公共政府"和"服务政府"理念的指导下进一步调整政府与市场的关系，完善政府的行政管理体制，调整两级政府在财权、事权上的分配关系以及条线之间的协调性。

其二，充分利用浦东综合配套改革和"两个中心"、"世博会"等带来的先行先试权，大胆创新，加快推进行政管理体制、国资国企、垄断行业和社会事业改革，进一步放松管制，降低门槛，扩大开放，推动各类市场主体特别是民营经济的蓬勃发展，激发市场主体活力和经济自身发展动力。通过这些新政策促进新的市场发育，并通过市场发育进一步检验、调整甚至是倒逼与之相配套的行政管理体制，从而形成政策突破、市场发育和制度完善之间的良性互动。

其三，对世博会政策进行梳理，加以推广和应用。为保障世博会的顺利举办，上海在城市管理、区域协调联动、知识产权保护参展者主体登记、税收优惠、货物通关、检验检疫、宣传品进境和分销以及人员出入境等方面出台了许多临时性政策，制定或修订了一系列地方性法规与政策。这些政策和法规经过世博会的检验证明是有效的，其中有许多的政策和法规对上海服务经济的发展以及城市转型会产生重大影响，特别是其中对体制突破方面的政策，需要结合综合配套改革予以长效化和制度化。比如在城市协调管理方面的多元化部门协调机制、服务保障的市场化运作机制、管理实施与推进的法制化保障机制、社会公众参与机制等。这些机制将对上海构造一流的城市服务软环境发挥重要作用。再如区域联动发展机制为长三角一体化的顺利推进提供了丰富的经验。特别是其中的区域政府间合作机制、长三角无障碍旅游圈的运行机制、区域服务业联动发展机制、跨地区社会协调管理机制、生态环境保护的联防联控机制等，都为服务经济的发展提供了充分的体制机制保障。把这些政策推广和深化，有助于上海高端服务业的快速发展，有助于长三角金融、会展、物流、商贸、人才、信息等服务业领域的深度合作。

B.3

创新驱动与上海经济转型

邓智团*

摘　要： 2010 年是实践"十一五"规划的最后一年，而 2011 年将是"十二五"规划的开局之年，发展方式转型将是上海"十二五"发展的主线之一。上海具备了从资本驱动发展向创新驱动发展转变的创新条件了吗？本文基于城市发展阶段理论的分析，认为从资本驱动向创新驱动是城市在高级发展阶段转型的基本方向。通过对上海创新条件的整体评价，认为当前上海的创新条件离发达国家创新城市的标准仍有十分大的差距。在创新条件不足的背景环境下，上海在"十二五"的开局之年只有通过包括理念创新、体制机制创新、城市经营管理创新、产业体系创新和技术创新等在内的多元创新形成上海的转型动力，才能推动上海向创新驱动阶段发展。

关键词： 创新条件　创新驱动　上海　转型动力

2010 年是实践"十一五"规划的最后一年，而 2011 年将是"十二五"规划的开局之年，发展方式转型将是上海"十二五"发展的主线之一。上海经济转型要求由原来主要以资本驱动为主转向主要以创新驱动为主（要素驱动三阶段：劳动、资本、创新），但是在短期内尤其是当前上海创新条件不足的问题仍较为突出，创新条件不足将直接影响到 2011 年与"十二五"期间的上海转型。根据数据的可得性，本文在回顾总结 2009 年上海创新驱动状况的基础上，重点结合上海 2010 年经济发展状况，考察创新驱动呈现的新情况与新趋势，尤其是深入

---

* 邓智团，上海社会科学院城市与区域研究中心助理研究员，经济学博士，主要研究方向为产业创新、城市创新与发展等。

分析影响到创新驱动的影响因素与瓶颈，探讨了消除影响创新驱动的诸种因素与约束条件，提出了有效实现从资本驱动向创新驱动转型的对策措施，以尽快在转型过程中实现以创新驱动为主的经济发展方式转变。

一 城市创新驱动的理论基础

根据国内外相关学者的研究，区域的经济发展存在一定的阶段性，服务经济化是经济发展的高级阶段，而创新驱动的服务经济则是区域发展的高级阶段，创新城市则成为城市发展的高级阶段。

（一）服务经济：经济发展的高级阶段

城市经济的研究结构主义学者克拉克（C. G. Clark，1940）、库兹涅茨（S. S. Kuzenets，1958）及霍夫曼（W. G. Hoffmann，1958）等人通过大量的统计分析得出结论：经济发展存在不断高级化的过程，并伴随着三次产业结构间相互关系不断地变化，在经济发展到高级阶段时，第三产业将在经济中占主导地位（见表1）。

表1 库兹涅茨的统计分析（1958年）

单位：美元/人，%

经济发展阶段	人均收入水平	国内生产总值的三次产业结构	都市人口占总人口的比重	劳动力在三次产业中的比重
工业化前的准备阶段	100以下	49.8:22.8:27.4	22.9	80.5:9.6:9.9
	100~199	32.7:28.6:38.7	32.0	63.3:17.0:19.7
工业化的实现和经济高速增长阶段	200~349	33.7:29.0:37.3	36.0	46.1:26.8:27.1
	350~574	15.1:39.4:45.5	49.0	31.4:36.0:32.6
	575~999	14.0:50.9:35.0	65.8	—
工业化后的稳定增长阶段	1000以上	—	68.2	17.0:45.0:37.4

资料来源：库兹涅茨《现代经济增长》，戴睿、易诚译，北京经济学院出版社，1989。

罗斯托（1960）在《经济成长的阶段：非共产党宣言》中把人类社会发展分为传统社会、为"起飞"创造前提条件阶段、"起飞阶段"、成熟阶段、高额群众消费阶段、追求生活质量阶段6个"经济成长阶段"，每个阶段的演进是以主导产业部门的更替为特征的。因此就一个城市而言，如果希望能在一个国家、地区甚至全球范围有举足轻重的作用，则在经济发展到一定的阶段后，经济会趋向金融化，而且经济结构中主导产业将趋向服务业，这时金融业成为经济的进一步发展的动力。

（二）创新驱动：区域发展的高级阶段

格雷斯（Gras，1922）认为城市发展可以分为 4 个阶段：第一阶段是商业；第二阶段是工业；第三阶段是运输业；第四阶段是金融业。而且金融业比商业、工业和房地产业具有更大的集中度。1935 年，费希尔在《安全与进步的冲突》中认为，综观世界经济史可以发现，人类生产活动的发展有三个阶段，第三阶段开始于 20 世纪初，大量的劳动和资本不是继续流入初级生产和第二级生产中，而是流入旅游、娱乐服务、文化艺术、保健、教育和科学、政府等活动中。

波特（Porter，1998）认为经济发展的推动力量可以划分为劳动力、投资、创新和财富推动四个阶段。从这里我们可以看到一个城市的发展过程中，其推动力量的变化同时肯定会导致城市经济结构的变化，集聚的要素类型也会存在着动态性的变化。根据波特的城市发展阶段论，世界经济可划分为三个阶段：要素驱动、资本驱动和创新驱动。处于要素驱动阶段的区域其竞争力主要来自于基本要素，低劳动力成本和自然资源是提升其竞争力的关键；处于资本驱动阶段的经济，生产率是竞争能力的重要来源，企业的产品主要以代工生产（OEM）方式制造，技术大都源自于技术许可、外国直接投资、合资企业和模仿；而处于创新驱动时，企业可以推出创新的、处于全球技术前沿的产品，此时经济中存在强有力的支持创新的制度和激励。

（三）创新城市：城市发展的高级阶段

城市发展与产业变迁间的关系可以从城市与产业发展的历史考察中得到证实。在城市发展的最初阶段，以轻工业城市为主，其代表性的产业就是轻工业，城市与产业的发展以劳动驱动为主，典型的城市如 19 世纪中叶的伦敦和曼彻斯特；之后是以重工业为主导产业的重工业城市，如 20 世纪初的德国鲁尔区和美国匹兹堡市等；技术驱动对城市发展具有巨大的带动力，出现了科技型城市，如 20 世纪中叶的瑞士伯尔尼、德国南部城市等；随着后工业社会的来临，服务经济成为城市的主导产业，代表性的城市如伦敦、纽约和东京等，以财富驱动为主；在21世纪，创新驱动开始引领城市发展，代表性的城市如美国加州硅谷、奥斯丁以及英国剑桥等城市（见表2）。

表2 城市发展阶段与驱动力

城市类型	经济类型	典型产业	典型城市
轻工业城市(19世纪中叶)	劳动驱动	轻工业	伦敦、曼彻斯特
重工业城市(20世纪初)	资本驱动	重工业	德国鲁尔区、美国匹兹堡
科技城市、创新城市(20世纪中叶)	技术驱动	精密制造、高科技产业	美国加州硅谷、英国剑桥、法国科学城、瑞士伯尔尼
后工业城市(20世纪下半叶)	财富驱动	商务办公、金融服务	伦敦、纽约、东京

资料来源：根据邓智团（2010）修改。

霍尔（P. Hall, 1998）将创新型城市界定为处于经济和社会的变迁中，许多新事物不断涌现并融合成一种新的社会形态的具有创新特质的城市。2000年英国学者兰德利在其著作《创新型城市》（The Creative City）中正式提出创新型城市概念，认为创新型城市须具有开放思想、多样化、宽容、独立个性、可达到、弹性及有活力的公共空间、高质量的人居环境、源于全球化倾向的本地化等特征。

二 上海经济发展正面临资本驱动发展的困境

2010年，上海成功举办了举世瞩目的"2010年中国上海世界博览会"，同时，也是上海"十一五"的最后一年。城市建设的目标是建成四个中心和四个率先的基本框架，所谓建成框架就是要实现上海国际大都市建设的大局，基本完成国际大都市功能定位所要求的结构升级。

（一）面临"中等收入陷阱"挑战

上海人均GDP在20世纪90年代连续跨越2000美元、3000美元和4000美元台阶，2001～2007年人均GDP处于5000～8000美元的中等收入区间。1992～2006年，上海的人均GDP增长率基本保持在10%以上，因为汇率改革，在 2007 年和 2008 年增长率超过了 20%，只是 2009 年因 2008 年金融危机冲击的滞后效应，增长率有所下降，但仍接近 10%，人均生产总值达到了 11563 美元（见图 1）。

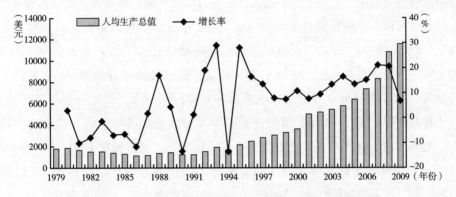

图 1　1979～2009 年上海人均 GDP 变化及增长速度比较

注：1978～1992 年的人均生产总值按户籍人口计算，1993 年以后按半年以上常住人口计算。

资料来源：《上海统计年鉴 2010》。

世界银行对于"中等收入陷阱"更为宽泛的区间判断是人均收入 825～10065 美元（人均 GDP = 人均 GNI × 0.98）。所谓"中等收入陷阱"的主要表现是在人均收入 5000～8000 美元区间时出现经济增长的停滞，其三个内在因素是：产品生产的多样化潜力耗尽；投资拉动的重要性（资本边际生产率）下降；基础教育和职业教育不足以支撑工人素质更高的要求。

上海 2009 年人均 GDP 为 11563 美元，由于我国的国内生产总值与国内收入间的相关系数可能存在较大幅度变化，因此可以说当前的上海仍处于"中等收入陷阱"这一收入区间中。更何况，如果考虑到近年人民币持续升值的因素（2005 年 7 月至今，对美元升幅亦达 16%），扣除兑换率变化，上海显然仍处于"中等收入陷阱"的笼罩区域内。"中等收入陷阱"并非所有国家都经历过，尤其是东亚的日本以及"四小龙"都成功地跨越了该"陷阱"。相比收入水平的持续显著提高，上海在产业结构转型与升级方面存在着转型速度的滞后是显然的。典型表现为上海的服务业占比在 21 世纪初踏上 50% 台阶后，持续徘徊不前达 8 年。而产业结构战略也被动经历着"三二一"、"二三并举"、"二三产业融合发展"的一再调整。

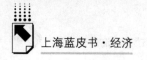

（二）面临"鲍莫尔病"的考验

"鲍莫尔病"的症状就是：当经济整体转向服务型为主时，受服务经济的生产率提升慢而规模占比提升快的拖累，全员劳动生产率升速放缓。通过上海分产业的全员劳动生产率数据变化可以得出上海已呈现出"鲍莫尔病"的相关"症状"：1978～1990年第三产业全员劳动生产率始终低于第二产业；1991～2003年，第三产业全员劳动生产率高于第二产业；这一局面没有始终维持，2004～2008年，第二产业全员劳动生产率首次超越10万元/人，再次超越第三产业；一个有趣的现象是2009年，第三产业的全员劳动生产率高于第二产业（见图2）。监测同期的分产业GDP占比可见，上海的第三产业占比在1990年首次超越30%，在1999年超越50%，10年间占比增长20个百分点。2000～2009年近10年里，第三产业占比始终处于徘徊中，2009年占比为59%。

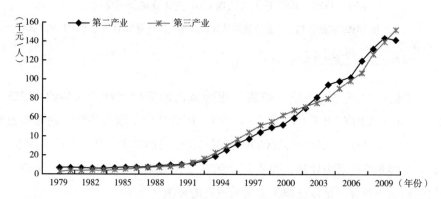

图2　1979～2009年上海第二产业、第三产业全员劳动生产率比较

资料来源：《上海统计年鉴2010》。

同样，对全员劳动生产率增长速度的考察也存在相似状况。总体而言，上海市全员劳动生产率增长较快，2009年大致为1979年的8倍左右。但进一步考察可以发现，上海的全员劳动生产率增长速度在1993年达到近40%的年增长速度最高峰后，此后一直处于持续的增长速度放缓通道中，在1999年增长速度达到最低点，不足10%（见图3）。

在21世纪的前几年全员劳动生产率增长速度有所恢复，但此后一直处于波动增长状态。这与同期上海产业结构转型在20世纪90年代大转型（第三产业占比增长20个百分点）之后即出现停滞至今的基本情况相吻合。上海经济结构转

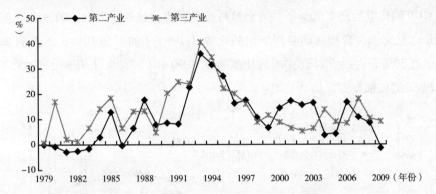

图3 1979～2009年上海全员劳动生产率同比增长速度变化趋势

资料来源：《上海统计年鉴2010》。

型的症结主要在于服务业的提升问题，服务业的全员劳动生产率有待大幅提升，服务业的规模（GDP占比）也有待显著提升。

因此，上海作为资本型驱动发展的模式可能已到极限，发展模式亟待转型情况是显然存在。那当前上海的创新条件具备形成创新驱动的能力吗？

三 上海形成创新驱动的创新条件评估

"十一五"计划实施以来，特别是由于科教兴市战略的推进，上海城市创新体系建设在创新资源、创新投入、创新企业、创新产业、创新产出和创新效率上均取得了显著进步。就2009～2010年的创新能力而言，相比上海经济在全球和全国的地位，上海的创新条件和创新能力总体而言仍显不足。

（一）现状：城市创新条件逐步改善

经过改革开放后的30年快速经济发展，2009年度上海在经济实力显著提高的同时，城市创新能力也得到了大幅提升，科技活动越来越活跃。

1. 创新资金投入持续增加

科技活动经费支出从1990年的28.25亿元，经过多年的高速增长，2009年达到了历史最高位745.74亿元，相当于1990年的26倍还多。全市研究与开发（R&D）经费支出自1996年以来已连续10多年保持了较高速度增长。1990年，R&D经费支出占GDP的比重只有1.30%，2009年R&D投入经费431.98亿元，占GDP的比重达到2.90%。地方财政科技经费支出也逐年上升，2009年达到了215.31亿元，占科技活动经费支出的比重从1990年的不到10%，上升到2009年的近30%，占地方财政支出的比重也从1990年的3.2%上升到了2009年的7.2%，增长幅度近3倍（见图4）。

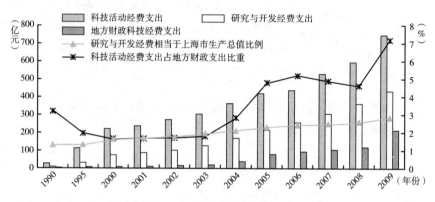

图4　1990～2009年上海创新资金投入情况

资料来源：《上海统计年鉴2010》。

2. 创新成果数量不断增多，质量提高

统计数据显示，2000年全市共认定科技成果1102项，但达到国际领先水平的只有45项，占4.1%，2004年这一比例上升到9%，2009年达到了12%；达到国际先进水平的数量变化不大，从462项变化到了651项，但占比却从41.9%下降到了30.1%；其中国内领先和国内先进的比重基本保持不变（见表3）。

表3　2000～2009年上海科技成果情况

单位：项，%

年份	科技成果	国际领先		国际先进		国内领先		国内先进	
		数量	占比	数量	占比	数量	占比	数量	占比
2000	1102	45	4.1	462	41.9	452	41.0	117	10.6
2001	1338	78	5.8	542	40.5	444	33.2	116	8.7
2002	1418	65	4.6	603	42.5	463	32.7	106	7.5
2003	1508	71	4.7	532	35.3	481	31.9	155	10.3
2004	1629	147	9.0	669	41.1	480	29.5	155	9.5
2005	1701	123	7.2	629	37.0	588	34.6	189	11.1
2006	1953	250	12.8	675	34.6	655	33.5	191	9.8
2007	2396	180	7.5	761	31.8	938	39.1	254	10.6
2008	1866	125	6.7	664	35.6	663	35.5	226	12.1
2009	2166	260	12.0	651	30.1	831	38.4	247	11.4

资料来源：《上海统计年鉴2010》。

2009 年全市共有 56 个项目（人）获得 2009 年度国家科技奖励，其中，1 人首次获国家最高科学技术奖，47 项获国家自然科学奖，4 项获国家科技进步奖，3 项获国家技术发明奖。2009 年全市共受理专利申请量达到 62241 件，比 2000 年的 11337 件增加 4.5 倍，其中发明专利 2.20 万件，增长 3.67 倍（见表 4）。

表 4 2000～2009 年上海主要年份的专利申请量

单位：件，%

指标\年份	2000		2008		2009	
	绝对值	占比	绝对值	占比	绝对值	占比
按种类分：						
发明	4713	41.6	17829	33.7	22012	35.4
实用新型	2760	24.3	14327	27.1	19650	31.6
外观设计	3864	34.1	20679	39.1	20579	33.1
按对象分：						
非职务发明创造	2137	18.8	6860	13.0	7290	11.7
职务发明创造	9200	81.2	45975	87.0	54951	88.3
大专院校	618	5.5	7787	14.7	8699	14.0
科研单位	613	5.4	1743	3.3	1950	3.1
工矿企业	7936	70.0	34162	64.7	41628	66.9
机关团体	33	0.3	2283	4.3	2674	4.3
总　计	11337	100	52835	100	62241	100

资料来源：《上海统计年鉴 2010》。

3. 企业作为城市创新主体的地位逐渐加强

2009 年上海研发投入的活动主角已完全实现从高校和科研院所到企业的转换。据统计，2000 年，R&D 资金来源上，企业仅占到 54%，与高校和科研院所相当。在 2009 年，R&D 支出上，企业占 68.2%，大大超过高校和科研机构及其他的 31.8%。其中大型工业企业的 R&D 支出占所有企业 R&D 支出的比重一直维持在 80% 以上，2009 年相较 2008 年下降近 2 个百分点。在成熟的创新驱动型国家，企业的研发投入一般占 70% 左右，上海正逐步接近这一目标（见表 5）。

4. 创新支持体系日趋改善

在创新支持体系建设方面，五个公共服务平台建设（研发公共服务平台、人力资源服务平台、科技创业投融资平台、知识产权服务平台、信息服务平台）均取得明显进展。其中尤以研发公共服务平台的展开对推进上海科技创新的贡献

表5　2000～2009年上海研究与开发（R&D）经费按执行部门分类

单位：亿元，%

类别 \ 年份	2000		2008		2009	
	绝对值	占比	绝对值	占比	绝对值	占比
科研机构	25.58	33.3	80.57	22.2	86.95	20.1
高等院校	7.43	9.7	34.49	9.5	39.36	9.1
企　业	41.44	54.0	245.96	67.9	294.48	68.2
工业企业	34.78	45.3	208.21	57.5	244.19	56.5
大中型工业企业	30.98	40.4	181.11	50.0	206.99	47.9
其　他	2.28	3.0	1.28	0.4	11.19	2.6
总　　计	76.73	100	362.3	100	431.98	100

资料来源：《上海统计年鉴2010》。

作用最为明显。从2009年的数据可以发现，2009年上海研发公共服务平台包括生物制药、电子信息制造业、软件和信息服务业、先进重大装备、新材料、农业、新能源与节能、环境保护及其他9类，共有77个服务平台（见表6）。

表6　2009年上海研发公共服务平台一览

所属领域	数量	典型平台举例
生物制药	33	药物制剂技术公共技术平台、动物实验技术公共服务平台、生物芯片技术服务平台、中药创新研究平台、生物工程制药中试服务平台、张江药谷公共服务平台、新药安全评价公共技术平台
电子信息制造业	10	芯片分析公共服务平台、芯片测试技术服务平台、集成电路设计公共服务平台、数字电子产品检测公共服务平台
软件和信息服务业	8	上海市动漫公共技术服务平台、微系统工艺（MEMS）公共技术平台、软件专业技术服务平台、面向构件的公共技术服务平台、浦东软件技术服务平台
先进重大装备	9	武宁检测认证中介服务平台、理化分析测试公共技术平台、金属材料检测、诊断及改性应用服务平台、CAE技术公共技术平台、基础性能试验公共技术平台、制造业信息化公共技术服务平台
新材料	9	现代纺织印花行业研发新技术推广服务平台、材料质量检测专业协作服务平台、纳米材料检测专业服务平台、高分子材料检测服务平台、先进复合材料设计与制造专业技术服务平台
农业	2	农药创制公共技术平台、农产品质量安全检测公共技术服务平台
新能源与节能	1	太阳能电池产品检测服务平台
环境保护	1	环保研发公共服务平台
其他	4	防伪技术产品测评平台、危险化学品分类鉴定、检测技术服务平台、纺织研发公共服务平台、低压电器及智能电器研发公共服务平台

资料来源：根据"上海研发公共服务平台网"资料整理。

5. 创新创业人才队伍不断壮大

近年来，为加快上海创新人才高地建设，市委市政府大力推进国际化人才战略，通过实施"万名海外留学人才集聚工程"和 CEPA（《内地与香港关于建立更紧密经济关系的安排》）框架下"引进千名香港专才"计划，积极推进国家级留学人员创业园建设，集聚了一批科技人才精英，大大提高了上海科技人才的数量和质量。特别是 2009 年，科技活动人员相对于 2008 年有了很大的增加，从23.1 万增加到了 2009 年的 34.6 万，增加幅度近 50%（见图 5）。

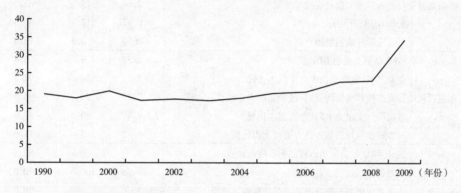

图 5　1990～2009 年上海科技活动人员增长趋势

资料来源：《上海统计年鉴 2010》。

（二）评价：创新条件总体水平仍显不足

1. 相对国际创新标准水平差距较大，创新总体条件仍较低

由于发达国家和发展中国家城市发展水平不同，城市具备的创新条件也存在差异，可以用"实现度"（R）来测量。

$$R_t^i = (S - T_t^i)/S \times 100\%$$

其中，i 代表某个城市，t 代表某年份。S 代表"标准值"，是指创新条件较好的标准水平，本文借用《2009 年中国创新城市评价报告》中的评分标准，该标准基于《欧洲创新记分牌》和国家统计局"创新型国家进程检测指标体系"的监测标准制定。T_t^i 代表"真实值"，是指一个城市各创新评价指标的具体值，反映各创新指标的实际发展现状。"实现度"R_t^i 的取值是 ［－1，1］，当 $R_t^i \geqslant 0$ 时，表示该指标已经达到或超过标准值，绝对值则反映了优于标准值的比重；R_t^i 为"负（－）"，

即 $R_t^i < 0$，则表示离标准值仍有差距，其绝对数字则代表了差距的大小。将2009年上海各创新指标的具体值代入公式，可计算出上海各创新条件的实现度（见表7）。

表7　2009年上海主要创新条件的实现度

一级指标	二级指标	真实值（T）	标准值（S）	实现度（%）（R）
创新资源	专业技术人员占就业人员比重	8.48	30	-71.7
	大专以上学历人口占6岁以上人口比重	22.66	45	-49.6
	百万人口大专院校在校学生数	2.66	15	-82.3
	人均GDP（万元）	6.87	12	-42.8
	万人国际互联网络用户数	0.59	0.5	+18.0
创新投入	R&D经费支出占GDP比例	2.59	6	-56.8
	企业R&D经费支出中政府投入占比	3.77	50	-92.5
	研究机构和高校的R&D经费支出中企业投入占比	2.13	50	-95.7
	基础研究支出占R&D经费支出比重	8.42	20	-57.9
	地方财政科技拨款占地方财政支出比重	4.42	5	-11.6
创新企业	企业R&D经费支出占产品销售收入比重	0.99	6	-83.5
	开展创新活动的企业占比	29.96	100	-70.0
	企业其他创新经费支出占产品销售收入比重	1.26	6	-79.0
	企业消化吸收经费支出与技术引进经费支出比例	11.5	300	-96.2
	企业R&D科学家和工程师占企业就业人员比重	1.89	5	-62.2
创新产业	高技术产业就业人员占全社会就业人员比重	5.73	10	-42.7
	知识密集型服务业就业人员占全社会就业人员比重	8.76	10	-12.4
	高技术产品出口额占商品出口额比重	42	80	-47.5
	新产品销售收入占产品销售收入比重	25.79	60	-57.0
	高新技术产业开发区技术性收入占总收入比重	5.97	100	-94.0
创新产出	百万人发明专利拥有量	679.5	800	-15.1
	百万人美国专利拥有量	16.73	80	-79.1
	百万人技术合同成交额	20.45	20	+2.3
	百万人向国外转让的专利使用费和特许费	130.24	600	-78.3
	百万人驰名商标拥有量	3.97	10	-60.3
创新效率	高技术产业劳动生产率	19.02	50	-62.0
	知识密集型服务业劳动生产率	35.6	100	-64.4
	劳动生产率	14.36	20	-28.2
	资本生产率	0.6	1	-40.0
	综合能耗产出率	12.48	42	-70.3

资料来源：根据《2009中国创新城市评价报告》计算整理。

根据对上海 2009 年各相关创新指标的计算，相对于国际创新水平的标准水平而言，上海各创新指标的实现度都较差。在计算比较的 30 个指标中，仅有 2个指标达到了国际标准水平——"万人国际互联网络用户数"（＋18.0%）和"百万人技术合同成交额"（＋2.3%），而其余大量的指标离国际标准均存在较大的差距。"创新投入"一项中的 5 个二级指标仍存在较大差距，而"企业 R&D经费支出中政府投入占比"和"研究机构和高校的 R&D 经费支出中企业投入占比"两项的差距则在 90% 以上；特别是"创新企业"的 5 个二级指标绝对差距全在 60% 以上，且有一个是 90% 以上，3 个在 70% 以上；"创新产业"、"创新产出"和"创新效率"中 15 个二级指标的差距还有大量的实现度均在 50% 以上。因此，上海的创新条件与国际标准相比，仍有很长的路需要走，特别是在创新投入和创新企业的培育上，差距最为明显。

2. 相对国内城市，创新条件较好，列第 3 位，低于北京和深圳

　　根据《2009 中国创新城市评价报告》的研究结论，上海城市创新总体水平在全国 20 个重点创新城市中，以增长指数 45.01 位居第 3 位（见图 6），低于北京的 52.33 和深圳的 48.77，略高于 20 城市平均值的 34.32。与此同时，上海创新总指数的增长速度相对较低，低于 20 城市的平均提升速度，略高于全国平均值。

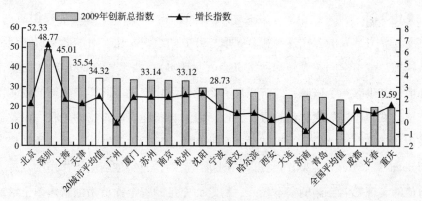

图 6　2009 年上海与全国相关城市创新总指数比较

资料来源：《2009 中国创新城市评价报告》。

3. 在长三角城市中创新条件最好，但增长指数较低，增长速度较慢

通过对上海与长三角的南京、苏州、杭州和宁波等重点城市创新水平的比较可以看出，上海一直处于长三角地区的创新领头羊地位。从创新总体水平来看，上海的45.01要高于苏州和南京的33.14、杭州的33.12以及宁波的28.73。但上海2009年创新水平的提升速度却要低于这些城市，这在未来的几年将对上海的创新领头羊地位提出严峻挑战。

总体而言，上海的创新总体水平虽在长三角和全国都处于前列，但相对发达国家创新城市的创新能力仍有较大的差距，商业、教育和公共领域缺乏活跃的技术传递和共享交流项目，缺乏对创新各个阶段的全面保障机制和支持结构，同时也没有国际级的旗舰性创新企业。而且，创新主体上还没有实现生产链增加价值主体部分保留在当地，缺少重要研究机构和创造性公司的总部门，没有成为一系列产业部门的战略决策中心，也没有被视为管理等经验的输出地。这将促使上海必须在创新条件不足的背景下实现转型。那么在这严峻的条件下，形成创新驱动力所面临的最大障碍是什么呢？

四 制约上海走向创新驱动时代的瓶颈要素

城市创新驱动力的形成需有必要的要素和条件支撑，国内外许多学者从创新型城市建设的角度出发来研究城市创新驱动力的形成条件，如硬件条件、政策支持、文化氛围、创新意识等。兰德利（2000）提出了七要素：富有创意的人、意志与领导力、人的多样性与智慧获取、开放的组织文化、对本地身份强烈的正面认同感、城市空间与设施和网络机会（见表8）；西米等（2001）认为城市创新环境的产生有4个来源：经济积聚和企业国际化规模，同类型公司的空间集结与定位，城市经济规模与创新进程，创新源泉与国际出口市场的关联，以及创新型城市还需具有高质量的知识劳动者和便利的基础设施及通信；达尔曼和奥贝尔（Dahlman & J. Aubert，2001）提出，创新体系的构建、创新主体作用的发挥、生产价值的实现都需巨额的资本投入，稳定而充足的资金支持是创新体系正常运转的基本条件。

基于国内外学者对创新环境的相关研究，本节内容将针对当前上海创新软环境的现状从创新氛围和创新环境两个角度归纳总结出当前制约上海创新条件快速提升的关键因素。

表 8　Landry 关于城市创新环境的描述

城市的危机感	危机感是决定城市创新意识、创新氛围的重要指标。不满足于现状,保持危机感,时刻认识到城市中的不适之处或不满之处,才会激发出创新的灵感。城市有力量不断地设计出更多的挑战,创新就越能持久
城市的组织能力	组织能力是城市保持生机和活力的关键能力,可以使城市资源成倍扩张。在城市中,从个人到机构的每一个层面,都需要培养综合集成和实践的能力,把创新想法付诸实践。这就意味着要把创新元素贯穿到城市决策的每一个过程,不管这些决策机构是公共的、私人的还是其他类型的机构,也不管它们是经济领域的,还是社会、文化或环境领域的
城市的地方归属感	鼓励城市内部的创新思想,激励城市居民的自我意识和独立性,让每个人对城市都有归属感和参与度,都觉得创新与自己息息相关,自己是城市整体不可分割的一部分。参与不只是口号,而是激发创新思想和利用各种资源的方法和手段。城市内在创新力的关键指标是社会市民参与的积极性和主动性
城市的发展历史	历史可以激发创新,成功的城市总是把历史作为创新的源泉。历史所造就的城市形象也具有重要意义,历史遗留下来的建筑物、街景、教育和文化设施都可以成为创新重新涌现的基础,正是它们的历史背景激发了创新的灵感
城市社会的多元化	社会文化的多样性可以促进人与人之间的交流和学习,而社会人口的条件也会影响城市的创新能量。多元化社会往往有忍让的传统,善于抓住机会,促进城市的创新活力。从城市发展的历史来看,外来移民包括外城市和外国的移民,在创新城市的形成过程中发挥了重要作用。他们的技能、智慧和文化价值都可以给城市带来新的想法和机会

资料来源:Landry(2000)。

(一) 创新氛围瓶颈

城市走向创新驱动时代,需要着眼于倡导新的城市发展观,实现发展方式的转变。因为认识范式的变化往往带来创新能力变化和新机会,是发展方式转变的基础和前提,导致推动城市发展方式的转型,因此,需要从上至下,从政府到企业到个人都形成转变经济发展方式的统一理念。通过对当前上海发展阶段及当前创新意识的判定,公共和私人部门都认识到了创新动力的重要性,形成了培育创新力的概念,明确了创新战略目标,可以说当前上海的城市发展方式转变的创新意识已得到很好贯彻。创新城市所引发的城市发展范式转变,就包含着导入一组对城市实力、竞争力和发展潜力作出全新诠释的核心认识(见表 9)。

表9　上海城市创新氛围改善的制约因素

创新氛围	现　状	制约因素
创新意识	①公共和私人部门都认识到了创新动力的重要性；②形成了培育创新力的概念；③创新战略目标明确	①政府治理结构需要更宽松；②思想需要更解放
创新文化	④有公开的关于创新的讨论和媒体较充分的报道；⑤"创新文化"出现；⑥拥有同国外的可信赖的直接联系；⑦被公认为拥有丰富文化的重要地方	③还没有达成国际性的人才吸引力；④自我更新、自我批评和自我改进创新的良性循环有待形成；⑥成果共享的包容性创新还没有形成
政府创新性、创新规划	⑧示范项目和研究工作得到鼓励和实施；⑨公共部门开始调整城市治理风格；⑩引入了有协作的公共介入，特别是在技术领域；⑪在战略层面上综合考虑创新问题	⑤缺乏具有社会、文化、经济多元目标的创新项目；⑥政府和民间的创意没有达成有机的呼应与配合

资料来源：根据屠启宇、王成至（2004）修改。

创新文化作为创新氛围至关重要的组成部分，对创新条件的改善起着核心的作用。从当前上海的创新文化来看，已经形成了广泛的关于创新的讨论，媒体也给予了极大的关注，也形成了与国内外关于创新的直接联系，海派文化，"海纳百川"的上海城市精神是上海对创新和多元化发展理解的最好注脚。但当前的上海对国际性人才还没有形成足够的吸引力，同时，自我更新、自我批评和自我改进创新的良性循环有待形成，离成果共享的包容性创新境界还有很大的差距。

政府的创新性和创新规划也是创新氛围的重要组成部分。当前上海政府层面已经越来越重视创新能力的培养，比如：示范项目和研究工作得到鼓励和实施，公共部门开始调整城市治理风格；引入了有协作的公共介入，特别是在技术领域；在战略层面上综合考虑创新问题等。但仍缺乏具有社会、文化、经济多元目标的创新项目，而且政府和民间的创意没有达成有机的呼应与配合。因此，上海城市创新氛围的塑造需要政府、社会和个人的全面投入、协作。

（二）创新体制机制瓶颈

1. 技术创新决策主体不健全，创新组织机制不完善

根据上海市统计局发布的《上海市第二次经济普查主要数据公报（第二号）》，2008年，本市规模以上工业企业中，开展科技活动的企业仅有1121家，只占6.0%，开展研究与开发（R&D）活动的企业有719家，占3.8%。大中型

企业中，开展科技活动的企业所占比重为 26.8%；开展研究与开发（R&D）活动的企业所占比重为 19.1%；规模以上工业企业科技活动人员 10.5 万人，比 2004 年增长 35.8%，企业投入的研发经费为 200.57 亿元，R&D 经费的投入强度为 0.77%（见表 10）。全国第二次经济普查数据显示，2008 年末，全国规模以上工业企业中开展科技活动的企业有 423 个，在全部规模以上工业企业中占比达 16.4%；开展研究与开发活动的企业有 278 个，占比 10.8%。在大中型企业中，开展科技活动的企业所占比重为 44.4%，开展研究与开发活动的企业所占比重为 35.1%。[①]

表 10　上海创新体制机制瓶颈的主要表现

体制机制	评价指标	上　　海	国际经验
技术创新决策主体	R&D 经费的投入强度	0.77%（规模以上企业，2008）	5%
创新利益分配机制	科技成果和知识的资本化	资本化程度低	科技人员的科技成果和知识变成可以投资的资本
	企业价值剩余转变为企业家人力资本回报	存在过多的约束规定	自由度高
技术创新扩散机制	技术引进与消化的投入比	1:0.49(2009)	1:5~1:8(日本,韩国)
企业创新融资机制	资金来源渠道	85.2% 的企业自筹资金(2007)；科技投入的 90% 以上用于科研单位和大专院校	发达国家科技投入的 30% 用于扶持企业
人才激励机制	高级人才与人口的比例	0.51%(2002)	美国 1.65%、日本 4.95%、德国 2.47%、新加坡 1.56%

从这些数据我们可以看到，上海现有企业开展科技活动的比重仍然较低，开展研究与开发的企业更少，研发投入强度也较低，且创新组织以大中型企业为主，特别是工业企业，而服务领域的创新能力则较为薄弱，中小企业对创新的投入很少。这是上海创新体制机制瓶颈的主要表现之一。

2. 创新利益分配机制不合理

当前，我国在科技成果和知识的资本化以及企业的价值剩余转变为企业家人

---

① 长沙市科技局：《长沙市规模以上工业科技事业快速发展》，长沙市第二次全国经济普查数据，www. changsha. gov. cn，2010 – 09 – 24。

力资本回报上仍存在缺乏法律法规保障的状况。根据市场经济发达国家的相关经验，当科技人员的科技成果和知识变成可以投资的资本时，科技人员将自己的知识和成果在生产中运用并不断加以创新的动力才会更大更足。相比上海，由于缺乏将科技人员知识资本化的相关政策法规，极大地影响了科技成果和知识的资本化，间接制约着科技人员对创新的再投入。同样的道理，现今对企业的价值剩余也存在过大的约束规定。只有更多地让企业家的价值剩余转变为企业家的人力资本回报，企业家的创新动力才会显著提高。这些创新利益分配的不够合理，直接影响科技创新人员和企业家对创新的热情。

3. 技术创新扩散机制不健全

对外技术依赖度高，引进消化吸收能力低。上海在技术引进上，与我国整体情况存在一样的状况，就是把大量的投资放在技术的引进上，忽视对技术的消化吸收和改造创新。2009 年，上海工业企业用于技术引进经费支出为 57.08 亿元，消化吸收经费支出 28.49 亿元，两者比例仅为 1∶0.49，这个比例远低于东亚的日本和韩国，两国在工业化成长时期的技术引进费用与消耗吸收费用比为1∶5 ~ 1∶8，[①] 这一比重为当前上海的 10 倍到 15 倍。

4. 资金来源渠道单一，中小企业极难得到创新资金

根据国家统计局上海调查总队 2007 年对本市 1500 家企业开展的企业自主创新情况专项调查显示，主要依靠自有资金开展创新活动的企业占 85.2%。[②] 据中国风险投资研究院（2008 年）统计，2003 年海外风险投资占中国风险投资的 5%，2007 年度海外资本比例激增，达到 55.6%。新筹集的风险资本中，2006 年外资机构占 65.1%，2007 年为 51.78%。上海风险投资规模仅次于北京。[③]

5. 人才激励机制不完善

上海激励优秀人才、鼓励创新创业的机制不完善，人才管理机制缺乏市场化，高层次创新人才紧缺。据统计，上海高级人才与人口的比例仅为 0.51%，远低于美国的 1.65%、日本的 4.95%、德国的 2.47%、新加坡的 1.56%。[④] 而且，现行户籍制度对人身有很大束缚，单位、企业用人机制不灵活，甚至僵化。

---

① 陈勇鸣等：《创新的瓶颈与突破》，上海人民出版社，2010，第 21 ~ 22 页。
② 严洁：《本市企业自主创新情况简析》，上海统计网，2007 年 12 月 6 日。
③ 陈勇鸣等：《创新的瓶颈与突破》，上海人民出版社，2010，第 23 页。
④ 上海市人事局主编《人才战略与现代化国际大都市》，上海人民出版社，2002，第 26 页。

6. 产学研合作缺乏制度保障

随着市场机制的不断完善，越来越多的产学研主体开始通过市场来选择自己的合作伙伴，然而产学研的制度化合作缺乏保障。据相关调查问卷统计，15.9%的企业反映，合作中存在的主要问题是"对合作方的研发能力、水平、诚信程度等存在信息不对称"；17.4%的企业反映，"合作方不能按照进度要求完成任务"；4.4%的企业认为，"学方擅自处理合作成果"。① 在成果转化中，上海有高达45.1%的企业认为产学研合作"没有明显效果"，30.9的企业产学研合作是在偶然的状态下实现的。上海只有11.4%的企业通过技术转让获取高校、科研机构的成果。②

总体而言，上海在创新体制机制上的瓶颈仍较突出。

（三）创新政策瓶颈

1. 创新需求鼓励政策明显不足

上海缺少面向创新产品需求的税收和价格补贴，财税激励政策主要面向供给端，如科研院所和特定企业，资金使用效率较低。从2004年起，由上海市有关部门设立了一个60亿元"科教兴市专项资金"作为支持企业进行重大科技项目产业化的资金平台，但从运作效果看，专项资金成了政府对项目申报企业的"变相补贴"，没有起到"四两拨千斤"的作用。2009年，上海市政府为加快上海高新技术产业化发展，安排100亿元市政府自主创新和高新技术产业化发展重大项目专项资金，目的是形成保障科技创新和高新技术产业化长效机制。③

2. 政府发展政策与科技政策连接不够通畅

中国经济的快速发展，形成了对创新的巨大需求。上海改革发展创造的巨大市场，其中高技术含量的部分本土企业没有分享更多，大部分都让给了外国企业，没有给本土企业提供更多的机会。现在的政策过多关注速度和"一次成功"，对本土企业的技术能力缺乏信心，如上海机场工程和世博会工程中的许多

① 上海市科学技术委员会：《产学研合作现状及推进举措》，2007。
② 严洁：《本市企业自主创新情况简析》，上海统计网，2007年12月6日。
③ 上海市政府：《关于上海市2009年上半年国民经济和社会发展计划执行情况的报告》，2010年2月。

产品，上海电气集团是承担的，但最后大多是使用国外产品。这就出现了一种悖论，一方面政府不断加大资金和政策投入，致力于提高本土技术创新能力；另一方面，不少重大创新领域、创新项目和新产品订货，又往往不支持本土企业的技术实践。[①]

3. 创新税收政策推动作用不明显

过高的个人所得税对吸引高端创新人才非常不利，也不利于高端服务业的发展。上海与国际大都市相比，企业的社保负担、法人所得税、个人所得税都明显偏高（见表11），针对科技人员的个人所得税优惠政策缺位。我国现行税法几乎没有针对高科技人才的税收优惠政策，这就使"以知识为本"、"以人才为本"的高新技术企业在实际发展中缺乏必要的人才激励机制，不利于调动投资者与研发者进行技术创新的积极性。[②]

表11 若干国际大都市企业税负的比较（上海为1）

类	型	香港	首尔	巴黎	伦敦	旧金山	横滨
社会保障	企业负担	0.1	0.2	1.3	0.3	0.2	0.6
税　制	法人所得税	0.5	0.8	1	0.7	1	1.2
	个人所得税	0.4	0.8	0.9	0.9	0.1	0.8
	增值税	—	0.6	1.2	1	0.5	0.3

资料来源：左学金、陈维《上海经济发展报告（2008）》，社会科学文献出版社，2008，第43页。

五 展望2011："多元创新"助推上海转型

从资本驱动转向创新驱动，是上海全面转型的目标之一。为达到这一目标，上海市政府在资金和政策方面给予了很大的激励措施，大多数企业也都制定了各种创新计划，但直到目前，企业的创新效果还不理想。企业创新动力的不足，是创新效率大打折扣的真正原因。因此，从转型方向看，上海仍要把创新驱动放在首位，这是广义上的多元创新，包括城市发展理念创新、体制机制创新、城市经

---

① 陈勇鸣等：《创新的瓶颈与突破》，上海人民出版社，2010，第23页。
② 陈勇鸣等：《创新的瓶颈与突破》，上海人民出版社，2010，第31页。

营管理创新、产业体系创新和技术创新等各个方面。把"多元创新"作为贯穿城市全面转型的基本理念，能将上海内外部因素对创新的有利影响作为有效突破点。

（一）完善城市创新体系，形成城市创新发展环境

城市创新体系是由政府、企业、学校、科研机构和社会服务组织等不同部门组成的，它们各自的职能是不同的，在完善城市创新体系过程中，应根据各自职能特征，发挥比较优势，推动整个城市创新发展环境的优化。

1. 政府强化管理创新

政府在创新体系中的重要职责是为城市内的企事业单位提供科技公共服务，主要是制定政策、改革体制、完善法治、创新服务机制、增加投入、培育风险投资市场。要加快政府管理创新，转变政府角色，政府推进科技创新过程中应由"指令"走向"服务"（见表12）。比如伦敦经济发展署（LDA）在推进科技创新过程中扮演着三种角色：创新文化营造中的"倡导者"角色，推动企业创新中的"引导者"角色，整合创新基地和相关资源中的"主导者"角色。[1]

表 12　政府管理创新的主要举措

职能类型	转变前	转变后	目　　的
科技管理	重项目管理	重综合管理	加强科技工作的宏观指导和综合协调
	重审批	重培育	加快推动企业成为技术创新的主体
	被动受理	主动设计	集中力量突破重大科技问题
	重前期立项	重全过程管理	提高科技管理公正性、科学性和有效性
	重经费分配	重使用绩效	努力提高科技经费使用绩效
	重抓大项目	重抓科技公共服务	
	重研发投入	重产品采购	
中介机构管理	资格认证管理	日常业务监督管理和法律管理	提高科技中介服务机构的科技服务能力，发挥中介服务的真正功能

因此，当前上海应重点强化以下措施：推进营造公共服务氛围，强化公共服务意识；推进科技绩效评估，畅通各个关键环节；优化研发资助机制，提升资源

---

[1]　陈勇鸣等：《创新的瓶颈与突破》，上海人民出版社，2010，第36页。

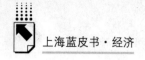

使用效率；推进政策"普惠"机制，形成政策落实合力；加强管理顶层设计，推进创新资源共享；构建全民服务体系，提升全民科学素养等。

2. 学校、科研院所注重知识创新、人才创新

目前大学和科研机构的功能与运行机制不匹配，不能很好发挥公共平台的作用。造成此局面的原因，一是对科技是第一生产力的误解，第一生产力不是直接生产力；二是由于我国在基础研究和应用研究方面投入不够，迫使大学和科研机构忙于创收。因此，上海必须提高基础研究和应用研究在研究开发经费中的比重，强化自主创新的基础来源，基础研究经费和应用研究的经费占研究开发经费中的比重至少每两年提高 1 个百分点，到 2020 年分别达到 10%和 18%左右。防止大学与科研机构科研活动短期化、急功近利。①

3. 企业加强技术创新

要进一步鼓励企业开发具有自主知识产权的科技成果，突出技术要素分配，形成推动科技创新和成果转化的动力机制，进一步突出营造科技成果转化的良好创新环境。上海的企业还没有真正成为研发投入主体、创新活动主体和成果应用主体，企业在参与技术创新活动过程中，还没有发挥主导作用。② 因此，要加快建立以企业为主体、以市场为导向、以同行业技术前沿为目标、产学研相结合的技术创新体系，完善激励机制，强化政策引导，使企业真正成为研发投入的主体、技术创新活动的主体和创新成果应用的主体。

4. 社会中介机构完善服务创新

上海要加快发展包括咨询、评估、情报信息、知识产权事务、会计师事务、律师事务、猎头公司等在内的专业性服务机构。中介组织的专业化服务可降低企业技术创新的交易成本，提高经营效率。在美国硅谷，企业可以将营销、内部审计、采购甚至销售都外包出去，这使创业者能够更专注于公司的核心业务。在那里，上万家企业中大约 60%是实业公司，其中 40%为服务性公司。③

---

① 国务院发展研究中心"增强我国自主创新能力的体制、机制和政策研究"课题组：《需要正确认识非营利组织》，郭励弘执笔，2006 年 12 月 12 日。

② 深圳在 2006 年就已达到"四个 90%"，即 90%以上研发机构设立在企业，90%以上研发人员集中在企业，90%以上研发资金来源于企业，90%以上职务发明专利出自于企业，基本形成了以企业为主体的自主创新体系。参见侯颖《深圳基本形成以企业为主体的自主创新体系》，2006 年 3 月 20 日《羊城晚报（网络版）》。

③ 赵幕兰等：《硅谷模式》，《新经济导刊》2006 年第 8 期。

（二）改善城市创新体制机制，营造城市创新发展氛围

1. 强化企业自主创新内生需求

从有利于自主创新制度安排着手，加大企业产权改革，通过技术入股、管理入股、创业股权和期股期权等，对科技人员进行产权激励，允许企业科技人员、创业者和有才干的管理人员先富起来。积极突破"智力资源资本化"的制度障碍，变"职务发明非职务化"为"非职务发明职务化"。上海的技术进步水平与技术创新成就不对称，说明科技人员本身的作用还没有得到有效的发挥。上海要充分利用自身的有利条件，通过对技术人员的产权激励，使他们的创新成果转化为社会的财富，转化为他们自己的财富。①

2. 构建新型技术创新融资机制

上海"科教兴市专项资金"作为市政府的技术产业化投资平台，应发挥政府资金的先导作用，积极引导外资、民资进入风险投资领域，积极发展政府或国有资本参股、外资或民资控股、市场运作的创业投资引导基金。要引导公众资本、民间资本、保险资本来壮大风投资金的规模。

3. 重构人才管理体制

上海要抓住新一轮全球产业转移以及跨国公司总部和地区总部、跨国采购中心、研发中心、培训机构等落户上海的机遇，以机构进驻促进海外人才集聚。以国际化、信息化、市场化、法治化建设为抓手，通过制度创新、环境改善、文化建设等，使上海逐步成为全世界人才最能实现价值的地方。以全球化视野改进人才选拔任用机制，破除地域、行业、国别的限制，改委任为公认，对党政领导人才，形成"群众公认"机制；对企业经营管理人才，形成"市场公认"机制；对科学技术人才，形成"学术公认"机制。要加快推进企业经理人员的职业化、市场化步伐。建立以培育职业经理人为核心的制度创新体系，包括能使职业经理人脱颖而出的市场机制、科学的薪酬机制、完备的法律和市场监督机制、可信的职业经理人资信等级机制等。②

4. 建立利益兼顾的知识产权保护制度，完善产学研合作的相关机制

知识产权保护要鼓励创新、保护引进和促进扩散并举，在加强保护的同时，

---

① 陈勇鸣等：《创新的瓶颈与突破》，上海人民出版社，2010，第40~41页。
② 陈勇鸣等：《创新的瓶颈与突破》，上海人民出版社，2010，第43页。

要注意发挥知识产权制度促进技术转移的作用，增强技术可得性。同时积极完善产学研合作的相关机制，要鼓励企业在产学研合作中采取产权激励的模式，提高企业在产学研合作中对合作方科研人员的激励效果。[①] 同时，要完善产学研合作中的利益分配机制、人才流动机制、风险共担机制和评价考核机制等。针对企业创新主体地位没有完全形成，产学研脱节制约成果转化等问题，采取优惠政策鼓励大企业建立自己的研发中心。以重大产业科技攻关项目为纽带，通过市场机制、政策推动、企业运作，促进高校、科研机构和企业建立战略联盟。

（三）推动城市产业体系升级，完成经济发展驱动力转型

波特在《竞争优势》一书中，提出了他称之为价值链的理论框架。在波特看来，价值链提供了一个系统的方法来审视企业的所有行为及其相互关系，并被看做是产业的竞争力所在。之后施振荣（2005）在价值链的基础上，提出了微笑价值曲线，这个曲线给地区的发展的启示意义在于，可以改变价值曲线本身或者在价值曲线上前后移动来提高地方产业的附加值，即在价值链上进行向前或向后的延展（创新研发和全球运筹）和技术升级来实现产业发展（见图7）。

1. 推动价值链的跃升，带动制造业升级

加大工业技术创新力度，推动价值链本身的升级，带动整个地区制造业水平的升级，进而实现产业结构的升级。技术创新无处不在，当前我们的技术创新投入主要集中在高新技术产业等新兴产业领域，而忽视了对传统产业领域的技术投入和创新支持。因此，在推动上海整个产业转型升级过程中，提升传统产业的创新能力，从而推动整个传统产业价值链本身的升级将直接改变上海产业本身的价值水平，从而带动产业能级的提升。

2. 推动产业向价值链前后端延展，推动服务业升级

创新驱动的实质可以说就是城市通过在以核心产业为中心形成的价值链上向前后端环节延伸推动着产业内部结构升级进而推动产业结构升级，这是城市产业功能拓展与延伸的本质，也是城市创新的本原所在。以知识教育、研发为核心产

[①] 调查显示，73.8%的企业对合作方科研人员"支付研发津贴"，22.5%的企业给予"利润提成"，14.7%的企业给予"销售收入提成"，9.9%的企业给予"股权"，4.7%的企业给予"期权"。参见上海市科学技术委员会《产学研合作现状及推进举措》，2007。

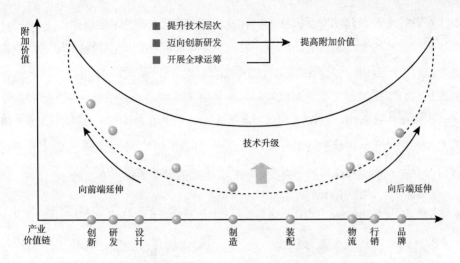

图7 价值链转型：向上跃升与向前后端延展

资料来源：转引自邓智团（2010）。

业的技术、制度的持续优势和创新不断催生、吸引从上游的设计、研发到下游的营销、品牌管理、售后服务等环节相关产业的集聚，如出版、软件、电视与广播、设计、音乐、电影、玩具与游戏、广告、建筑、表演艺术、手工艺、视频游戏、时装等。因此，产业在产业链上下端的延伸完成了产业内部结构的升级，并通过对夕阳产业的淘汰、传统产业的结构调整、新兴产业培育及打造新的产业集群等形式完成对整个产业结构的新陈代谢，带动经济结构整体升级，从而推动城市发展驱动力的转型。

参考文献

《中国创新城市评价报告》课题组：《2009 中国创新城市评价报告》，2010。

Baldwin, C. Y, Clark, K. B., "Managing in an Age of Modularity", *Harvard Business Review*, 1997（5）.

Porter, M. E., "Clusters and New Economics of Competition", *Harvard Business Review*, 1998（11）.

Charles Landry, The Creative City: A Toolkit for Urban Innovators（1st edition）. London: Earthscan Publications Ltd., 2000.

S. 库兹涅茨：《现代经济增长》，戴睿、易诚译，北京经济学院出版社，1989。

邓智团：《产业网络化的系统经济学解读》，《新华文摘》2009 年第 23 期。

邓智团：《产业网络化——城市—区域竞合范式的理论与实践》，社会科学文献出版社，2010。

管顺丰、徐文广、祁华清：《产业创新理论研究与实证分析》，湖北人民出版社，2005。

胡晓鹏：《以多元创新推动上海迈向全球城市》，2010 年 6 月 1 日第 7 版《上海证券报》。

上海市统计局编《上海统计年鉴 2010》，中国统计出版社，2010。

施振荣：《再造宏碁：开创、成长与挑战》，中信出版社，2005。

上海研发公共服务平台网站，http：//member. sgst. cn/jsp/lbym. jsp。

屠启宇、王成至：《综合创新　全面提升上海国际化水平》，《社会科学》2004 年第 1 期。

陈勇鸣等：《创新的瓶颈与突破》，上海人民出版社，2010。

严洁：《本市企业自主创新情况简析》，上海统计网，2007 年 12 月 6 日。

上海市人事局主编《人才战略与现代化国际大都市》，上海人民出版社，2002。

上海市科学技术委员会：《产学研合作现状及推进举措》，2007。

侯颖：《深圳基本形成以企业为主体的自主创新体系》，2006 年 3 月 20 日《羊城晚报（网络版）》。

赵幕兰等：《硅谷模式》，《新经济导刊》2006 年第 8 期。

C. G. Clark，*Condition of Economic Progress*，London：Macmillan，1940.

Hofmann W. G. ，*Industrial Economics*，Manchesters University Press，1958.

罗斯托：《经济成长的阶段：非共产党宣言》（1960），郭熙保、王松茂译，中国社会科学出版社，2001。

Gras，N. S. B. ，*An introduction to economic history*，New York：Harper，1922.

A. G. B. Fisher，*The Clash of Progress and Security*，London：Macmillan，1935.

Peter Hall，*Cities in Civilization*：*Culture，Innovation and Urban Order*，London：Weidenfeld & Nicolson. 1998.

Simmie，J. ，*Innovative Cities*，Spon Press，London/New York，2001.

Dahlman C. J. ，Aubert J-E. ，*China and the Knowledge Economy*，Seizing the 21st Century. Washington D. C. ，2001.

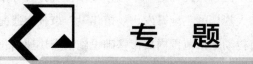

专 题 篇

Specified Aspects

B.4

后世博上海基础设施投资与经济发展

摘　要：上海在筹办2010年世博会的过程中进行了大规模的配套设施建设，其中城市基础设施投资快速增长，2009年城市基础设施投资占全市固定资产投资比重已高达40.1%。本专题首先分析当前上海基础设施投资的基本态势，包括电力建设、交通运输、邮电通信、公用事业、市政建设五个部分；其次，基于基础设施投资与经济发展的内在联系，对后世博上海基础设施投资对经济发展的影响进行实证分析；最后，针对后世博时期转变上海经济发展方式，提出了有关基础设施投资的政策建议。

关键词：后世博　基础设施投资　转变经济发展方式

世博会是每个时代最新文明成果和人类智慧的大汇聚，同时也是主办国国力

＊　马鹏晴，上海社会科学院数量经济研究中心博士生，主要研究方向为数量经济学、经济分析与预测等。

强盛的象征和国际地位提升的重要标志。东道主可以利用世博会这一契机，动员全国力量全方位展示本国社会、经济、文化成就和发展前景。2010 年上海世博会的举办，表明世界对中国特别是上海经济实力的认可，更是给上海提供了率先发展的机遇。举办世博会影响广泛，因此任何一个主办城市在筹办过程中都要进行大规模的配套设施建设，如大规模的土地开发、场馆建设、市政交通配套建设及市容卫生改善等，结果必将拉动全市范围内城市基础设施投资快速增长。城市基础设施是城市赖以生存和发展的必要物质条件，是一个城市乃至一个经济区域经济发展和人民生活最重要的物质保障。后世博巨大的效能将辐射到上海及周边地区，对社会全面进步、人民生活质量的提高产生巨大的助推作用。因此，对后世博上海基础设施投资进行分析和评估是至关重要的。

一 复杂格局下上海基础设施投资的基本态势

一般认为，城市基础设施包括六方面的内容：城市能源动力、城市水资源和供排水、城市道路交通、城市邮政电信、城市生态环境和城市防灾系统。按照我国对城市基础设施的管理体制与统计口径，城市基础设施的统计范围包括电力建设、交通运输、邮电通信、公用事业和市政建设五个部分。具体而言，包括第二产业中的电力、煤气、水的生产和供应业，以及第三产业中的交通运输、仓储、邮电通信、公共服务业。

上海对城市基础设施进行大规模投资改造发生在 20 世纪 80 年代以后，大量计划经济时代遗留下来的城市基础设施开始更新换代。进入 90 年代以来，在向市场经济转型过程中，上海基础设施投资推动本地经济增长的绩效为世人瞩目。从统计数据上看，1996~2000 年期间，上海城市基础设施投资占全社会固定资产投资的平均比重为 23.6%；2001~2005 年期间，上海城市基础设施投资占全社会固定资产投资的平均比重为 24.6%，低于房地产开发和工业投资（分别为 25.8%、35.5%）；2006~2009 年间，城市基础设施投资逐年呈现高位增长，占全社会投资的平均比重达到 34.8%，比"九五"、"十五"时期提高约 10 个百分点，2007 年起总量规模超越房地产开发和工业投资，位列三大投资领域之首。2009 年城市基础设施投资占全市固定资产投资比重已高达 40.1%，比"十五"期末增长了约 15 个百分点。研究发现，从 2004 年起基础设施投资占总投资的比例逐年显著上升，且 2007～2009 年期间与其他两大领域的投资规模差距呈现明显的扩大趋势（见图 1）。

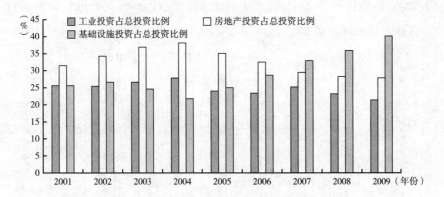

图 1   上海市工业、房地产、基础设施投资占总投资比例变化

资料来源：《上海统计年鉴 2010》。

（一）上海电力建设投资的基本态势

电力工业是国民经济发展的基础性产业之一。随着上海经济发展速度的加快、人民生活水平的提高，以及 2010 年世博会的召开，对电力的需求大幅提高。2006～2009 年，全市共完成电力建设投资 662.45 亿元，占全部城市基础设施投资的 10.3%，其中包括一些特大型的投资建设项目，如华能上海燃机电厂、外高桥电厂三期工程、崇明等三岛电力电源和联网工程等。2009 年末发电设备容量达到 1654.74 万千瓦，架空线长度 8558.49 公里，电缆长度 14965.05 公里，公用变电容 10418.65 万千伏安。

2009～2010 年，上海电力重点建设世博重点配套工程、电力核心工程等 85 项，以确保 2010 年上海世博会的用电。500 千伏顾路站、三林站、世博站等项目将完善上海 500 千伏南半环网和《上海市能源白皮书》勾画的坚固、安全上海电网架构，同时，"5 + X"电源点布局和"沪崇苏"联网工程保障了长兴岛全球最大船舶制造基地和崇明生态岛的可靠供电。① 2009 年建成投运的上海中心城

---

① 《上海电力："十一五"规划投资 735 亿打造坚强电网》，中国经济网，http://www.ce.cn/xwzx/gnsz/gnleft/mttt/200811/24/t20081124_17477092.shtml。

区的静安（世博站）变电站，满足了内环线中心城区日益紧张的用电需求及 2010 年世博会的供电需要，同时也进一步改善了中心城区电网结构。统计数据表明，2009 年初以来，电力建设投资额基本呈现增长趋势，在 2009 年末的 11 月和 12 月达到最大（见图 2）。

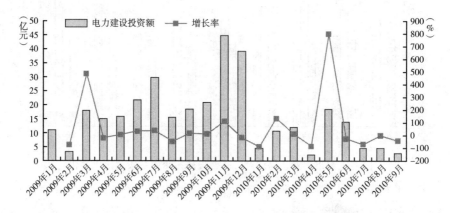

图 2　2009～2010 年上海市电力建设投资月度变化

资料来源：上海统计网，http://www.stats-sh.gov.cn/2005shtj/sjfb/ydsj.htm。

（二）上海交通运输投资的基本态势

上海是我国最大的港口城市，又是我国最大的南北交通运输枢纽。上海为了成功举办 2010 年世博会，2006～2009 年，以枢纽型、网络化、功能性基础设施建设为重点，加大基础设施中交通设施的投资力度，总投资约为 3247 亿元，基本形成了以"三港两网"① 为基础的交通系统。

首先，上海市域交通以"两网"为重点，即以城市轨道交通网和市域高速公路网为重点，形成各种交通工具协调发展的现代化城市综合交通体系。上海市内交通网络全面形成了"三环十射"的市域道路体系，该工程西起翔殷路隧道出口，横穿浦东北部，与在建的长江隧桥相连，是上海北部贯穿浦西、浦东的（沪嘉高速—中环线高架—翔殷路隧道—五洲大道—沪崇苏越江通道）交通大动脉的重要组成部分。

---

① 指以浦东国际机场为主的空港，以洋山深水港和外高桥等港区组成的海港，以上海南站和长途客运站为主的陆港，另加 280 公里轨道交通网和 650 公里高速公路网。

其次，上海市对外交通以建设上海国际航运中心为战略目标，以"三港两路"为建设重点，即建设国际集装箱枢纽港、亚太地区航空枢纽港、现代化信息港，以及高速公路和高速铁路，呈现多元化发展。2006年启动并于2010年世博会之前投入使用的虹桥交通枢纽建设工程，是将高速铁路、城际和城市轨道交通、公共汽车、出租车及航空港紧密衔接的国际一流的现代化大型综合交通枢纽，日客流量达到110万左右。洋山深水港区、罗泾港区工程、浦东铁路、京沪高铁、沪杭高铁、沪杭客运专线等交通运输设施的建设，为保障世博会的顺利进行起了重要作用，同时也使长三角地区加速形成了城际间快速交通系统和枢纽都市区。由此可见，上海世博会对上海交通运输建设和长江三角洲以及华东地区的经济发展与转型起到了一定的辐射和促进作用。

需要指出的是，上海从2007年正式启动建设世博园区，建设内容包括"一轴四馆"永久性场馆（世博轴、中国馆、主题馆、世博中心、演艺中心）和其他临时性场馆、园区内市政道路交通系统以及水电气服务配套设施等。根据上海世博局的有关资料显示，2010年上海世博会总投资主要包括建设投资和运营投资，其中建设投资约180亿元，资金运转从2004年开始，主体工程于2009年底基本建成。世博会相关设施的建设可以引发园区周围地产升值和配套设施的能级提升，继而带动周围配套环境的转变。从交通运输的投资发展规模看，2002年底上海申博成功后，2003年交通运输投资额增长率最大，达到了334%，此后交通运输投资额呈现逐年增加趋势，2009年交通运输投资额达到最大，为978.24亿元，占全年基础设施投资额的46.3%（见图3）。

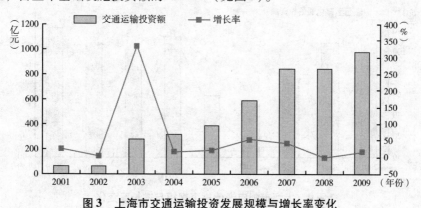

图3　上海市交通运输投资发展规模与增长率变化

资料来源：《上海统计年鉴2010》。

（三）上海邮电通信投资的基本态势

上海是中国国际和国内长途通信枢纽，是全国邮电业务量最集中的地区之一。作为城市的基础设施、国民经济的先导产业和神经系统，邮电通信的发展与上海城市的形成和经济、政治、社会、文化的发展紧密结合在一起。近年来，为把上海建成以信息资源网络化为主体的国际信息港，实现国民经济和社会信息化，上海的邮电通信业得到了长足发展，现代化水平也不断提高。"十一五"期间，上海继续发挥信息化在实施科教兴市主战略中的带动作用，推进信息技术在经济领域的广泛应用；继续建设和完善无线通信等公共开发平台，大力推进新一代移动通信、汽车电子、数字音视频、互联网内容服务等产业发展。

2003～2009 年，上海累计完成邮电业务总量 4020.33 亿元，其中，邮政323.59 亿元，电信3696.74 亿元。仅 2009 年一年，上海市长途光缆线路长度达到4297 公里，信息通信管线长度5354 公里；局用交换机容量1386.35 万门，移动电话交换机容量3488 万户；移动电话普及率为109.6%，互联网用户普及率达65.1%，家庭宽带接入用户普及率60.6%；IPTV 用户101 万，有线数字电视用户84.36 万；邮政业务总量68.60 亿元，电信业务总量808.86 亿元，年处理函件12.98 亿件；邮路总长27.82 万公里。随着社会需求层次不断提高，移动通信、数据通信、图像通信、多媒体通信和各种电信增值业务使上海通信市场呈现多样化。2001～2009 年上海市邮电通信投资规模与增长率变化如图4 所示。

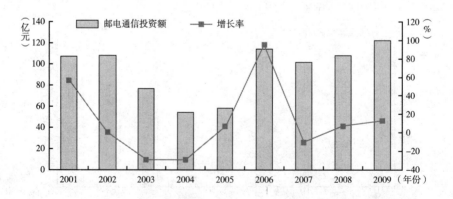

图4 上海市邮电通信投资规模与增长率变化

资料来源：《上海统计年鉴2010》。

（四）上海公用事业投资的基本态势

上海市公用设施投资得到长足发展，2003～2009 年，公用设施投资累计达到 2800 亿元，占上海市城市基础设施投资的 32.55%。其中，公用事业投资完成471.05 亿元，市政建设投资完成 2328.94 亿元。上海公用事业投资增长率在2008 年达到最大，为 85.2%（见图 5）。

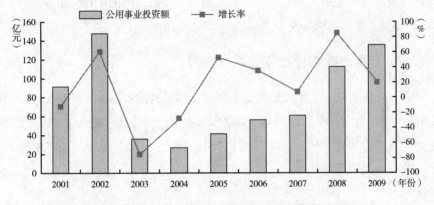

图 5　上海市公用事业投资发展规模与增长率变化

资料来源：《上海统计年鉴 2010》。

在上海的诸多公用设施建设中，轨道交通网络建设最为引人注目，一些纷至沓来的世博游客在观光世博会之余，也时常惊叹上海城市通达而人性化的轨道交通系统。统计数据显示，截至 2010 年 4 月，上海轨道交通线网已开通运营11 条线、266 座车站，运营里程达 410 公里（不含磁悬浮示范线），另有全线位于世博园区内，仅供世博园游客和工作人员搭乘的世博专线，近期及远期规划则达到 510 公里和 970 公里。目前，上海轨道交通的总长超过 400 公里，位居世界第一。

轨道交通的发展对上海市区的经济发展起到助推作用。首先，轨道交通的蓬勃发展促进了沿线房地产开发的快速发展，对城市社会经济发展起到较大的促进作用。2010 年，上海的在建工程有轨交 11 号线南段地下段 6 标工程和上海轨交11 号线北段等。此外，12 号线是上海市城市轨道交通网中贯穿上海西部与东北部的直径线，沿线有 19 个车站与其他轨道交通线路实现换乘。该工程自 2008 年年底投建，至 2010 年 6 月底，浦江南浦站及天潼路站等 2 座已完成动迁、管线搬迁、道路翻交及土建结构施工,成功实现车站封顶。截至 2010 年 10 月 15 日,地铁世博专线短短的三站两区间,观博客流竟已超过 62 万人次,受此影响,上海地铁客流量大幅增长,于 10 月 15 日达到 715.2 万人次。

其次,在新一轮上海新开工轨道交通建设序列中,上海轨道交通 20 号线排序第一,其为上海市 2010～2013 年规划建设的一条重要轨道交通路线。该线路东起虹桥火车站,沿崧泽大道南侧平行西行跨越 A5 公路后接转沿盈港东路、盈港路西进青浦城区,进入朱家角地区后走向沿 318 国道南侧平行至东方绿舟,全程 33.2 公里,含终点站共设 11 站。

(五) 上海市政建设投资的基本态势

从图 6 可以看到,上海市政建设投资额基本呈现增长态势,市政建设投资额在 2009 年达到最大,投资额的增长率在 2008 年达到最大,这与上海筹办 2010 年世博会有着密切的关系。从市政建设投资的月度变化态势看,2009 年 9 月上海市政建设投资额达到最大值(见图 7)。

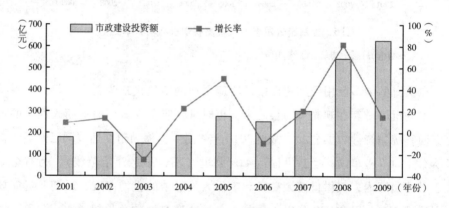

图 6　上海市市政建设投资发展规模与增长率变化

资料来源:《上海统计年鉴 2010》。

近年来,上海市以绿地建设和环境保护与治理为重点,使得城市综合环境质量得到提高。苏州河环境和市域河道得以整治,饮用水水源得到有效保护,污水排水系统得到进一步改善,大气污染总量得到控制,中心城区旧区风貌得到有效保护。2009 年,上海城市园林绿地面积达 116929 公顷,其中公共绿地 15406 公顷,新辟公共绿地 1096 平方米以上;市区人均公共绿地面积已从 2000 年的 4.6

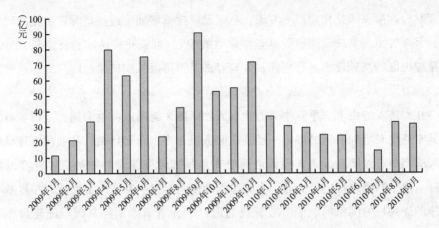

图7　2009～2010年上海市市政建设投资月度变化

资料来源：上海市统计局，http：//www. stats-sh. gov. cn/2005shtj/sjfb/ydsj. htm。

平方米提高到现在的12.8平方米左右，市区绿化覆盖率从2001年的23.8%提高
到了38.1%左右。

　　同时，上海环境建设和保护也逐步完善，城市环境质量大为改善。一是加大
环境综合整治力度，实施投资近亿元的苏州河综合整治工程，使全市水功能环境
质量全面达到国家标准。二是加快环卫处理设施的建设。比如设立老港垃圾填埋
场工程和江桥垃圾焚烧厂工程等生活垃圾大型处理项目，使垃圾处置由单一填埋
逐渐向生化、焚烧、填埋与综合处理相结合的垃圾多元处理转变，一定程度上改
善了城市整体环境质量。三是加紧推广清洁生产，优化环境质量。比如实施吴
淞、桃浦工业区整治，对吴淞工业区积极实施集中供热工程，淘汰新建燃煤锅
炉；在吴泾工业区推广清洁生产工艺和技术等。四是加紧郊区城镇及工业区环境
基础设施建设。

二　上海基础设施投资与经济发展的内在联系

（一）基础设施投资与经济发展的一般规律

　　基础设施是指为社会生产和居民生活提供公共服务的物质工程设施，是用于
保证国家或地区社会经济活动正常进行的公共服务系统。基础设施建设对于经济

发展具有直接和间接作用。一方面，基础设施投资增加经过一定时期会使产出增加；另一方面，基础设施投资具有"乘数效应"，可以间接拉动经济增长。一个国家或地区的基础设施是否完善，是其经济是否可以长期持续稳定发展的重要基础。

在经济发展史上，重商主义的代表人物威廉·配第以荷兰为例，分析了运输工具专业化对增加财富的影响。经济学的鼻祖亚当·斯密指出，基础设施建设的发展应当适合经济的发展，强调由政府充当基础设施建设和维护主体存在的弊端。卡尔·马克思肯定了交通、仓储等基础设施对生产发展的重要性，并将基础设施的提供视为国家的职能。宏著《通论》的作者凯恩斯将基础设施建设作为政府宏观调控的主要经济手段。

在最新的一些研究中，Aschauer（1989）认为公共基础设施投入如机场、公路等投资对经济有重要的推动作用。但 Hulten & Schwab（1991）认为公共投资对经济的带动作用有限。Bougheas（2000）认为基础设施投资对经济增长产生的作用不是单调关系。李善同（2006）、张芬（2008）和崔瑛（2009）等国内学者对我国基础设施与经济增长进行了实证研究，研究结果表明，目前我国基础设施投资对经济增长具有促进作用。

基础设施对经济增长的促进作用主要表现在以下几个方面。首先，基础设施通过影响生产要素的流动从而影响经济增长。基础设施是直接生产部门赖以建立和发展的基础条件，其发展水平会直接或间接地影响到生产部门的成本和效益，以及供给的数量和质量。例如，发达的运输和通信系统，有助于各种生产要素和产品的空间转移，降低生产部门的转移成本；有助于在生产部门和市场之间建立广泛的联系，保持供需平衡和降低交易成本。再比如，完善的仓储设施可以保证工业物资和各种农产品的有效供给，减少其在流通过程中的损耗，增加供给的数量并提高其质量。因此，基础设施建设搞得比较好，尤其是生产性基础设施好的国家和地区，能够使投资者节省资金、缩短工期、降低成本，获得较好的投资效益。在生产要素自由流动的情况下，根据资源的最佳配置条件，生产要素往往倾向于流向基础设施较好的地方，从而有可能实现生产要素的最佳配置。

其次，良好的基础设施能提高整个经济的规模效益。现代工业的典型特点是大规模专业化生产，规模经济导致了生产部门和企业的平均成本降低、效率提高。但大规模专业化分工生产需要进行大规模的生产要素和产品的空间转移，需要进行大规模的商品流通，而这必须有良好的交通通信设施作为前提条件。

最后，基础设施建设能推动经济结构和社会结构的变革，促进社会经济的发展。国际上用来衡量一国社会经济发展水平的指标，重要的是反映基础设施发展水平的指标。例如人均电力消费，每百人电话机数等。这是因为基础设施在经济发展中具有对生产要素进行组合和促进社会生产各个环节互相畅接的整体功能，它所形成的共同生产条件能比生产部门自己投资创造这些条件更经济和更有保证，从而能加速生产过程的进行，提高各部门和社会经济效益，促进社会经济的发展。

中国的宏观经济运行在受到 2008 年全球金融危机的严重影响后，采取了扩张性的财政政策，以拉动内需的方式助推经济增长。各类"救市"政策的主要内容也主要是围绕基础设施投资展开的，"四万亿"经济刺激计划的资金流向主要是基础建设投资领域，近一半的资金用于铁路、公路、机场和城乡电网建设，总金额高达 1.8 万亿元，这是政府有效干预、克服经济萧条的重要手段和主要途径之一。

（二）"十二五"时期上海基础设施投资促进经济发展的动力

1. 后世博效应推进上海产业升级和产业结构调整

为了筹办 2010 年上海世博会，上海投入了大量的人力、物力与财力。上海借此可充分利用世博会大规模基础设施建设所带来的城市"软硬件"环境全面提升的优势，顺势推进"十二五"时期上海产业升级和产业结构调整。世博会展示了世界最新科技成果和各国综合经济实力，这将为上海新一轮产业结构升级、调整带来千载难逢的历史性机遇。抓住"后世博"发展机遇，对上海加快经济发展方式转变有重要意义。

首先，"十二五"时期或在更长的发展周期内，上海产业发展需要先进的科学技术和相关应用成果来实现上海新型战略产业的发展。世博会集中展示了一些发达国家和新兴发展中国家的最新科技成果，同时，展示了在知识经济时代产业投资与产业布局的新理念与新技术。这给我们提供了一次零距离学习国际先进科技的机会，这些国际前沿领域的高新技术成果，正是上海进一步推进产业结构升级和结构调整所需要的。

其次，后世博时期，世博科技专项将逐渐被转化为应用成果，促进上海经济发展。世博科技专项已在信息、能源、生态、低碳、交通、食品安全等领域取得了阶段性的突破,有些科技成果甚至填补了国内外空白。这些科技专项的应用与产业化将会惠及民生,带动上海经济进一步发展。

近年来,上海的国际地位和综合配套设施都得到了前所未有的提升与优化,"世博会"的举办,进一步将上海目前的优势全方位展示给世界。这是吸引外资进入不可多得的机会,也是上海产业结构升级、产业结构调整和发展"三优"项目(即优势产业发展项目、优先发展项目、优质集成服务项目)的机会。

2. 上海郊区城镇化建设成为进一步促进经济发展的动力源

统计数据表明,2009 年上海的基础建设投资达到 200 多亿元,意味着世博会使上海中心城区的建设已基本完成。世博会的召开,每年给上海带来的固定资产投资在 2000 亿元左右,大致相当于目前上海市每年 4500 亿元左右的固定资产投资总额的一半。后世博时代,由于土地资源紧缺,上海不能再依靠造房子来带动经济发展,财政支出应从造桥修路转向完善社会保障体系和养老体系以及文化事业。此外,人口老龄化也将为上海带来新机遇,郊区城市化则将成为上海今后发展的新动力(樊勇明,2010)。目前,金山、闵行、奉贤、崇明、青浦、松江等十余个郊区县的中心城镇人口大多在二三十万人左右,预计 5 年后将聚集 100 多万人口。近年来,上海市郊区城镇化过程中的基础设施投资呈现出如下主要特点。

第一,市、区(县)两级财政对郊区基础设施的投入力度加大。一是建设重点新城与中心城区的轨道交通联系,完善郊区高速公路网,以初步形成城郊停车换乘枢纽系统;二是郊区电力和信息基础设施建设步伐加快;三是建成覆盖郊区城镇的集约化供水和雨污水收集处理系统框架,建设郊区生活垃圾综合处理系统。

以松江区为例,2010 年上半年全区市政基础设施投资完成 3.54 亿元,同比增长 15.7%。轨交 9 号线南延伸段开始启动,上半年完成投资 0.89 亿元;松卫路改建基本完成,累计已完成投资 2.24 亿元;人民路北延伸、华亭老街道路维修、嘉松公路大修工程均已建成通车;卖新公路拓宽、九新公路拓宽、松蒸公路拓展等项目前期准备阶段基本完成。2009 年松江区有序推进了镇级公共交通枢纽建设,镇域公交实现全覆盖,行政村通公交车(班车)比重达到 96.3%,比上年提高了 5.9 个百分点。绝大多数的村已经通了公交车(班车),给农村居民出行带来了极大便利。①

第二，房地产开发投资快速增长。以崇明县为例，2010 年上半年房地产开发投资在陈家镇滨江生态国家社区、览海高尔夫俱乐部别墅、达安御庭等一批大项目开工建设的引领下，完成投资 6 亿元，同比增长 30.8%。2010 年上半年，松江区实现房地产开发投资 51.87 亿元，比上年同期增长 3.8%。②

第三，招商引资规模扩大。2010 年 1~8 月，崇明县累计引进各类企业 2410 户，同比增长 9.6%；累计引进企业注册资金 49.6 亿元，同比增长 111.6%；累计实现税收 35.2 亿元，同比增长 35.9%。松江区 1~8 月共新设各类市场主体 11624 户，同比增长 27.3%；新增注册资本 67.38 亿元，增长 48.4%。③

第四，郊区社会发展和公共服务水平进一步提高。农村公共服务体系建设和农村综合改革同步推进，公共教育经费投入增加，郊区义务教育水平提高；郊区镇、村基层卫生机构、公共文化和体育基础设施建设增加；实施农村计划生育家庭奖励扶助制度，并不断完善郊区和农村社会保障体系。

（三）"十二五"时期上海基础设施投资促进经济发展的约束条件

随着城市功能布局和建设重心的转移，基础设施投资有了新的历史机遇。同时，在基础设施投资整体健康的态势下仍有局部的不确定因素。"十二五"期间上海基础设施投资促进经济发展的约束条件依然存在，主要有以下两个方面。

1. 上海基础设施建设资金缺乏稳定的来源

"十二五"期间，上海基础设施建设重点将向郊区转移，重点围绕郊区新城与中心城区的轨道交通设施建设、郊区电力和信息基础设施建设、郊区城镇的集约化供水和雨污水收集处理系统建设展开，以及郊区生活垃圾综合处理系统建设展开，由此引发的资金平衡是个问题。20 世纪 90 年代，由于上海城市建设超强度投入，在"举债搞建设"的发展模式下，政府投资公司的资产负债率上升较快，加上还贷机制不健全，债务包袱的压力使这些公司再融资的能力有所减弱。

---

① 上海统计网，www.stats-sh.gov.cn。
② 上海市统计局，http：//www.stats-sh.gov.cn/2005shtj/qx/node77/userobject1ai13174.html。
③ 上海市统计局，www.stats-sh.gov.cn。

上海财政收入的增长为上海基础设施投资增长提供了良好的基础，同时，在多渠道筹集城市基础设施建设资金方面，上海也取得了一定的成效。单靠财政收入总量的提高扩张基础设施投资是不够的，应当专门安排一个定向的财政增量用于基础设施投资，以确保基础设施投资中财政来源的稳定增长，甚至加速增长。而且，多渠道筹集资金具有较大的不稳定性，在现有的资金来源中，除了按规定向企业或个人收取初装费、增容费、配套费与建设基金等以外，其他还不是一种规范化和制度化的经常性措施。大多数城市基础设施尤其是市政公用设施的低还贷能力，是多渠道集资难题的症结所在。

2. 人口向郊区流动与社会公共服务设施相对集中在中心城区存在矛盾

上海旧城改造导致中心城区人口部分地向近郊迁移，但学校、医院等基础设施因成本和服务对象问题而难以搬迁，所以郊区的社会公共服务设施供给与转移的需求没能同步匹配起来。中心城区可以提供便利的交通、多样化的商业服务，以及齐全的市政公共产品和充分的交易信息，而且社会公共服务设施主要集中在中心城区，所以使得人口从中心城区向郊区流动受到一定影响，从而造成上海社会公共服务设施的不均衡配置。"十二五"期间，可以肯定的是，郊区社会发展和公共服务水平将会得到进一步提升，郊区镇、村基层卫生机构、公共文化和体育基础设施建设也将得到进一步加强。

三 后世博上海基础设施投资对上海
经济发展的动态分析

为了测算后世博上海基础设施投资对上海经济的影响，本节对上海基础设施投资对上海 GDP 的影响做了基于 VAR 模型的动态分析。

（一）指标选取与相关检验

在上述分析的基础上，所选变量为上海市的 GDP 和基础设施投资的各组成部分，主要是电力建设投资、交通运输投资、邮电通信投资、公用事业投资和市政建设投资。考虑到数据的可获得性，选取 1985～2009 年的年度数据建模分析。

各变量均以 1985 年的价格作为基年价格，按照价格指数将各年数据折算成可比价格。由于只能获得 1996 年以后的固定资产投资价格指数（PFAI），所以仿照李治国和唐国兴（2003）的方法①，对于 1985～1995 年的 PFAI 采用固定资本形成总额价格指数（PFCF）进行拟合。利用 1996 年到 2009 年的 PFCF 对 PFAI 进行线性回归，得到回归方程如下：

$$PFAI = 92.25259 + 0.100925 PFCF$$
$$(2.025441) \quad (0.100925)$$
$$R^2 = 0.898634 \quad DW = 1.852717 \quad S.E. = 2.751814$$

回归结果表明，用 PFCF（资本形成总额价格指数）来拟合 PFAI（固定资产投资价格指数）是可行的。

1. 单位根检验

基于定性研究，定量分析选取的时间序列是：上海市 GDP 增长率、电力建设投资增长率（ECIR）、交通运输投资增长率（TRIR）、邮电通信投资增长率（PCIR）、公用事业投资增长率（PUBIR）和市政建设投资增长率（CCIR）。在建立动态分析的 VAR 模型之前，为了避免伪回归等技术性问题，需要对进入模型的各类变量进行单位根的平稳性检验。通过 ADF 检验，发现以上序列在 5% 的置信水平下都是平稳的，检验结果如表 1 所示。

表 1　单位根检验结果

变量	检验类型	ADF 统计量	临界值(5%)	P 值
CCIR	(0,0,0)	−2.193096	−1.956406	0.0301
ECIR	(C,0,0)	−3.973915	−3.020686	0.0004
GDPIR	(C,T,5)	−5.790491	−3.690814	0.0011
PCIR	(0,0,0)	−2.483487	−1.956406	0.0155
PUBIR	(0,0,0)	−4.357005	−1.956406	0.0001
TRIR	(0,0,0)	−4.237922	−1.956406	0.0002

注：检验类型指截距项、趋势项、滞后阶数，0 代表此项没有。

2. 格兰杰因果检验

运用格兰杰因果检验方法，对上海市 GDP 增长率、电力建设投资增长率（ECIR）、交通运输投资增长率（TRIR）、邮电通信投资增长率（PCIR）、公用事

---

① 李治国和唐国兴（2003）用《上海统计年鉴》的上海市固定资本形成总额及其指数计算出上海市的固定资产投资价格指数，然后用它回归出全国的固定资产投资价格指数。

业投资增长率（PUBIR）和市政建设投资增长率（CCIR）进行格兰杰因果检验，检验结果如表2所示。

表2　格兰杰因果检验结果

原假设	滞后阶数	F 统计量	P 值
ECIR 不是 GDPIR 的 Granger 原因	6	0.93458	0.54065
GDPIR 不是 ECIR 的 Granger 原因	6	3.86053	0.07989
TRIR 不是 GDPIR 的 Granger 原因	6	3.17580	0.11278
GDPIR 不是 TRIR 的 Granger 原因	6	2.24686	0.19613
PCIR 不是 GDPIR 的 Granger 原因	6	4.98324	0.04936
GDPIR 不是 PCIR 的 Granger 原因	6	1.46817	0.34515
PUBIR 不是 GDPIR 的 Granger 原因	6	0.94809	0.53427
GDPIR 不是 PUBIR 的 Granger 原因	6	1.93711	0.24250
CCIR 不是 GDPIR 的 Granger 原因	6	4.93015	0.05040
GDPIR 不是 CCIR 的 Granger 原因	6	8.11932	0.01815

可以看到，当滞后阶数等于6，在10%的置信水平下，市政建设投资增长率与 GDP 增长率互为格兰杰原因；邮电通信投资增长率的变动是 GDP 增长率变动的格兰杰原因。这说明加大邮电通信和市政建设的投资力度，可以带来 GDP 增长率的上升。同时，GDP 增长率的变化是电力投资增长率变化的单向格兰杰原因，说明随着经济规模的不断扩张，以及对电力基础设施需求的相应增加，催生了对电力投资力度的增强，而不是相反。

（二）后世博上海基础设施投资对上海 GDP 的影响

1. 滞后阶数选择

在分析基础设施投资冲击对上海市 GDP 的影响时，采用的向量自回归 VAR（P）模型为：

$$Y_t = \alpha + A_1 Y_{t-1} + A_2 Y_{t-2} + L + A_p Y_{t-p} + \varepsilon_t$$

其中，Y_t 是五个内生变量的向量，即 $Y_t = [ECIR_t, PCIR_t, TRIR_t, PUBIR_t, CCIR_t]$。

通过使用向量自回归方程可以进一步分析上海市基础设施投资增长率与所选上海市 GDP 增长率之间的关系，从而得到基础设施投资增长率的变动对上海经济发展的动态影响。在构建向量自回归模型前，首先要确定滞后期。因此，采用比较常用的 AIC 准则和 SC 准则来确定。

根据 AIC 准则和 SC 准则，在决定自回归模型的滞后结构时，选择 AIC 值和 SC 值最小时的滞后期。从表 3 中可以看出，当滞后期为 2 时，AIC 值最小，因此我们选择滞后期为 2。

表3　AIC 和 SC 值

滞后阶数	AIC	SC
0	4. 823671	5. 121228 *
1	4. 559754	6. 642653
2	4. 352999 *	8. 221240

如果被估计的 VAR 模型不稳定，则脉冲响应函数的标准误差是不准确的。由图 8 可见，模型的全部根模的倒数都落在单位圆内，说明所选取的模型是稳定的。

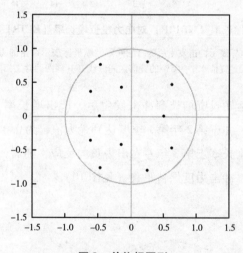

图8　单位根图形

2. 脉冲响应分析

本专题采用 VAR 模型中的冲击反应函数识别经济增长率波动对于各种冲击的反应情况。在给出 VAR 估计的基础上，分别计算出产出增长率对于电力投资增长率、交通运输投资增长率、邮电投资增长率、公用事业投资增长率和市政建设投资增长率各自的脉冲响应函数，图 9、图 10、图 11、图 12 和图 13 分别给出了它们的动态轨迹。

其一，当电力投资增长率冲击发生后，产出增长率（GDP增长率）出现明显的负向反应，并于第3年达到最小值，即当电力投资增长率增加1%时，GDP增长率下降0.03%。此后，冲击力度开始衰减，于第4年的第4季度左右减弱为0。随后，产出增长率开始出现明显的正向反应，在第5年至第8年期间一直保持较平稳的增长率，第9年后这种冲击的作用可以忽略（见图9）。

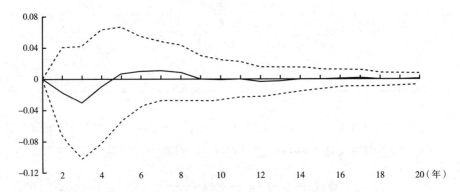

图9 GDP增长率（GDPIR）对电力投资增长率（ECIR）的脉冲响应

注：图中的横坐标表示冲击发生后的时间间隔，纵坐标表示冲击的力度，图中的实线为脉冲响应曲线，虚线是置信水平为5%的置信区间曲线（其他图的含义相同）。

其二，当交通运输投资增长率冲击发生后，产出增长率（GDP增长率）出现明显的正向反应，并于第2年第1季度达到最大值，为0.04%。此后，冲击力度开始衰减，产出增长率于第3年左右出现负向反应，随后，于第7年第2季度开始出现正向反应，冲击力度保持平稳（见图10）。

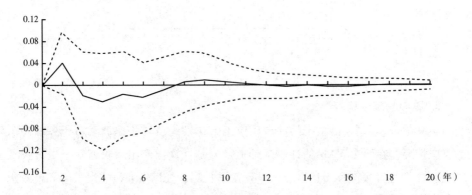

图10 GDP增长率（GDPIR）对交通运输投资增长率（TRIR）的脉冲响应

其三，当邮电通信投资增长率冲击发生后，产出增长率（GDP 增长率）出现明显的正向反应，并于第 2 年达到最大值，为 0.02%。冲击力度于第 3 年衰减到 0，此后，产出增长率基本没有明显的变化（见图 11）。

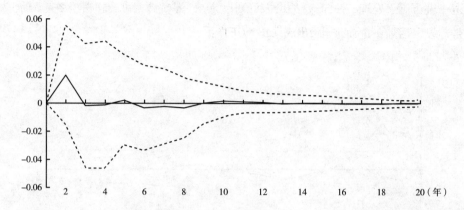

图 11　GDP 增长率（GDPIR）对邮电通信投资增长率（PCIR）的脉冲响应

其四，当公共事业投资增长率冲击发生后，产出增长率（GDP 增长率）在第 2 年以前一直没有明显的反应，在第 3 年时出现正向反应的最大值，为 0.03%。此后，冲击力度开始衰减，于第 6 年的第 2 季度左右减弱为 0。随后，产出增长率这种冲击的作用趋于 0（见图 12）。

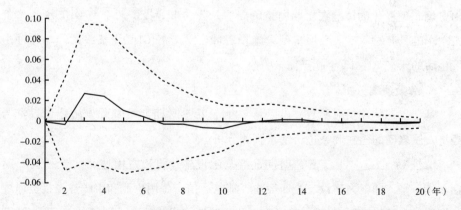

图 12　GDP 增长率（GDPIR）对公用事业投资增长率（PUBIR）的脉冲响应

其五，当市政建设投资增长率冲击发生后，产出增长率（GDP 增长率）出现明显的正向反应，并于第 3 年达到最大值，为 0.05%。此后，冲击力度开始衰减，于第 5 年的第 4 季度左右减弱为 0。随后，产出增长率开始出现较小幅度的负向反应（见图 13）。如果市政建设投资增长率有变化，那么短期内会带来产出增长率的变化。这主要是因为市政建设投资主要用于城市桥梁、城市排水管道、城市污水处理、防汛泵站、园林绿化、路灯等项目。市政建设投资的增加会带动投资增加，进而带动产出增加。

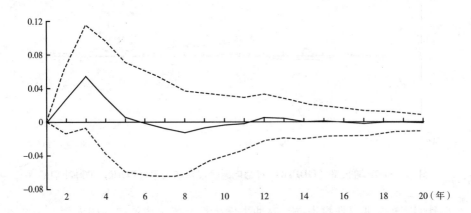

图 13　GDP 增长率（GDPIR）对市政建设投资增长率（CCIR）的脉冲响应

分析表明，交通运输、邮电通信、市政建设投资增长率的变化对上海 GDP 增长率有较大的正向影响，且基本上没有时滞，电力投资增长率的变化对上海 GDP 增长率变化的影响在短期内是负向的，公共事业投资对上海 GDP 增长率的正向影响具有时滞性。各项基础设施投资冲击对上海 GDP 增长率的影响在冲击发生后的未来 10 ~ 13 年趋于完全吸收。

3. 情景预测分析

基于上述脉冲反应函数，可以就"十二五"时期上海基础设施建设投资与经济发展之间的内在联系进行情景预测分析。

情景 1：假定"十二五"时期上海基础设施建设投资增速与"十一五"时期基本持平，即电力建设、交通运输、邮电通信、公用事业和市政建设投资增速分别为 30.83%、28.79%、24.11%、43.94% 和 34.41%，则"十二五"时期 GDP 年均受到的冲击大小如图 14 所示。

情景 2：假定"十二五"时期上海基础设施建设投资增速明显较"十一五"时期更快，即电力建设、交通运输、邮电通信、公用事业和市政建设投资增速分别为 35%、35%、30%、50% 和 40%，则"十二五"时期 GDP 年均受到的冲击大小如图 15 所示。

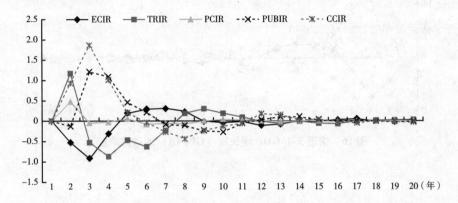

图 14　情景 1 中 GDP 增长率（GDPIR）的脉冲响应

注：ECIR 代表电力建设投资增长率，TRIR 代表交通运输投资增长率，PCIR 代表邮电通信投资增长率，PUBIR 代表公用事业投资增长率和 CCIR 代表市政建设投资增长率，其他图含义相同。

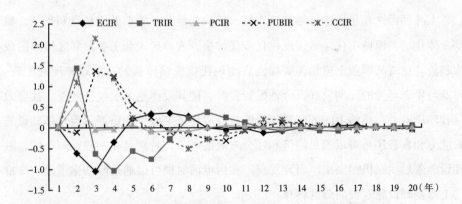

图 15　情景 2 中 GDP 增长率（GDPIR）的脉冲响应

情景 3：假定"十二五"时期上海基础设施建设投资增速较"十一五"时期有所放缓，即电力建设、交通运输、邮电通信、公用事业和市政建设投资增速分别为 25%、25%、20%、40% 和 30%，则"十二五"时期 GDP 年均受到的冲击大小如图 16 所示。

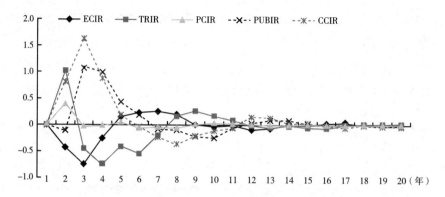

图16 情景3中GDP增长率（GDPIR）的脉冲响应

四 上海基础设施投资促进经济发展方式转变的政策建议

（一）推进市政设施和公共事业建设向郊区转移

上海郊区这几年经济持续快速发展，已成为经济发展新的增长点和亮点，城乡一体化、集镇城市化、城区现代化步伐加快，人口迁入和工业向郊区转移已成为趋势。这就从客观上迫切需要加快启动现代化城镇体系的基础设施配套工程，以及与生态环境的协调发展，合理配置资源，使其发挥更大的经济效益、社会效益和环境效益。虽然上海郊区基础设施建设取得了突破性的进展，但是基础设施的能力和容量还是难以满足经济和社会发展的需求，特别是在一些远郊地区，基础设施落后状况仍很突出。研究发现，在后世博时期可以通过两条途径进一步推进上海基础设施建设向郊区转移。

首先，加强对上海郊区基础设施建设进行合理而严密的规划。通过研究基础设施投资与全社会固定资产之间，以及基础设施投资与国民生产总值之间的内在函数关系，从而确定一个适当的规模和比例的发展战略规划。同时从政策引导、法律法规、规范操作等方面尽快健全和形成一套办法，使郊区基础设施建设按照市场经济要求，纳入更加有序的发展轨道。

其次，加快推进上海郊区基础设施建设的倾斜政策形成。郊区基础设施建设呈现出任务重、资金缺口大等特点，这是由于非经营性或回报率低的路桥建设仍占很大比例。因此，上海市有关部门要尽快研究形成一套能够有效推进郊区基础设施建设的倾斜政策，在融资渠道、资产经营、土地开发、财税政策等方面采取一些相应的扶持政策，以增强上海市郊区加快基础设施建设的内在动力和活力。

（二）科学规划交通运输和邮电通信基础设施的投资空间

上海积极推进对外快速交通建设，苏通大桥、崇海大桥、崇启大桥及崇明越江工程的相继建成，使得长三角大都市圈的区域协作得到深化。如果在空间布局上科学规划基础设施投资，使长三角的基础设施体系呈现出空间网络，那么对提高基础设施运转的效率和促进区域经济一体化将起到一定的作用。2010 年世博会结束后，上海应持续推进长三角地区基础设施体系的网络化进程，对城际轨道交通匮乏和港口、机场布局不尽合理等问题予以解决，形成多种交通方式并存的局面。基础设施建设不同于一般竞争性项目，如果盲目上马，重复建设造成的损失与浪费往往难以弥补。应避免建设不足或重复建设，造成社会资源浪费。因此，基础设施建设的规模与水平应当与经济发展、人民生活的规模与水平相配套，以更好地服务于人民群众生产与生活的需要。

（三）深化电力投资的投融资体制改革，建立相应城市基础设施投资风险机制

上海城市基础设施建设资金长期不足，尤其是一大批与城市功能、产业布局调整以及经济发展方式转变相适应的重大基础设施建设，如电力投资对资金的需求巨大。上海目前的电力投资建设成就得益于城建投融资体制改革，基本实现了投资主体由单一到多元，资金渠道由封闭到开放，投资管理由直接到间接的转变，初步形成了"政府引导、社会参与、市场运作"的格局。未来上海的发展，仍要继续深化城建投融资改革，凸显多元资金来源的综合功效。需要指出的是，城市基础设施一般都是优质资产，但其效益的体现有特殊性，表现为"社会性"和"长期性"，即城市基础设施的受益者为整个社会，且城市基础设施的使用是一个长期的过程，因此要制定有别于其他建设项目的投融资政策措施，吸引更多国内外资金参与上海城市基础设施建设，同时也应建立相应的上海城市基础设施投资风险机制。

首先，上海城市基础设施投资应当把眼光转向民营，民营化和商业化的办法是将拟建的基础设施项目交由民间机构企业竞标建设，由政府赋予专营权，保证其投资回报，并监督其经营。对其中涉及社会经济发展的战略性项目，或政府控股，或采用 BOT 方式。目前，上海的电力投资行业正在逐渐突破体制性瓶颈，扶持政策正在向民营资本倾斜。其次，上海市公益性基础设施应以政府投资为主，政府通过财政贴息、补助、参股等形式，带动社会民间投资，以较少的公共财政支出获得较大的社会效益。最后，政府应当进一步调整相关税费政策。减免所得税有利于创造投资需求，带动民间资本参与基础设施投资，以减轻公共财政压力。

（四）努力消除公共投资领域内的腐败现象

造成公共基础设施投资效率低下的原因有很多，其中一个不可忽视的因素是公共投资领域内的腐败问题。这使得经济社会发展成本提高，社会资源严重浪费，从而使公共投资对经济增长的促进作用被削弱。当前，上海必须加快推进政府职能转变和投融资体制改革，推动公共基础设施投资决策的科学化和民主化进程，努力杜绝公共投资领域的种种腐败现象，杜绝形形色色的形象工程及腐败工程，最大限度地发挥公共基础设施投资对上海经济增长的正向推动作用。

参考文献

上海市统计局：《上海统计年鉴 2010》，www.stats-sh.gov.cn。

郭庆旺、贾俊雪：《基础设施投资的经济增长效应经济理论》，《经济管理》2006 年第 3 期。

范九利：《基础设施资本与经济增长关系的研究文献综述》，《上海经济研究》2004 年第 1 期。

马树才：《基础设施建设投资拉动经济增长测算研究》，《统计研究》2001 年第 10 期。

柳杰、李治国：《基础设施投资与经济增长关系实证研究》，《商业时代》2007 年第 30 期。

课题组：《后世博上海社会经济发展的瓶颈、动力和机制研究》，《科学发展》2010 年第 4 期。

B.5
世博后上海城市品牌建设与
城市竞争力提升

沈开艳　徐美芳　邓立丽*

摘　要： 城市品牌是人有意识的建设成果，是城市自然条件和人文条件的完美结合。城市品牌一旦形成，就会对城市经济产生强大的推动力。城市品牌有助于形成核心竞争力。本报告认为，集科技、文化、艺术于一身的世博会的成功申办和举行，在以下几方面助推了上海城市品牌建设：世博景点、场馆增添上海旅游新品牌；世博平台全方位展示上海人新形象；世博舞台助推上海企业品牌建设；世博会丰富上海城市发展理念；世博会提升长三角城市群国际影响力。本报告还认为，依托城市品牌建设，上海城市竞争力将进一步提升，具体表现为城市投入要素竞争力的集聚、现代服务业和战略性新兴产业的发展。最后，本报告从实施战略规划、加强组织建设、制定规章制度及产业政策等方面提出了政策建议。

关键词： 世博软资源　城市品牌　城市竞争力

60 多年来，上海从中国的重工业中心，一座具有光荣革命历史传统的城市，发展为正在加快建设中的社会主义现代化国际大都市，① 上海城市品牌深深烙上了经济社会事件的印记。集科技、文化、艺术于一身的世博会的成功申办和举行，无疑进一步丰富了上海城市品牌的内涵，并向世界展示了上海的城市魅力和吸引力，在提升上海城市品牌基础上，极大地提升了上海城市竞争力。

---

* 沈开艳，上海社会科学院经济研究所研究员，经济学博士，主要研究方向为宏观经济、中国经济改革与发展、印度经济等；徐美芳，上海社会科学院经济研究所副研究员，经济学博士，主要研究方向为金融与保险、农村经济等；邓立丽，上海社会科学院经济研究所助理研究员，经济学硕士，主要研究方向为城市经济与区域经济、空间经济学等。
① 俞正声：《纪念上海解放六十周年座谈会上的讲话》，2009 年 5 月 27 日。

一 上海：从"十里洋场"到"四个中心"

（一）城市品牌是城市的个性化名片

1. 城市品牌的内涵与要素组成

1998 年，美国 Kevin Lane Keller 教授在其著作《战略品牌管理》一书中给城市品牌做了如下的定义，"像产品和人一样，地理位置或某一空间区域也可以成为品牌。现代城市品牌，是城市的建设者分析、提炼、整合城市的独特的自然社会要素禀赋、历史文化积淀、产业优势等差异化品牌要素，并向城市利益相关者提供持续的、值得依赖的、有关联的个性化承诺，以提高城市利益相关者对城市的认同效应和满意度，才能增强城市的聚集效应、规模效应和辐射效应"（见图 1）。

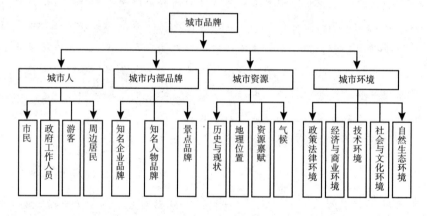

图 1 城市品牌要素组成

2. 城市品牌的内涵与特征[①]

（1）城市品牌的异质性

资源禀赋的差异性与稀缺性直接导致了城市品牌的异质性。同时，城市品牌的建设需要资金投入和专业管理，在新经济的条件和要求上，城市品牌成为政府、组织、个人的重要投资领域，因此，其也将烙上城市经营者与管理者的印

---

① 叶泳生、姜海、覃凡：《城市"特有资产"与城市品牌建设》，《城市问题》2005 年第 2 期。

记。这些也导致了城市品牌的异质性。

城市品牌的异质性决定了城市品牌建设的针对性。城市品牌是城市的经济社会文化生活的凝练。即使城市区域可重新组合，城市品牌也不能简单地转让、兼并和重组。

（2）城市品牌保值增值性

城市品牌既是物质城市的附属物，与城市共存亡，又是一种可传播的文化符号，具有可保存性，如雅典，具有保值增值性。品牌的保值增值性是指城市品牌在相当长一段时间内保存城市的价值，且随着时间的推移，通过积淀效应实现增值。

（3）城市品牌建设中资产的可积累性

城市品牌蕴含的资产价值，是指城市历史上投入过的劳动、发生的事件、涌现出的历史人物、自然资源的建设方式和建设程度的记录，随着历史的沉淀而不断积累所形成的价值。

（4）城市品牌建设中的效用多层次性

城市品牌是城市历史与现实的统一，是城市规划者、管理者、市民的共识。城市品牌效用的多层次性主要是指城市品牌引导城市人居住、消费、投资三个层次的行为，既可以给人以安身之处，也能给人以物质和精神上的享受，还能为人们进行娱乐、学习、社交及个人的发展提供良好的环境。

（二）上海城市品牌的丰富内涵与特征

新中国成立前上海的"十里洋场"就闻名于世，同期的香港远不如上海品牌有国际知名度。但新中国成立后，上海的城市品牌反而退步了，其品牌形象只是停留在"国内最大的城市"层面。20世纪80年代初，改革开放率先在广东试点，上海城市品牌的发展势头明显输给了深圳和广州。一直到90年代初，邓小平提出上海大发展的战略部署后，上海的城市品牌才再次焕发生机活力。"国际航运中心"的光环照亮了黄浦江，欧美和中国香港、"台湾"等地的商务人士纷纷来到上海安营扎寨，上海人戏称浦东为"新租界"，言语中透露出一种国际化的自豪感。上海的品牌定位随着中国经济的发展而变，随着上海产业结构的调整而变，随着上海人的追求而变。中国改革开放的成功极大地提升了中国在世界人民心中的地位，这种综合国力的提升需要有几个典型代表城市做标志。上海找准了当下中国在世界版图中所需要的典型城市品牌定位，并围绕这个定位进行建设。浦东新机场、磁悬浮列车、世博会等一系列世界级的名词彰显着上海人的决心。上海人一直都被国人称为具有"海派"情结的人，融入世界一直是上海人的追求。但现今的上海人已经和新中国成立前的旧上海人的追求有了本质的变化。他们依然"崇洋"，但同时也具备了足够的国民自信和本土文化推广能力。上海是一个典型的小国经济，未来经济的发展关键在于现代服务业，因此上海城市品牌的内涵也随着产业结构的调整而变，金融——这个现代服务行业中最大的子行业被上海人牢牢地把握着。上海城市品牌定位会随着上海经济的发展而不断明确，从"国内最大的城市"到"国际航运中心"，再到"国际金融中心"。[1]

上海是中国城市发展的龙头与代表，是一座现代化、国际化的大都市，是世界第六大城市群的龙头核心城市。上海城市品牌的特征主要表现在以下几个方面。

1. 精明、规矩的上海人[2]

"精明"也许是全国人民对上海人的第一评价。上海人精明源自商业传统的熏陶，反映在日常生活中，既包括谋取个人利益的行为，更包括对个人权益、利益的维护，该得到的，他们一分也不让。受长期的商业传统影响，上海商人形成了以个人本位为核心的价值观念，在日常生活中表现出讲求实惠，关心个人和家庭生活，在商界则表现出只讲经济利益、重利润的商人风格。一定程度上可以说上海人"精明得体面，精明得精致，精明得成功，精明得利己而不损人"。

同时，上海人的守规矩大约和上海人的精明一样全国闻名。"守规矩"其实是市场经济的本质要求，也是传统社会在现代化过程中社会生活理性化的必然产物。上海人的守规矩与移民城市、市场经济息息相关。上海是一座移民城市，移民城市的管理与发展需要道德和法律的双重规范。在上海，有形形色色的规矩、各式各样的法律。上海市场经济的发展比全国大部分城市都早，而且全面。可以想象，如果没有法律等各种规则的规范调节，市场经济的各项活动是无法开展起来的。守规矩、讲法律可以说就是市场经济所需要的性格。种种因素加在一起，可能就造就了上海人比较守规矩、遵守法律规范的性格。从表面上看，也许某些不守规矩的人比守规矩的人占便宜，但从最终结果来看，不守规矩的人总有一天会因破坏规矩乃至违法犯罪而贪小失大。遵守规则的人表现出了自身意志的坚

① 赵勃升：《城市品牌与城市顾客互动作用机制》，《现代经济探讨》2010年第9期。
② 《精明上海人》，http://www.360doc.com/content/10/0715/22/2097517_39288014.shtml。

强，遵守法律、讲规则的人同时又可以在规则和法律规定的范围内自由活动，也因此能体现出最大限度的活力。

上海人在做生意时将精明与守规矩发挥得淋漓尽致。在谈判之前，多半会事先调查、了解好市场行情、对手情况，经过充分准备后才进行谈判；谈判桌上谨慎小心、锱铢必较，但只要协议达成，上海人就是最重视契约、最严格按合同办事的。

2. 建设中的现代化国际大都市

国际化大都市，一般指那些具有超群的政治、经济、科技实力，并和全世界或大多数国家发生经济、政治、科技和文化交流关系，有着全球性影响力的国际一流都市。国际化大都市具有三个特征：一是拥有雄厚的经济实力，位列世界经济、贸易、金融中心，对世界经济有相当的竞争力和影响力；二是经济运行完全按国际惯例，并有很高的办事效率；三是第三产业高度发达，综合服务功能强。从中国大陆城市来看，上海是最有实力也是最有资格建设现代化国际大都市的城市。上海是全国的经济、金融和贸易中心，也是长江三角洲经济发展的龙头，地理环境优越，是中国与世界经济交互作用的枢纽和平台。在 24 个国内大中城市竞争力排名中，其资本、科技、区位、秩序、管理、人才、文化、聚集力等方面的竞争力居前列，而综合竞争力雄踞全国首位。

（1）现代化

上海是一座现代化的城市，超过 200 米以上高楼 20 多座，数量居全球第四位，其中，环球金融中心为 492 米。现已开通地铁 1、2、3、4、5、6、8、9、10 号线，目前投入运行的地铁总里程居国内第一。上海的汽车保有量处于全国前三位。表1列出了各地区实现现代化的时间情况。

表1　各地区实现现代化时间情况[*]

单位：%，年

地　区	现代化水平的相对比较	达到中等发达国家水平的时间	地　区	现代化水平的相对比较	达到中等发达国家水平的时间
上　海	73.32	2015	福　建	48.15	2034
北　京	68.14	2018	辽　宁	47.32	2035
广　东	63.79	2021	浙　江	46.32	2036
天　津	57.83	2026	山　东	41.16	2041
江　苏	49.96	2033	黑龙江	41.1	2041

［*］资料来源：中国科学院可持续发展战略研究组，《2010 中国可持续发展战略报告》，http：//www.zjol.com.cn/node2/node2352/node2359/userobject12ai129125.html。

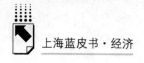
（2）国际化

上海是全国的经济、金融和贸易中心，也是长江三角洲经济发展的龙头，地理环境优越，是中国与世界经济交互作用的枢纽和平台。城市的国际化，其实质是商品资本、货币资本以及生产资本的国际化。当今世界国际性城市的竞争并不仅仅是城市之间的竞争，更是代表各个国家和民族，以城市集团为整体而进行的竞争。集团规模越大，组织越有序，竞争力就越强。上海拥有上海大众、上海通用、上海电气等一大批国际知名企业，至2009年底，累计落户上海的跨国公司地区总部总数达到751家。总部企业在上海的投资涵盖了汽车、通信、钢铁、石化和精细化工、家电、电站设备等行业。上海在跨国企业全球战略中的战略地位不断增强，上海的区域辐射效应也不断得到发挥。上海积极吸引外资保持了稳定发展，预计2010年将超过2009年实际利用外资100.84亿美元的水平，创历史新高。

（3）规模化

规模大，既有城市规模、人口规模大的意思，也有经济实力强，影响力大之内涵。经济实力是城市的影响力、吸引力的基础，也是集聚能力和辐射能力的核心。上海虽然在经济发展方面取得了巨大成就，但这种进步还只是初步的，与国际大都市相比，还存在一定的差距（见表2）。然而，上海的优势在于它的国内生产总值增长率很高，具有很强的发展潜力。从另一方面说，上海刚刚跨入现代化国际大都市起点的"门槛"。

表2 上海与四大国际大都市数据比较

指标 地区	面积 （km²）	人口 （万人）	GDP （亿美元）	人均GDP （美元）	就业率 （%）	劳动生产率 （万美元）	产业比例 （三产：二产：一产）
上海	6340	1910	2191(2008)	14612	95.8(登记)	2.05	59.4：39.9：0.7(2009)
纽约	17405	1881	14060(2008)	74747	94.9	11.92	90.4：9.6：0(2001)
东京	6993	3520	14790(2008)	42017	95.2	9.3	80.8：18.9：0.3(2005)
巴黎	14518	1177	8134(2008)	69107	90.7	10.2	90.7：9.1：0.2
伦敦	1706	1230	5650(2008)	45934	92.8	10.3	89.8：10.1：0.1(2001)

注：（ ）内为统计数据年份。

资料来源：胡雅龙《世界第六大城市群——长江三角洲城市群崛起之路》，上海社会科学院出版社，2010，第184页。

3. 长三角城市群中龙头城市

长三角城市群位于中国沿江沿海"T"字带，是中国最大的城市群。上海作为长三角的核心，区位优势、产业结构优势、人才集聚优势明显，远远领先于其他城市。同时，在服务业发展上，上海的生产性服务业、创意产业发展显著，在物流、金融和创建科技服务平台上都领先一步，是长三角城市群的龙头城市。随着外向型经济的发展，通过积极融入全球产业链，该城市群发展以全球制造业基地为特征的全球区域正在形成。长江三角洲城市群的国际地位由此得到极大的强化。上海国际性城市的带动，使得长江三角洲城镇群积极融入全球城市分工体系，全球化巨型城市网络雏形已经显现。

二 世博精神助推上海城市品牌建设

城市品牌的建设与发展离不开历史文化的积淀和所处的经济社会的发展阶段，同时也依赖于重大政治经济社会事件的影响。上海世博会体现出来的自强不息、甘于奉献、合作攻关、追求卓越的东道主精神，创新与传统相结合、技术与人文相结合、都市生活与乡村生活相结合、敢为人先与同舟共济相结合的世博参展方设计的精神，大大丰富了上海现有城市品牌的内涵。

城市是一个国家文化的重要组成部分，突出展示上海城市的城市形象和精神，是上海世博会的目标之一。本次世博会的主题是"城市，让生活更美好"，其从凝练城市精神、塑造文化英雄、提升城市品牌三个方面构建中国的文化软实力。上海世博会会期 184 天，预计吸引 200 多个国家和国际组织参展，参观者将达到 7000 万人。世博会为上海城市的经济发展营造良好的环境，带来人流、物流、信息流和资金流等一笔笔看得见、摸得着的巨大财富和持久的经济效益，成为提升城市综合竞争力，推动经济社会又好又快发展的重要手段和有效途径。同时提高了国内外个人、企业、组织或机构对上海的认知，这无疑为塑造上海国际大都市形象提供了绝佳机遇，极大地提升了上海城市品牌。

（一）世博景点、场馆增添上海旅游新品牌

上海世博会发挥创新、多元、融合的精神，打造了一批具有世界意义和中国智慧的城市地标，如东方之冠中国馆、世博轴、演艺中心等，提升了上海旅游景点的知名度和影响力。同时，加快园区周边旧城改造步伐，与外滩、陆家嘴北外滩交相辉映浦江，为上海居民增添了新的活动中心，丰富精神文化生活，展示着

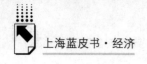

上海的城市魅力。

中国馆总建筑面积 16.01 万平方米，高 62 米。展馆由中国国家馆、地区馆和港、澳、台馆三部分组成。中国国家馆建筑外观以"东方之冠，鼎盛中华，天下粮仓，富庶百姓"构思主题，表达中国文化的精神与气质。国家馆居中升起、层叠出挑，成为凝聚中国元素、象征中国精神的雕塑感造型主体——东方之冠；地区馆水平展开，以舒展的平台基座的形态映衬国家馆，成为开放、柔性、亲民、层次丰富的城市广场；二者互相补充，共同组成表达盛世大国主题的统一整体。

（二）世博平台全方位展示上海人新形象

世博会期间，上海人体现出的不仅是精明，更多的是精诚合作、乐意奉献的东道主精神。借这一契机，促使志愿者精神从临时性向规范化、程序化发展，从园区扩展到市区。进一步发扬海纳百川、追求卓越的上海精神，提升上海居民素质和上海人在全国乃至世界的形象。

世博会期间，各类文艺活动超过 2 万场次，中西文化在此交融。世博会文化交流活动的成功举行也将加深各文化人群之间的理解与沟通，带来理解与宽容。世博会增强了举办城市居民的自信心和荣誉感，树立起追求卓越的雄心；扩展了举办国国民的眼界，让他们得以全方位触摸世界，这将启迪整整一代人的思维。

（三）世博舞台助推上海企业品牌建设

世博会这一舞台让诚信、规范、守法的上海企业有了更大的展示平台，为它们提供参与国际合作与竞争的机会，既锻炼了人才也打响了知名度。同时，也促使企业从单纯追求利润向关注员工、消费者、社区、环境等问题发展，履行企业的社会责任，丰富企业文化内涵。

首先，世博会巨大的国际客流量是打造企业国际品牌的基础。世博会是一场世界各国文明成果交流的盛会，同时也是企业品牌展示的舞台。预计吸引 200 个国家和国际组织参展，7000 万人次参观的上海世博会，将给企业带来巨大的机会，使企业直接面对国际客户展示优良的产品和优秀的品牌文化。

其次，世博会品牌国际影响力是打造企业国际品牌的助推器。由于世博会在国际上具有广泛的影响力和巨大的品牌吸引力，是国际顶级的经济"奥林匹克"盛会，而在世博会上专门设立民营企业馆更是百年世博绝无仅有的。此次专门设立民企馆与民企在国民经济中日渐重要的地位和展示出的品牌实力紧密相关。民企馆将吸引世界关注的目光，这也决定了世博会将成为彰显民企实力和激情、创新等民企精神特质的舞台。

另外，世博会高规格、严要求的标准是企业打造国际品牌的关键。世博会对入驻企业的要求非常高，几乎所有进入世博会参展的企业都是行业领军品牌。

（四）世博会对上海城市发展理念的丰富

1. 低碳城市建设

低碳贯穿世博会始终，深入人心。利用世博会展示的新理念、新技术、新材料，推动上海低碳环保产业发展，促进上海产业提升与转型，推进城市结构调整与优化，塑造低碳城市，实现城市让生活更美好的理念。

为响应"绿色世博""低碳世博"，各国展馆纷纷应用各种环保节能技术，倡导绿色生活。丹麦馆提供数百辆自行车，让参观者畅行在丹麦式的城市生活中。瑞士馆外墙的帷幕主要由大豆纤维制成，可以被生物降解。日本馆被称为"会呼吸的展览"，在节能节水、可再生能源和保护环境等方面探索更优化的设计。墨西哥馆的室外绿地创造了一大块绿色公共空间，象征生态和环保。西班牙馆是一座地道的绿色建筑，柳条、竹子等节能材料被广泛使用，还能起到天然降温的效果。作为唯一的国际组织自建馆，国际气象组织馆在建筑设计方面充分融入了节能减排理念，外层膜结构堪称"会呼吸的皮肤"。这些新技术都将为今后的城市发展提供良好的借鉴。城市最佳实践区更是2010年上海世博会上公认的一个创新亮点。它集中展示了全球有代表性的提高城市生活质量的各种实践方案和实物，还为城市间提供一个交流城市建设、发展经验的平台，它既是主题演绎的内容，也是主题演绎的手段。上海"沪上·生态家"实践区充分利用了废弃的建筑材料，把"石库门"拆迁时剩下的砖、发电厂废弃的固体废物、清理河道挖出的淤泥全部回收再利用，制成各种砖，用于垒墙，还通过构造"风""光""影""绿"等生态元素，展示"乐活人生"。除了看得见、摸得着的低碳信息，世博会园区内还通过讲解、展览等方式向人们介绍太阳能发电、剩饭剩菜发电、半导体照明等先进科技带来的低碳生活方式，就连收集、运送垃圾也实现

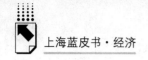

了电脑程控自动化。低碳的上海世博告诉我们，未来城市的生活可以更绿色、更环保、更健康。

2. 时尚城市品牌

世博会拉近了上海与世界的距离，拉近了上海与时尚的距离，推动了时尚理念、时尚生活在上海的传播，促进了上海时尚产业和时尚品牌的发展。上海世博会这场以"城市，让生活更美好"为主题的经济、技术与文化交流盛会，将全世界的目光都聚焦在中国上海，时尚又怎能缺席这次盛会？上海世博会，俨然也成了时尚经济的世博会。单就奢侈品而言，数十个奢侈品牌在上海遍地开花，其中不乏世界级的旗舰店以及部分首次来到上海的大品牌。半年内，LouisVuitton将有两家新店开张，半岛酒店会引入约24个奢侈品牌，陆家嘴IFC国际金融中心的热门租位已被众多国际品牌争抢一空。在令人眼花缭乱的场馆美景之外，丰富多彩的文化娱乐活动也大大提升了上海城市的时尚度。世博会演艺节目已达数千个，涉及艺术节庆、演唱会、音乐剧、武术、杂技、芭蕾、交响合唱、戏曲曲艺、歌剧、话剧、舞蹈、儿童木偶剧、巡游等十余种节目类型。

3. 教育基地建设

《国际展览公约》第一章第一条明确规定，"世博会是一种展示活动，无论名称如何，其宗旨在于教育大众。它可以展示人类所掌握的满足文明需要的手段，展现人类在某个或多个领域经过奋斗所取得的进步，或展望未来的前景"。世博会主题与分主题的成功演绎将对海内外的大众起到很好的教育和启蒙作用。

世博会是一种巨大财富，理念、场馆、管理、技术、产品都是对居民教育，尤其是青少年教育、干部教育的宝贵资源。举办世博会也是进行爱国主义教育的重要手段。同时，保留下来的场馆用于博物馆、展览馆等，将是开展教育的优质平台，成为奠定上海教育基地品牌的基础。

（五）世博会对长三角城市群国际影响力的提升[①]

世博会是一项由主办国政府组织或政府委托有关部门举办的国际性大型展示会，邀请许多国家或国际组织参加，以国家或地区为展示单位。参展方不仅展示本国或本地区的先进技术和优质商品，而且还伴以具有本民族特色的表演、本国

---

① 程必定：《上海世博会后长三角城市群的功能提升》，2010年8月6日《中国经济报导》。

风光的壮观布景和详细生动的现场解说；不仅展现人类在社会、经济、文化、科技等领域所取得的最新成果，而且还会凸显主办国家和主办城市的组织力、吸引力和发展活力，加深其与前来参展的国家和人民之间的情感融合。在长达180多天的参展体验中，增强参展方对主办城市发展能力的认同。举办世博会可给主办城市带来很高的声望。所以，许多国家的城市争相举办世博会。特别是已公认的世界五大城市群，都频频举办世博会。据统计，在迄今已举办的40届世博会中，世界五大城市群就举办了28次，占70%。

展示、活动和论坛是上海世博会的三大核心组成部分，它们都将为长三角区域品牌形象的提升带来难得的机遇。面向7000万现场观众和200多个国家和国际组织的世博会展览，将向世人充分展示上海的城市发展理念和实践。2万多场的文化娱乐活动，将为全球的参展者和参观者提供一个互动交流的平台，同时也是展现上海"海纳百川"特质和文化多元化的绝佳舞台，更是加深国内外大众对上海的认识和增进友谊的舞台。由高峰论坛、主题论坛和公众论坛构成的世博会论坛将会吸引各国元首、国际组织领袖、商业和学术精英、专业人士以及普通大众围绕世博会主题，进行一系列探讨。世博会将展现一个国际化的长三角城市群形象，以"世界眼光"形成引领未来城市发展的共识，使上海成为世人共享未来城市发展新见解、新思想的平台。

1. 上海市的高端国际化

世博园区是国际大都市的缩影，世博效率展示着上海城市管理的高效率。借鉴世博会加强政府与市场化、社会化、法制化相结合的管理模式，发挥科学、人文、民主精神，提升城市政府管理水平，全面建设与发展趋势相适应的城市管理品牌，塑造国际大都市新形象。

上海是长三角城市群的核心城市，虽然已是座国际城市，但并没有达到高端国际化功能。因此，上海世博会后长三角城市群的功能提升，首先应提升上海市的高端国际化功能。

2. 区域深度一体化

上海世博会的举办将促使长三角地区形成一个全新的"世博经济圈"，使长三角经济圈加速融合。届时，从上海到长三角任何一座城市，基本上两小时都可以到达，长三角的同城效应基本得以实现，最终形成上海大都市圈。当前，区划经济是长三角各地区间深化协作的重要障碍。而世博会的举办将有利于长三角各地区打破区划阻碍，加强协作实现共赢。世博会的溢出效应首先辐射到长三角都市圈各城市，进而在更高层次上发挥整体优势。上海世博会的举办将使长三角地区生产要素跨地区的流动性明显增强。随着市场经济体制的完善，地区经济的封闭性逐渐减弱，这有利于在更广范围和更大程度上发挥市场在资源配置中的基础性作用，促进生产要素与产品跨地区的自由流动与整合，促成以资源有效配置和整体利益最大化为基础的区域专业化格局形成。①

借鉴世博经验有条件探索和建立政府之间、政府与企业之间、政府与中介组织之间"统分结合"的区域合作新机制，并且通过三个层面的"统分结合"，将合作机制提升为联动机制，就会逐步形成以政府为主导、企业为主体、中介组织为支持的区域深度一体化功能。

上海世博会的举办有助于推进长三角区域经济结构调整和产业结构升级，改变当前的产业同构现象，形成新的经济增长点和竞争优势，加快区域内第三产业特别是现代服务业的整合。世博会推动了上海会展业、文化创意产业的迅速发展，推动了长三角基础设施一体化、旅游一体化、科技一体化的发展，增强"群合性"。通过深化城市之间的区域合作，提升城市群地区的区域深度一体化功能。长三角地区将成为世界第六大城市群走上世界经济舞台。

3. 向长江上游地区的空间扩展

上海世博会后，长三角城市群的第三个功能提升是沿着长江向中上游地区扩展城市群的空间范围，在空间规模上与世界级城市群相匹配。上海与长江中上游地区一东一西，区位优势突出，且互补性很强。对于世博会"磁吸效应"的辐射范围，业内专家分析认为，核心辐射圈覆盖苏锡常地区和杭嘉湖地区，外围辐射带可沿长江黄金水道延伸至长江中上游地区。

三 依托城市品牌建设，提升上海城市竞争力

如前所述，世博精神将助推上海城市品牌建设。有资料显示，全球企业品牌与城市竞争力关系最密切，是城市竞争力的重要组成部分。而上海人新形象、旅

---

① 谷永芬、龙小雨：《世博会与长三角区域经济一体化发展的路径选择——以合作博弈为视角》，《江西社会科学》2010 年第 7 期。

游、创意、时尚等品牌建设，不仅可以转换为上海的重要资源之一，而且丰富上海城市发展理念，提升长三角城市群国际影响力，从而吸引更多资源集聚上海，促进上海经济社会转型，增强上海城市竞争力。与此同时，上海城市竞争力的提高，也促进了上海城市品牌建设，巩固上海在长三角城市群中的龙头地位，加强上海在国际城市网络节点上的国际影响力。

（一）城市品牌将进一步增强城市投入要素竞争力

目前，我国的城市化发展日新月异，从过去的建设城市到管理城市再到经营城市和营销城市，摆在城市发展面前的问题越来越多。随着全球化和网络化，城市间的国际竞争也越来越激烈。其中，吸引更多的优秀人才、集聚更多的资金是城市化发展的重要问题之一，也是提高城市竞争力的重要条件及表现。上海城市品牌的提升及有效宣传和推广，无疑将吸引更多的投入要素资源集聚上海，提高上海的全球分工地位，并助推浦东再次创业。

1. 城市品牌建设有利于人才、机构、资金等相关要素的集聚

第一，通过世博会，上海市民素质得到提高，特别是上万名志愿者和组织者在经过世博会的历练后，将成为优秀人才的"蓄水池"。世博会相关的教育基地建设，也成为提升上海市民素质的重要平台。如前所述，世博会主题与分主题的成功演绎已对上海居民起到很好的教育和启迪作用。事实上，世博会体现出来的理念、技术、管理等精神财富，将是上海居民教育尤其是青少年教育、干部教育的宝贵资源，保留下来的场馆用于博物馆、展览馆等更是教育的优质平台，将在上海居民教育中发挥不可估量的作用。

据报道，上海世博会入选中国世界纪录协会世界上志愿者人数最多的世博会。仅园区志愿者、城市志愿服务站点志愿者两类就达 20 万左右，这些志愿者不仅来自上海本地，也来自江苏、浙江等周边城市，还有全国各省、自治区、直辖市甚至世界多个国家和地区。其中，青年志愿者占多数，其中又以在校大学生为主，很多志愿者不仅掌握心理学、手语、红十字救护等方面的专业知识和技能，还掌握英、法、德、日、韩等多种语言。毫无疑问，通过志愿者活动，他们不仅更加熟悉世博，而且也进一步了解了上海，提升本身技能和素质的同时，也将有更大的激情参与上海未来的建设。

第二，世博会让世界更多地了解了上海、上海也更多地吸取了世界优秀文化

和技术，跨国企业总部、NGO组织总部来沪集聚的可能性增大，必将引进或吸引更多的高层次人才集聚上海。改革开放30多年来，世界对中国的了解更加深入，中国也吸引了大量的国际机构（中国）总部落户上海，如UPS、FedEX、DHL、TNT四大国际物流巨头中国总部都在上海，但不可否认，落户上海的国际机构总部数量仍有限，特别是与其他国际大城市相比，上海仍有广阔的发展空间。参加上海世博会的国家和组织达242个，创历史之最，也让世界更多地了解了上海。官方的、民间的国际组织纷至沓来，规格之高、数量之多，不仅提升了上海世博会的层次，而且也带来了许多合作的商机。因为，他们不仅来领略了上海世博会的规模，他们还敏锐地预见着世博会给上海可能带来的城市发展前景，寻找休闲、会展、文化创意、低碳等产业发展，可能会给他们提供投资的机会。据报道，世博会筹备和申办期间，已有国际会展企业将其总部从香港迁移上海。

2. 城市品牌建设有利上海在全球或长三角城市群中分工地位的提高

上海世博会吸引了更多的国际机构、国际性人才、外国政府关注中国、关注上海，在全球分工体系中，上海成为全球最重要的城市节点之一；而在长三角城市群中，上海在城市建设理念、科技、金融、服务业方面的领先地位更加巩固，并进一步扩大了差距，凸显龙头城市地位。

第一，上海在长三角城市群分工中的领先地位更加巩固。上海作为长三角都市圈内的特大城市，在中国近现代经济中有着特殊的重要地位。它经常开全国经济先风、执产业之牛耳。近年来，上海经济的快速发展举世瞩目，因此上海作为国内最具发展后劲的大都市，在长三角都市圈中心城市的地位已确立。上海世博会，为上海作为长三角都市圈中心城市向腹地发挥龙头作用、并进一步凸显龙头城市地位提供了良好机遇。首先，区位优势进一步得到巩固。上海是中国东部海岸和长江入口的交汇点，海陆交通十分方便，具有优越的地位区位和广阔的经济腹地。世博会后上海的交通基础设施有了进一步提高，区位优势进一步显现。另外，世博园区是国际大都市的缩影，世博效率展示的是上海城市管理的高效率，上海将进一步塑造国际大都市新形象，人才、技术、资金等集聚能力更强，与长三角城市之间的差距有可能进一步拉大。其次，长三角区域将深度一体化。借鉴世博会经验将有条件探索政府之间、政府与企业之间、政府与中介组织之间"统分结合"的区域合作新机制，通过三个层面的"统分结合"，提升为联动机制，将进一步深化长三角区域一体化，推动长三角城市群之间的区域合作。

第二，上海在全球化分工体系中的地位必将提升。通常公司总部具有三个功能和三种作用，即形成公司战略、建立核心竞争力和提供专家服务功能（Kono，1996），具有侦察作用、战略发展和信息联系承担者作用（Lasserre，1996）。上海位于太平洋西岸的国际航线上，是上海亚太地区的交通枢纽，也是中国与世界交流的视窗。但在以往的全球化分工中，上海仍处于产业的中低端。世博会如能吸引更多的国际机构总部落户上海，势必将提升上海在全球化分工体系中的地位。另外，公司总部通常也会与金融中心建设肩并肩在一起（Simon，2005），其选址时也更倾向于有总部功能的世界城市（Barney，1990），因此，国际机构总部落户上海不仅表明世界重视上海国际金融中心建设和总部功能凸显，而且也将进一步促进上海国际金融中心建设，直接促进上海现代服务业的发展，提升上海在全球化分工体系中的地位。

另外，有资料显示，世博后长三角城市群将沿长江向下游地区扩展城市群的空间范围，将在长江下游浮现的江淮城市群融入长三角城市群，极大地扩大了长三角城市群的空间规模。随着长三角城市群空间规模的扩大，龙头地位的上海在全球化分工体系中的地位也必将进一步提升。

3. 城市品牌建设有利于助推浦东再次创业的实现

20 世纪 90 年代，伴随浦东开发开放，浦东出现了一轮创业高潮。21 世纪以来，伴随中央、上海市及浦东等不同层次的政策聚焦浦东，浦东土地开发使用机制、投融资体制、人才流动机制等一系列制度创新得以实现，众多高科技企业落户浦东。但浦东没有停止开发开放的步伐，而是从最初的以土地空间来换取资源、以优惠政策来形成优势的发展模式，进一步提高到可持续的科学发展道路上来，浦东提出了"二次开发"，世博会给浦东再次创业提供了机会。

首先，浦东是世博园的主要园址所在地，世博会不仅给浦东带来了翻天覆地的硬件环境变化，例如城市道路、桥梁、绿化等，而且还给浦东留下了一轴四馆的永久性建设，进一步完善浦东软件环境的同时，还给浦东未来的发展提供了机会。其次，世博显示的"科技"理念与浦东创新、高科技等理念是相通的，这些都有利于浦东再次创业。

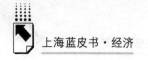
（二）城市品牌推动上海现代服务业的发展

如前所述，国际机构总部的聚集将促进上海国际金融中心建设，在提升上海世界城市功能的地位，将间接推动上海现代服务业发展。另外，利用世博软资源，上海可着力打造世博景点新品牌、上海企业品牌等八大品牌。其中，部分品牌本身就是上海现代服务业的重要组成部分，他们将直接推动上海现代服务业的发展。

1. 在旅游资源和旅游理念两方面促进和提升上海旅游业发展

作为现代服务业的重要组成部分，上海的旅游业在近年来有较大的发展，但也面临较大的挑战，例如，与江浙两省相比，优势不明显：2008 年，上海国际旅游（外汇）收入居全国第二位，江苏、浙江分别居第四、第五位；[①] 5A 级旅游景点数（家）偏少：截至 2009 年底，上海 5A 级旅游景点仅 2 家。[②] 世博旅游景点的建设，可丰富上海旅游资源。首先，世博会主题本身就对受众起到很好的教育和启迪作用，是一种巨大的精神财富，是国内外游客宝贵的旅游资源。而保留下来的一轴四馆等永久性建筑，用于博物馆、展览馆等更是长三角乃至全国独一无二的旅游资源。

另外，观光和休闲目前是中国旅游的主要理念，但由于资源有限，休闲旅游效果并不是非常理想，很多人旅游回来并不休闲。事实上，随着社会经济的发展，旅游将逐渐成为增强身心健康的方式之一，成为人们的日常生活内容之一。为此，提高旅游的文化、科技含量，必将促进和提升休闲旅游。而世博旅游理念将包括高科技、国际化等理念，无疑符合现代旅游业的发展趋势。这种旅游理念不仅对周边城市产生理念、资源及经验的辐射效应之外，可带动长三角旅游资源的进一步融合，提高上海乃至长三角旅游业的发展。

2. 从创意设计、展示技术、产业链建设、管理经验、团队建设等多方面提升上海会展业

1928 年由国际展览局创始国签署的《国际展览公约》第一章第一条开宗明义指出：展览会即为一种展示，无论名称如何，其宗旨在于教育公众。上海世博

---

① 国家统计局：《中国统计年鉴 2009》，中国统计出版社，2009。
② 上海统计局：《上海统计年鉴 2010》，中国统计出版社，2010。

会也不例外。为此，举办世博会要求举办国（举办城市）的会展企业在创意设计、展示技术等方面要达到一定的水平，同时也给举办国（举办城市）的会展企业提供了学习、实践和提升的机会。

与上海、广州等国内城市相比，上海是当前中国市场化程度最高、最为规范的会展业中心城市。但与国际会展业相比，上海在创意设计、展示技术、产业链建设、管理经验、团队建设等方面仍存在很大差距。世博会给上海许多会展企业提供了学习、实践国际经验的机会，在举办国际综合会展业方面，上海会展企业的国内领先者地位进一步提升。以上海现代国际展览有限公司为例，通过参与上海世博会的申办、筹办和举办，通过近十年的努力，已成长为全国首家通过ISO9000 国际质量体系认证的展览主办企业、上海市会展行业协会副会长单位、上海市会展行业协会展示工程专业委员会主任单位、中国会展经济研究会展示设计与搭建专业委员会主任单位、展示工程企业一级企业资质，并于 2004 年被批准成为 UFI（国际展览业协会）的正式会员。

随着社会经济的发展，长三角地区对会展业的需求也进一步加大，上海会展业可率先服务长三角地区，并把相关制造业分包到长三角其他城市。

3. 学习、吸收、利用世博会展示的许多创意设计，结合上海原有的多个相关基地推动上海文化产业、动漫产业发展

2010 年 6 月 12 日下午举行的世博苏州论坛上，上海图书馆馆长吴建中评价上海世博会时认为，上海世博会让各个国家动用了最好的智慧，请来了最好的设计师，以创意无限的展品和展馆充分显示各自不同的价值观和生活方式，比如说挪威的"自然之力"，还有一些国家着力彰显的"平等"理念。意大利博洛尼亚大学教授罗伯托·格兰迪表示，现在全世界都知道上海在举办世博会，人们不仅把上海看作一个经济城市，同时也是文化城市，"所以上海必须借这个机会，把创意产业搞好，不要把创意产业看作世博会的附件，而是这个城市根深蒂固的东西。"联合国教科文组织创意城市专家格雷姆·埃文斯也表达了相同观点，他建议上海乃至整个中国充分利用世博会的机会，加快创意产业发展的进程，扩大整个行业的从业人员规模。

事实上，近年来，文化产业、动漫产业在上海已得到较快发展，如张江园区内有国家文化产业示范基地、国家网游动漫产业发展基地，这些基地也参与上海世博会建设。通过学习、吸收、利用世博会展示的许多创意设计，上海相关企业

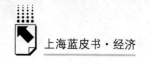

将形成集聚效应，极大推动上海文化产业、动漫产业发展。

4. 世博带来大量的物流需求及国际化物流对象极大提升了上海物流业水平，也为上海会展物流业提供了发展空间

现代物流业是推动上海国际航运中心建设的重要力量，也是上海现代服务业的重要组成部分，同时也是跨地区运行的服务形态之一。

上海世博会大规模的基础建设需要大量的建筑材料，上海世博会占地面积540公顷，场馆面积达400公顷，是世博会有史以来占地面积最大的一次，大量的建筑施工材料及大规模的基础建设用料，给上海乃至长三角货运、仓储、装卸、包装、配送企业带来许多机会，更为重要的是，由于世博带来的物流服务对象来自世界各地，且相当数量来自发达国家，相关物流公司服务必须严格遵守国际标准和规则，从而大大提升上海物流产业的整体质量。另外，一些跨国物流巨头也参与了上海世博会的物流服务与竞争，如前所述联邦、德邦等四大国际货运企业中国总部先后落户上海，不仅提升了上海物流业的国际水平，也给本地物流业提供了更多学习和提升的机会。如果上海世博会之后，上海如日内瓦、汉诺威、巴黎等欧洲展览城一样，成为国际著名展览城，那么上海的会展物流业也将有较大的发展空间。

随着长三角基础设施一体化，长三角可率先实行物流业一体化，上海在物流业一体化过程中充分发挥人才、技术、管理经验优势，集聚研发、管理总部，并服务长三角地区的旅游、会展、先进制造业等多种产业。

（三）城市品牌助推上海培育战略性新兴产业

随着《国务院关于加快培育战略性新兴产业的决定》调研接近尾声并有望在近期出台，上海明确把推进高新技术产业化作为培育战略性新兴产业的具体实践，并伴随在新能源、民用航空制造业、先进重大装备等九大高新技术产业重点领域加速发展[①]，上海提出培育九大重点领域，重点关注节能环保、生物育种等产业。世博会后，应高度重视低碳城市品牌建设将有助于上海加快节能环保新型

---

① 网易新闻转解放日报信息：2009年9大重点领域产业规模达到7364亿元，比上年增长13%以上；2010年力争超过8400亿元，http://news.163.com/10/0423/05/64UAS02500014AEE.html。

产业的培育和发展。

1. 低碳世博助推上海新能源高新技术发展及其产业化进程

与国内许多城市相比，上海是一个低能耗的城市，但由于上海具有相当的先进制造业规模，对能源的需求量难以大幅度下降。因此，上海一直高度重视新能源、新材料和节能环保技术。随着世博会顺利进展，低碳世博被越来越多的参观者、组织者、关心者熟悉和认可，甚至有专家认为上海世博会园区是 21 世纪"绿色新能源之城"的缩影，太阳能光伏发电在展区应用的规模创世博历史之最，太阳光热发电、地热发电、风力发电、江水冷却、生物能热电联产系统在园区场馆广泛示范应用，千辆新能源汽车在世博园区内外运营，创世界新能源交通集中示范运行规模之最，园区能源消费结构中可再生能源和清洁能源占 50%。

事实上，上海新能源等技术已有了突破性进展，例如，上海 2010 年有望形成 2000 兆瓦的光伏电池产能（全国 2009 年产能为 4000 兆瓦）；在国内核电设备市场上，上海拥有 45% 的份额；上海近期突破了核电站主泵和蒸发器 U 形管的自主制造难题，从而打破了两大制约我国核电发展的关键瓶颈；上海电气也在国内率先制造出了 3.6 兆瓦大型海上风机，这是目前国内单体容量最大、技术最先进的风机，填补了国内空白。在上海已有的新能源技术水平基础上，充分利用世博园展示的未来城市告别主要依赖不可再生的化石能源的"高碳"模式，转向"顺其自然"地利用低碳、"零碳排放"的可再生清洁能源，推动上海新能源、新材料和节能环保技术的发展，将成为上海经济发展的新动力。

2. 低碳世博助推节能环保产业的发展

上海世博众多展馆是"会呼吸"、"零碳排放"、"被动"式低能耗、屋顶花园、绿化墙、雨水收集等生态建筑的范本，而 LED 节能景观照明和影屏规的实践更是创世博会有史以来最大规模的应用。10 亿个 LED 芯片不仅为本届世博会解决了照明技术的长效问题，也凸显了其节能减排的重要效用，为上海新能源、新材料、节能环保技术产业化提供了试点。资料显示，均等每一根 LED 照明灯管，比普通的荧光灯管至少节能 30%，其寿命周期是普通荧光灯的 5~6 倍，如果 LED 照明被运用于全市的道路、隧道等通用照明系统，则可大大降低维护等相应的经济成本和劳力等社会成本。分析目前的相关产业可以发现，上海在节能环保等产业方面还有很大的潜力，如图 2 所示。

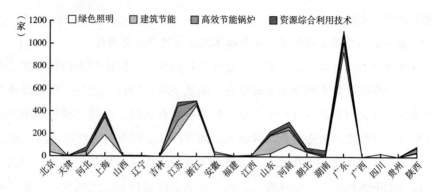

图2 目前各省份生产相关节能产品厂家的情况

数据来源：上海节能信息网，截至 2010 年 11 月 26 日。

据不完全统计，包括绿色照明、建筑节能、高效节能锅炉和资源综合利用技术在内的四大类节能生产厂家，按省份划分的话，尽管上海在全国的排名较靠前，但上海排在广东、江苏、浙江之后，特别是与广东的差距较大。其中，上海的建筑节能产业排在全国之首。

事实上，世博浦西园城市最佳实践区的"沪上生活习性家"案例中，有 14 项应用了 LED 技术。因此，上海市已具备将 LED 照明作为"战略性新型产业"的条件，重点围绕芯片的自主创新和核心装备开发，实现"后世博"的节能减排，不仅能极大地缓解上海资源短缺现状，而且还将促进上海产业结构转型。

四 城市品牌建设的相关政策建议

世博会为上海提供了进一步提升城市品牌的历史机遇，城市品牌建设又将极大地提升上海城市综合竞争力。为有效地把世博软资源转化为上海城市竞争力，建议高度重视并提高品牌建设的战略地位，并把品牌建设切实转换为上海经济社会发展的动力。为此，本报告从组织建设、制度建设和政策扶持等方面提出具体的政策建议。

（一）以十二五规划制定为契机，分近期、中期和长期目标制定上海城市品牌建设战略规划

1. 发展思路

上海品牌建设发展思路是，坚持运用马克思主义立场、观点和方法，以邓小

平理论和"三个代表"重要思想为指导，深入贯彻落实科学发展观，全面贯彻落实党的十七大精神，以以人为本为基本出发点，以品牌建设为抓手，以体制创新和政策创新为突破口，有效利用世博会的软资源，把世博精神融入市民的日常生活、党政干部工作实践中去；充分吸取世博会显示的技术和优秀文化，结合上海的实际社会经济发展水平和需要，积极促进休闲旅游、会议展览、文化创意和低碳环保等产业；有效利用世博带来的历史机遇，打造更多的国内国际上海品牌，进一步丰富上海城市品牌内涵，最终实现上海城市竞争力的进一步提升。

2. 主要目标

通过充分调动上海市民、企业、政府的积极性和创新性，以世博精神为新的动力，在十二五期间初步实现上海城市品牌建设，并逐步在上海城市竞争力提升方面有所体现。主要目标可分为：

近期目标（2010～2012 年），在广大市民生活中树立更多的奉献、创新和互助榜样，上海城市品牌建设的组织和制度建设基本完成，且切实打造完成 1 个世博旅游品牌、1～2 个国际会议展览品牌。

中期目标（2012～2015 年），十二五结束时，奉献、创新和互助精神成为更多市民的行为要求，在进一步打造 1～2 个文化创意品牌和 1～2 个低碳产业品牌建设的基础上，上海城市品牌建设进入营销和管理阶段。

长期目标（2015～2020 年），上海城市品牌建设更加完善，上海城市品牌的国际性更加鲜明。

（二）具体措施

根据上海城市品牌建设的目标和发展思路，十二五期间有关重点工作可包括如下几项。

1. 切实加强上海城市品牌提升的组织建设

借鉴国内外城市品牌建设的经验，建议在 2010 年成立上海城市品牌促进会。该促进会可设一个有少数工作人员的常设机构，另有几十甚至一二百名"志愿者"性质的兼职人员，兼职人员可包括相关政府部门官员、学者、企业界人士、市民等。从其功能来看，上海城市品牌建设促进会不仅要参与上海城市品牌战略的规划、落实、评估、完善，也将成为上海城市品牌经营的主力军，是上海城市品牌的推广、管理的重要载体，传播和应用上海城市品牌的重要平台。

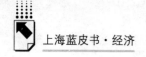
2. 努力推动城市品牌建设的各项规章制度制定

建议政府在上海市十二五规划战略中，高度重视品牌建设的战略地位，并制定相应的切实可行的上海市品牌建设战略规划；建议相关部门尽快制定切实可行的世博软资源整理及保护工作的流程及要求，其中，有关志愿者和组织者的奉献精神、参与者的各种创新精神可及时提供给有关单位或个人使用；建议相关部门尽快制定上海城市品牌促进会的工作职责、流程等相关规定。

3. 科学制定并尽快出台相关产业的扶持政策

针对不同类型的产业，尽快出台相应的扶持政策：第一，关于休闲旅游产业，建议相关部门推动中国馆、世博轴、演绎中心世博园新景点与外滩、陆家嘴等原有景点之间资源融合及特色打造，并推动上海旅游业与长三角旅游业联动发展。另外，定期免费对上海市民特别是中小学生开放相关景点，使上海市民能更多地利用、吸收世博景点带来的理念，提升市民素质，包括梳理和总结本次世博会暴露出的不良文明行为，制定文明行为的奖惩机制，出台文明行为、感人事迹的奖励措施等。第二，关于会议展览业，建议政府相关部门出台鼓励和支持国有企业或允许政府融资平台投资会展业的政策，并出台鼓励和支持上海会展企业面向长三角、走向东南亚市场的政策，并协助行业完善人才培养、管理的规章制度。第三，关于文化创意产业，一方面需要有鼓励和支持人才引进的相关政策，另一方面出台鼓励和支持文化创意内容原创的相关的财政补贴政策。第四，关于低碳环保产业，不仅要出台鼓励和支持购买生态建筑、使用节能汽车的税收减免政策及相关产业化的政策，而且要加大支持研发力度，并高度重视产业化可行性研究。

B.6
世博效应与高铁时代的
长三角城市群新发展

陈建华 *

摘 要：2010 年，长三角地区以上海世博会为契机，加强了区域间与城市间经济合作，加快了结构调整和转型提升步伐，自主创新竞争力继续增强，核心城市上海的地位与作用有所增强；继续推进交通基础设施建设，高速铁路取得新发展，区域经济一体化步伐加快；根据《长江三角洲地区区域规划》描绘的蓝图与目标，加强长三角城市群内部的分工与协作，城市功能定位趋于明确，城市群整体实力有所提高。

关键词：长三角 世博会 高铁

中国正进入自东向西推进的城市化时代，以高铁为纽带、中心城市为支点、城市群及其区域经济带为整体布局的立体化战略图景将成为中国城市化的发展目标。在快速城市化时代，优势互补与资源共享的城市群正在成为我国经济发展的重要支柱。长江三角洲（以下简称长三角）经过 20 多年的发展后取得了较大的成就，成为我国经济发展的重要区域增长极。相对国内其他城市群，长三角地区城市发展历史较长，文化底蕴也较为深厚，城市之间的合作已有一定基础。长三角地理相邻、文化相近、人员相亲、交往密切，多年来各方面合作交流日趋加深，已经初步形成区域协同发展的良好氛围。在世博会效应与高铁发展的推动之下，长三角城市群获得了新发展。《长江三角洲地区区域规划》获批，长三角地区被定位为亚太地区重要的国际门户、全球重要的现代服务业和先进制

---
* 陈建华，上海社会科学院经济研究所副研究员，经济学博士，主要研究方向为城市经济与区域经济。

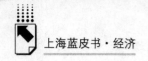
造业中心、具有较强国际竞争力的世界级城市群。这给长三角城市群发展指出了方向。

一 世博效应提升上海在长三角城市群中的核心地位

长期以来，上海市在长三角城市群中的首位度不高，即上海的经济总量在长三角城市群所占的比重不高，同时产业同构、出口同向与经济同质现象较为突出，上海市作为长三角城市群之中的核心城市作用并不明显，上海市作为长三角地区首位城市的聚集与辐射作用有待进一步增强。这种状况通过 2010 年上海世博会得到一定程度的改变。通过世博会及其拉动的服务产业，推动了上海作为长三角地区首位城市进一步发展，有效地带动了长三角城市群产业结构升级与发展。

2010 年上海世博会是在经济全球化、信息化与经济区域化的背景下举行的，也是迄今为止第一个在发展中国家举行的综合类世博会，而且是在人口数量位居世界前列的特大型城市中举办的世博会。2010 年 10 月 31 日，持续运行 184 天的 2010 年上海世界博览会正式落下帷幕。这是一届规模空前的人类盛会：246 个国家和国际组织参展，逾 7308 万人次的海内外游客参观，单日最大客流达到 103.28 万人。抽样调查显示，境外参观者约占入园参观者总人次的 5.8%；境内参观者中，上海本地参观者约占入园参观者总人次的 27.3%，来自江苏省和浙江省的参观者分别占参观者总人次的 13.2% 和 12.2%，来自国内其他省区市的参观者约占 41.5%。[①]

世博会不仅影响上海的经济、社会与文化发展，而且对正在形成的长三角城市群也具有较大的影响，对长三角经济、社会与文化发展具有不可低估的作用。世博会带来在促进城市、经济区域与国家产业结构优化，都市圈形成与社会和谐一致方面，都有较高的积极作用与重要意义。

（一）世博会促进上海产业结构高度化，提高上海城市首位度

借助于世博会的推力，上海以服务业为主导的产业结构正在形成。长期以来的

---

① 《开园 184 天运行平稳顺利有序　逾 7308 万人次参观创历史新高》，http://www.expo2010.cn/newsn/index.htm。

上海产业结构转换速度缓慢、产业结构高度不足、服务业发展滞后的情况通过举办世博会得到缓解。虽然历届世博会各有盈亏，但服务业却无一例外地从中受益，并使举办的城市成为旅游胜地。1992 年塞维利亚世博会的举办使西班牙的产业结构发生了极大的变化，服务业的产值比重有了较大提高，塞维利亚也成为欧洲旅游胜地。2010 年上海世博会参观人数达到 7308 万，如此众多的人流带动的物流、资金流与信息流，极大地促进上海产业结构高度化，以先前对世博会对上海地区生产总值影响的估计，世博会将会对上海市经济增长形成较大拉动作用，如表 1 所示。

表 1　世博会对上海地区生产总值影响

单位：亿元，%

项　　目	总投资额	首轮 GDP 影响	引致影响	总影响	各类影响比重
运营费	47	42.71	38.44	81.15	3.73
参展费	188	170.86	153.77	324.63	14.91
展馆与相关设施建设费	235	213.57	192.22	405.79	18.64
新增城市基础设施费	791	718.88	646.99	1365.87	62.73
合　　计	1261	1146.02	1031.42	2177.44	100

资料来源：杨琳等《世博会影响下的上海经济与产业发展》，《经济研究导刊》2007 年第 1 期。

1. 旅游业与会展业

2010 年上海世博会 184 天的展期，到上海观光和旅游的客流达到了 7308 万人次，是历来最多的一次。以每次进入世博会门票 160 元计算，门票直接收入达到 116 亿元；世博特许商品销售超过 300 亿元；园区餐饮营业额与零售收入均在 10 亿元以上；商业零售营业总额约 10 亿元，合计接近 30 亿元，整个世博期间园区内收入约 60 亿元。[①] 以 3000 万人入住计算，按人均逗留 2 天计，每天需要床位 33.4 万张，如果仅按每张床位收入 300 元算，旅馆业收入每天收入超过 1 亿元。上海机场货客的吞吐量增速超过北京，呈现高速增长的态势；上海国际旅游收入均比 2009 年翻一番，旅游业的增加值增幅超出全市平均增幅，实现持续快速增长。

2010 年 10 月，上海机场旅客吞吐量达到 6089.45 万人次，比 2009 年同期增

---

① 《一个城市的世博红利》，齐鲁晚报，http：//house. focus. cn/news/2010 - 11 - 03/1089809. html。

长 28%。从图 1 可见，从 2010 年 1 月到 10 月，上海市的国际旅游入境人数总体趋于上升。2010 年 10 月，上海国际入境旅游人数达到 717 万人，与 2009 年同期相比增长 39.20%。从图 2 可见，2010 年 1～10 月，上海市的住宿与餐饮总额为576.76 亿元，与 2009 年同期相比增长 17.90%。①

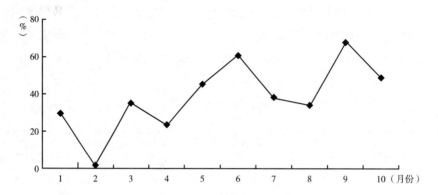

图 1　2010 年 1～10 月上海国际入境旅游人数同比增长率

数据来源：上海统计信息网。

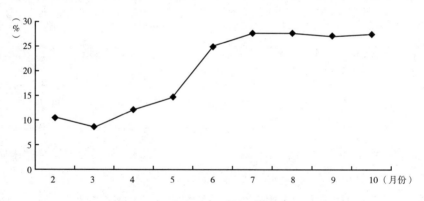

图 2　2010 年 2～10 月上海住宿与餐饮业同比增长率

数据来源：上海统计信息网。

会展业也是受益于世博会一大产业。如果大规模与高质量的综合类博览会吸引商家前来观看与洽谈业务，也拉动了相关产业链的发展。同时，上海世博会大

---

① http：//www.stats-sh.gov.cn/2005shtj/sjfb/zb.asp？zhibiao = 304&year = 2010&month = 10&zbwz = 入境旅游。

力促进旅游业与会展业相结合，形成现代都市会展旅游业，沿着旅游产业价值链推动收益扩大。由于会展业的行业带动比值较高，世博会对其他行业的带动与促进效应是明显的。

2. 高新技术产业

在 2010 年上海世博会期间，各国、各城市与跨国企业借助于高科技的先进视听技术，展示最新的提高人类生活质量与水平的科学技术，为参观者提供了视觉"盛宴"。世博会是展示最新科学技术新产品的盛会，是工业文明发展到一定阶段的产物。这种既借用技术又展示技术的方法推动了上海高新技术产业蓬勃发展。借 2010 年上海世博会平台，上海科技人员可以加大我国与其他国家进行交流的机会与频率，有效地增多我国科技人才的学习机会。由于世博会是以展示的方式展出各国相对较为先进与尖端的科学技术，世博会促进了高新技术与传统制造产业、服务业的渗透与融合。

世博会的场馆建设、通信、城市交通及绿色环保都离不开高新技术的支持，如环保技术、建筑节能技术、数字通讯技术与智能管理系统等。千奇百怪的建筑奇观必须借助于现代科技才能完成，炎炎夏季的降温技术与室内保温技术都给高新技术产业发展带来了机遇，促进了高新技术产业的引进与合作、高新技术成果的转化与创新。这有利于提高新技术产业在产业结构之中的比重，提高高新技术在产业之中的应用水平，使得上海逐渐成为高新技术的核心城市。

3. 创意产业

世博会不仅展示了科技新发明，而且以其娱乐性吸引人。因此，我们在世博会可以看到较多的创意设计，这些都包含着创意设计者的心血与智慧。世博会的工艺品、电影、广播、会场标记设计都包含着较高的创意，以吸引参观者的眼球。各个国家在场馆设计与施工时，为节约成本许多方面采取就地取材，雇用上海或全国其他各地的人才，他们努力思考如何把不同国家的人文历史、社会风俗与科技成就以最短的时间以最简洁的方式给观众以最深刻印象，这些都有利于上海与长三角创意产业的发展。

（二）世博会促进长三角产业结构合理化

长三角产业结构同构化问题困扰着其经济与社会发展。长三角只有以分工与协作的形式联结起来，才能参与世界城市群的竞争，参与世界经济循环。长三角地区是我国旅游资源最丰富的区域之一，集有 15 个国家重点风景名胜区、16 座国家历史文化名城、4 处国家级旅游度假区以及数十个大型主体公园。长三角其他地区的旅游资源既是对上海世博会的共享与促进，又是对上海世博会的分流与支持。以世博会为契机，长三角充分利用这次展览会促进各省市利用区域比较优势与竞争优势，达到提高整体优势的目的。

长三角丰富的文化底蕴与旅游资源既是对世博会的支撑，也是宣传与传播中华文化的基地。上海世博会期间，长三角城市群"旅游消费链"初步形成，对长三角区域旅游及相关行业起到巨大的拉动作用。在上海 7308 万参观人次中，近 20% 的参观人数顺道去周边城市旅游。部分游客在参观世博会园区之后，顺道参观绍兴、苏州与杭州等长三角其他城市。一些著名的中华传统文化物质遗产如绍兴的大禹陵、苏州的园林和南京的古都风貌都吸引了外国游客前去参观。在世博会的推动下，长三角两省一市很快完善了旅游资源的合作协调机制，打破行政区域的限制，对各地旅游资源进行整合，推出系列化的旅游产品与线路，形成一体化的旅游系统。这一方面扩大上海世博会的旅游腹地，丰富了世博会的内涵，拓展世博会的广度与深度；另一方面也让上海周边地区更多地接受世博会正面效应的影响，促进长三角休闲产业与休闲都市的形成与发展。

从产业特别是创意、会展与旅游产业来看，2010 年上海世博会推进了区域产业结构整体整合与分工，有效地缓解了重复建设和产业结构同构状况。世博会推进了上海向构建以服务业为主导的产业结构的现代型与服务型城市的转变，其产业结构加速调整，一些产业正在加快向周边地区转移。在世博会的推动下，上海大力发展附加值高的高科技和高水平的现代服务业，而部分制造业转移给浙江与江苏二省，以带动后者发展各自的优势产业和特色产业，形成布局合理、协作分工、各展所长的产业格局。这些作用将在世博会结束以后逐渐显现。

世博会带动区域经济一体化与产业结构升级已经得到证明，以大阪世博会为例，大阪世博会促进大阪作为日本关西经济带的中心城区的兴起，也促进大阪产业结构从重工业向高科技产业和现代服务业方向转型。大阪成为仅次于东京的商务贸易、金融、信息交流的中枢，成为世界的中心城市。

（三）世博会提高上海城市形象，丰富长三角城市文化内涵

一个城市举办大型公共活动，既是一次自我形象展示的良机，又是构建城市品牌的一个重要时机。1889年巴黎世博会给世人留下的埃菲尔铁塔也成为巴黎的标志性建筑。通过修建一系列大型世博建筑，巴黎有效提高了其城市形象。通过世博会把全世界的眼光聚集到上海，大幅提升了城市在国际上的影响力。在世界制造业加速转移与国际流动资本加速流动的时候，上海国际地位的提升，使上海更加吸引国内外投资者的注意力，也放大了上海制造业与上海服务业的整体的品牌效应。利用世博会对上海旧城区的改造、绿化与美化，改善了城市外貌，提高了城市形象，体现"城市，让生活更美好"的主题，创造一个更加宜居的东方国际大都市。现在，世博会的许多标志性建筑崛起为上海的新地标，中国馆与世博轴成为了上海的永久性建筑已经刻进长三角、中国乃至世界人民脑海之中，成为上海的标志性建筑之一。

围绕世博会，上海进行大幅度的城市形象设计，投入大量财政进行基础设施建设与改造、改善城市绿化环境、缓解城市拥挤的交通，以城市物质环境提升城市品牌与影响力。通过提高城市文明程度、规范城市行为，提高城市软环境与城市吸引力。在世博会的作用下，上海的城市绿化与美化程度得以大幅度提高。上海通过创造一个文明、安全与舒适的城市，提高城市形象，吸引国内外投资与产业进驻，不断提高上海作为长三角地区首位度与服务功能，从而更好地发挥中心城市的集聚效应、规模效应与外部效应。

同时，从文化发展角度来看，世博会丰富了上海与长三角城市的文化内涵。世博会不仅是对工业技术的展示，而且还夹杂着艺术的气息。世博会鲜为人知的是其人文气息及其关怀，以及它对人类发展前景的关注。在技术与艺术、现代与传统的对峙和比较过程中，世博会并没有完全倒向技术和现代性这一边，没有成为纯粹的工具理性表现形式。第一届伦敦世博会展示了与工业相互渗透的艺术，如雕塑、建筑和雕刻。第二届巴黎世博会特别设立了美术馆，目的是要与机械馆保持平衡，表明不同的观点。绘画在美术馆占据了主导地位，它表明传统审美观在世博会得到强调，身处物质社会的人们必须保护这种传统的审美价值观。历届世博会主办国都力图展示本国海纳百川的气度和万国争艳的气势，总是从音乐、歌剧、雕塑、实物展示、学术报告与现场辩论等方面烘托世界文化大融合的气氛。它带给人们的不仅是视觉上的享受和感官上的刺激，更是在情绪的快乐中自然而然的达到某种精神的升华。世博会的主题设计与传播过程，本身是一种艺术创造的过程，它提供的是一种高质量的艺术品和娱乐服务。世博会不仅是技术

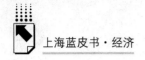

的，而且也是文化的。

从举办城市的角度来看，举办城市通过世博会有力地促进城市文化传播，提高了城市的文化影响力，促进城市软实力的提升。上海世博会对推动中华文化走向世界提供了一个良好的平台，也是让外国游客了解中华传统文化的一个绝佳机会。世博会的选址在市中心，使之与上海城市发展的历史、现状和未来有着密切的联系。它有利于联结上海的历史象征——外滩建筑群，也有利于发展城市的未来——改造城市，使之重归自然。从世博会的中国馆与省区联合馆展览中，人们可以了解中华长达五千年文化的灿烂辉煌。上海世博会大大提高了我国传统文化的影响力，促进了中华传统文化的传播。

同时，世博会也有利于上海海派文化的发展与传播。2010 年世博会展示了上海近百年来在学习吸纳世界各国各民族先进文化艺术方面的巨大成就，促进海派文化的传播，也在一定程度对海派文化起到补充作用。海派文化以海纳百川和兼容并蓄的气势，为上海城市发展提供了重要的文化支撑。不同的民族文化背景聚集在一起有利于海派文化的传播与发展。海派文化本身即发生、发展于西欧文化与中国文化相互交融与相互作用的过程中，来自不同文化背景的人们的聚集与交流同海派文化的本质特点与总体特征是相互吻合的。长三角中华传统文化与上海海派文化的传播有利于长三角经济与社会发展，有利于提高区域经济的文化影响力、提升城市的软实力。

（四）世博会促进长三角城市社会和谐发展

在我国城市发展过程中，需要一定的大型活动的宣传效应的支撑，以期在城市之间的竞争中脱颖而出。城市不仅有多样性、社区层面的微观活动，而且也是利用城市聚集性的特点举办大型活动的绝佳选择。当代城市社会多样化与个人化的发展趋势，并不意味着社会共同生活的终结。长三角通过 2010 年上海世博会，举办面向大众、公平参与与社会化的公共活动，促进长三角各城市与地区共同参与世博会活动，组织和参观世博，促进了长三角居民的对话与交流。由于共同话题与共同活动的作用，它不仅可以密切上海市民之间的社会关系，促进城市居民之间的交流，而且可以拉近上海与其他城市居民的关系，有利于长三角社会一体化。在参观上海世博会的 7308 万人次中，长三角的城市居民占据 52.9% 的比重。如此大规模的城市居民在长三角城市之间旅游，对于促进对长三角城市的了解、促进城市居民之间交流与互动具有重要意义。它有利于密切不同城市居民之间的社会关系、促进城市居民的了解与互信，这有利长三角城市之间社会互动与交流。

因此，2010年世博会既是上海世博会，也是长三角世博。长三角通过这一区域重大事件，加快了经济与社会规划一体化进程，整合了长三角的旅游资源，保证了世博会有充足的旅游服务供给，分流了世博会过于拥挤的旅游人数，与上海形成合力；利用世博会促进城市之间的产业分工与协作，提高区域经济一体化程度，推动了城市群整体发展。

二 高速铁路推进长三角区域经济一体化与社会发展

21世纪是城市的世纪，从2008年开始，全球有近一半人口居住在城市，人们居住在城市是为了生活得更好。然而，一方面是人们对美好的城市生活的期待越来越迫切，另一方面是城市承载人类进步的使命越来越繁重。这些因素使得城市交通问题越来越突出，交通堵塞问题成为困扰着城市发展的一大难题。在城市化与工业化时代，城市经济发展受到资源与要素流动速度的影响。高铁把城市之间要素流动速度提高到新的水平，促进了不同城市之间人才、信息与要素的互补，促进长三角城市群的分工与协作，从而为提高城市产业结构水平提供了物质基础，提高了城市群作为一个整体参与国际经济竞争的力量。目前，投资前几年的长三角高铁陆续开通，正在把长三角的城市用铁轨联结成为一个整体，改变了传统长三角城市之间的时空，"同城效应"正在沪杭宁等城市显现。所有的这些都在影响城市居民的出行方式，也在影响长三角城市空间结构与社会结构的演变。显而易见，高铁将给长三角经济与社会带来革命性变化。

（一）飞速发展的长三角交通基础设施

加快区域交通一体化进程是长三角各省市做出的重要措施，以期带动区域经济一体化发展。长三角的江苏与浙江以世博会为契机，接轨上海，着力促进经济发展。浙江与江苏分别就交通、能源与通信的互联互通问题、衔接与配套问题进行多轮磋商，并把决定付诸实施。上海、浙江和江苏在世博前作出大举措，建设杭州湾大桥、苏通大桥和上海长江隧桥工程，从而大大缩短了长三角的空间交通距离。

2008～2009 年，长三角较多大桥通车。2008 年 5 月 1 日杭州湾大桥投入运营，随后苏通大桥也正式通车；2009 年 10 月，长江隧桥通车。除此之外，2008 年底贯通合龙的舟山到宁波的大陆连岛工程，将舟山从海岛变为"半岛"；上海至崇明的长江隧桥工程和崇明到启东的崇启大桥，则开辟出上海与苏北之间又一条江上通道。目前，苏浙沪三地高速公路里程数已接近 7000 公里，并初步成网，经大桥的连接与贯通，使长三角各个城市之间的空间距离大大缩小。沪浙高速公路规划中的 4 条高速公路已全部完成，上海对外干线公路已达 18 条，其中到江苏 12 条通道、56 车道；到浙江 6 条通道、24 车道。规划中的上海与江苏的 6 条高速公路已建成沪宁、沿江高速一期、申苏浙皖 3 条；浙江与江苏规划中的 6 条高速公路也已建成宁杭、申苏浙皖和乍嘉苏 3 条。

从 2008 年开始，长三角铁路建设进入快速发展的高潮期，长三角加快了城际高速铁路建设，覆盖长三角两省一市 18 项铁路建设项目抓紧建设。2010 年，沪宁与沪杭高铁开通，长三角正式迎来"城际轨道交通时代"。

2010 年 7 月 1 日，沪宁城际高速铁路开通运营，在上海、江苏之间形成了一条便利快捷的铁路运输通道，不仅为两省市经济发展、人员往来和优势互补提供了更加便捷的条件，而且与京沪高速铁路、宁杭城际铁路以及沪杭客运专线等一起，在长三角地区构建一个现代化的快速客运网。2010 年 10 月 26 日，总投资 300 亿元、历经 20 个月建设的沪杭高铁正式通车运营。沪杭高铁的建成运营，在两地间形成了一条更加快捷的铁路运输通道，从根本上缓解了沪杭交通走廊运输紧张的状况，势必加快人员、物资、资金和信息的快速流动。

目前，杭州、宁波、上海、南京、安庆等一批高等级铁路正在有序地推进前期工作或正在紧张施工过程。到 2020 年，随着更多的铁路建设进入尾声并投入运营，长三角将基本形成以上海、杭州、南京为中心的"1～2 小时交通圈"城际轨道交通网络。长三角中心城市通勤的客流还将更多，"同城效应"将进一步放大。

日渐发达的公路、铁路系统和航运系统，将使长三角地区居民无论是选择汽车、火车抑或飞机，都能轻松享受"同城效应"带来的便利。目前，时速达到 200～250 公里的动车组列车的大量开行，大大缩短了长三角地区旅行距离，乘坐动车组列车从上海到长三角各大城市，行程基本在 2 个小时内，上海、杭州、南京、苏州、常州、无锡、镇江等长三角城市群之间基本实现"列车公交化"。

在加大对基础设施的投入的情况下，长三角的三条轴线将更加畅通：一是沿沪宁高速公路和铁路的城市发展轴；二是沿沪杭高速公路和铁路的城市发展轴；三是沿杭甬高速公路和铁路的城市发展轴。沿着这些发展轴分布的城市将清除制度障碍，促进公路、铁路、高速公路以及水运的畅通与连接。这样，三条轴线相互交织构成了长三角以上海为中心，以南京、杭州为副中心的城市空间格局一体化进程将加快。

在机场建设方面，长三角地区已基本形成五大枢纽机场布局模式：浦东机场和虹桥机场改扩建工程，可保障旅客吞吐量1亿人次；虹桥综合交通枢纽工程，将建设成一个集高速铁路、城际和城市轨道交通、公共汽车、出租车等交通方式为一体的现代化大型综合交通枢纽，并将与西扩后的虹桥机场新航站楼相连接；杭州萧山机场二期改扩建工程正在进行，届时旅客吞吐量将达2560万人次；南京禄口机场年旅客吞吐量4000万人次，货邮吞吐量100万吨；宁波栎社机场和无锡硕放机场的改扩建工程也正在进行中。

（二）高铁促进长三角区域经济与社会发展

长三角区域大交通格局的形成与真正一体化时代的来临，标示着长三角经济一体化与社会文化将获得长足的发展。高铁将推动长三角城市群之间人才、产业等各方面的优势互补、信息互通、资源共享，促进长三角经济从劳动密集型与资本密集型产业向技术与人力资源密集型过渡。随着高铁带来的流动便利，城市间生产要素在加速流动，资金、人才、信息进一步向环境优越、行政效能高的区域聚集。由于高铁的便捷性，许多原本选用自驾车的长三角居民出行可能转向选择高铁，它在减少城市环境污染的同时，也在改变城市居民的出行方式。

高铁对长三角结构影响最早的产业是休闲旅游业。在长三角城市居民平均收入不断提高的条件下，休闲旅游正在成为长三角的重要行业，它在国民经济中的增加值与就业比重正在不断提高。首先，由于高速铁路发展，同城效应的作用使许多城市居民跨城市旅游更为便捷。轨道交通使得休闲旅游业发展更为迅速。其次，高铁将会对长三角的就业产生影响。在同城效应之下，长三角可以实现在一个城市就业，而在另一个城市居住，它会改变一个城市的劳动力供给结构，也极大地影响着一个城市的居民社会结构。轨道交通对劳动力的影响不仅在于提高高级劳动力集聚作用，同时也加大了劳动力的辐射效应，使劳动力实现跨区域就

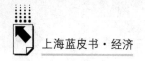

业，不仅可以提高劳动力的收入，而且促进了社会资源的有效配置。

高铁也会对长三角中心城市空间结构产生影响与作用。由于邻近中心城市的影响力与作用，中心城市如上海郊区新城的发展可能趋缓，中心城市之间的经济与社会发展洼地效应将进一步加强。城市郊区与农村发展可能逐渐趋于缓慢，从而使城乡二元结构将更为突出。高速铁路使长三角城市居民进入大流动时代，也使长三角城市居民进入大社会交往时代。不同城市居民之间交往与交流更为便捷，从而使长三角的城市化、社会化与现代化进入新阶段，这些都会对长三角社会结构产生重要影响与作用。长三角的地理与文化原本具有同质性，通过大交往与大交流，长三角的文化将获得进一步发展。

高速铁路的开通有助于实现中心城市与卫星城镇的合理布局，发挥中心城市对周边城市的辐射带动作用。城镇化水平的提高必然带来城际客运需求的增加，高速铁路快速、安全、大运能的特点可以满足这一需求。高速铁路可以优化沿线各地的资源配置，带动沿线城市产业发展，高速铁路的开通将引导人力、技术和资金等生产要素在沿线城市间合理流动，使得长三角的城镇布局产生一定程度的变化。

高铁将会对长三角既有的体制与机制产生推进的作用与积极的影响，推进长三角各城市的制度与体制对接，如社会保障制度、劳动合同制度与医疗制度不断归于统一，从而大大方便长三角城市居民的经济与社会生活。长三角通过技术或者其他途径可以突破现有制度与体制障碍，推进资源要素的自由流动。许多先前受到束缚的要素将会得到一定程度的解放。

三 《长江三角洲地区区域规划》
描绘长三角未来蓝图

长期以来，长三角城市群内部分城市角色与功能定位尚未明确，整体上没有较为清晰的发展方向与战略。长三角城市之间的战略联盟还没有形成，基础设施建设还没形成完全一体化格局，尚未形成既有分工、又有协作的行业布局、产业集群与产业空间布局。在长三角地区处于转型升级的关键时期，拥有较为明晰的战略目标，可以确保城市与城市群发展少走弯路，节约资源和促进区域更加协调发展。长三角虽然取得了巨大进展，但同时也存在不少亟待解决的矛盾和问题。

这些矛盾与问题严重阻碍了长三角经济一体化，从而也妨碍了长三角更快、更好和更强的发展，妨碍了长三角走科学发展、率先发展、和谐发展和可持续发展的道路。

2010年5月，《长江三角洲地区区域规划》正式获批，长三角地区被定位为亚太地区重要的国际门户、全球重要的现代服务业和先进制造业中心、具有较强国际竞争力的世界级城市群。这给长三角城市群发展指出了方向。《长江三角洲地区区域规划》也对城市之间的分工与协作、产业布局给出了较为明确的定位。

（一）长三角城市首位度问题与城镇体系发展思路

尽管长三角地区生产总值在全国的比重接近20%，但与世界其他五大城市群相比较，长三角的城市群的首位度还处于较低的水平。长三角首位城市上海的生产总值占全国的比重为5%左右。而纽约、东京、伦敦与首尔在全国的国内生产总值的比重都超过了10%。从产业结构上看，上海的产业结构并不比周边城市优化多少。首位城市上海的工业仍然在地区生产总值中占据50%的比重，产业转移进程缓慢，产业结构优化速度不高，导致上海城市的服务功能与辐射功能不高。城市与城市群首位度不高在一定程度上表明了上海与长三角的聚集与扩散作用还不明显，上海与长三角对全国经济的服务与带动功能与作用还不强。

目前，上海在长三角城市群之中的地位与作用需要进一步加强，提高其城市首位度的作用，这需要一方面提高经济总量，另一方面需要提高经济创新能力，通过城镇体系，引领长三角整个区域经济发展。此外，长三角城市群与城镇应当形成有序与合理的体系，以期在整体上形成有效的经济竞争力。

对于上海，《长江三角洲地区区域规划》指出，要提升上海核心地位。进一步强化上海国际大都市的综合服务功能，充分发挥服务全国、联系亚太、面向世界的作用，进一步增强高端服务功能，建成具有国际影响力和竞争力的大都市。加大自主创新投入，尽早形成一批国际竞争力较强的产业创新基地和科技研发中心，发挥自主创新示范引领作用，带动长三角地区率先建成创新型区域。

《长江三角洲地区区域规划》提出城镇体系发展整体思路，重点优化沪宁、沪杭沿线城镇功能，加快沿江、沿（杭州）湾城镇发展，做大沿海和宁湖（湖州）杭沿线的城镇规模，逐步建成以上海一级中心城市为核心，以南京、杭州、苏州、无锡、宁波等副中心城市为支撑的世界级城市群和城镇体系。要发挥上海的龙头作用，努力提升南京、苏州、无锡、杭州、宁波等区域性中心城市国际化水平，走新型城市化道路，全面加快现代化、一体化进程，形成以特大城市与大城市为主体，中小城市和小城镇共同发展的网络化城镇体系，成为我国最具活力和国际竞争力的世界级城市群。到 2015 年，长三角地区率先实现全面建设小康社会的目标；到 2020 年，力争率先基本实现现代化。

（二）长三角城市之间分工协作问题与区域协调发展构想

一方面，上海作为长三角核心城市，应当能为长三角经济发展提供各种服务，包括金融服务、商贸服务、吸引外资、信息服务、技术创新与协作、交通枢纽与外贸口岸的作用。另一方面，长三角城市也促进了上海城市发展，从而提升城市群的整体竞争力，周边城市的发展也是上海进一步提升城市能级不可缺少的补充。周边城市对上海的作用与影响包括接受产业转移，提供人力资源，疏散过于密集的人口，提供旅游与休闲基地，提供农副产品与初级工业品。上海在迈向国际性大都市的过程中亟须解决的难题，诸如人口过度集中、交通拥堵、环境污染、商务成本不断攀升与城市空间呈饼状放射等问题，这些问题的解决有赖于长三角其他城市对上海的支持。只有中心城市与周边城市建立起良性的分工与协作关系，才能形成整体的区域竞争力。

然而，长三角城市之间分工与协作还没有得到充分发展。例如，长三角沿海沿江城市竞相定位为港口城市，导致码头大量重复建设；沿交通干线分布竞相依托本地的自然与人文景观定位为旅游城市，由此导致旅游产业的规模经济性降低。上海目前除了在金融、汽车和成套设备制造以及航天等领域拥有一定的领先优势外，在其他产业领域与苏锡杭等地基本上处于同一发展水平。

针对这些问题，《长江三角洲地区区域规划》提出区域协调发展的方案，即加快核心区发展。以上海为龙头，以南京、杭州为两翼，增强高端要素集聚和综合服务功能，提高自主创新能力和城市核心竞争力。核心区其他城市要抓住上海优先发展现代服务业和先进制造业的机遇，协同推进产业升级、技术创新和集约发展，增强现代产业和人口集聚能力。推动城市之间的融合，加快形成世界级城市群。促进苏北、浙西南地区发展。充分利用苏北地区的土地、劳动力和能源资源优势，建立长三角地区优质农产品、能源、先进制造业基地和承接劳动密集型产业转移基地。充分利用浙西南地区民营经济发达的优势和山区资源条件，建设长三角地区先进制造业基地、绿色农产品基地和生态休闲旅游目的地。加快连云港、盐城、温州等发展潜力较大地区的发展，形成新的经济增长点，带动江苏沿海、东陇海沿线和浙江温台沿海、金衢丽高速公路沿线地区发展。依托上海设在盐城的三个农场，建设承接上海产业转移基地。强化核心区与苏北、浙西南地区基础设施的共建共享，延伸城际轨道交通和高速公路，加强上海港与南北两翼港口的合作共建，充分发挥核心区的辐射服务与产业链延伸功能，促进区域共同发展。

《长江三角洲地区区域规划》提出"一核六带"的总体布局思路，强化上海这个发展核心，优化提升沪宁、沪杭甬沿线发展带，重点建设沿江发展带、沿（杭州）湾发展带，积极开发沿海发展带，培育宁湖（湖州）杭发展带，引导发展沿湖（太湖）生态服务带。

"一核"，即强化上海这个核心，充分发挥国际经济、金融、贸易、航运中心作用，大力发展现代服务业和先进制造业，加快形成以服务业为主的产业结构，进一步增强创新能力，促进区域整体优势的发挥和国际竞争力的提升。充分发挥上海作为国内外交通枢纽、长三角地区要素资源配置中心和文化交流中心以及创新源头的作用，整合利用周边地区的资源优势，增强上海集聚和组织引导能力，以促进区域整体优势的发挥和竞争力提升。

"六带"：一是优化提升沪宁、沪杭沿线发展带，目标是建成具有世界发达水平的都市连绵区域。二是重点建设沿江发展带，充分发挥"黄金水道"的优势，引导装备制造、化工、冶金、物流等产业向沿江地区集聚。三是重点建设沿（杭州）湾发展带，积极发展高新技术和高附加值的制造加工业和重化工业。四是积极开发沿海发展带，培育和壮大港口物流、大型重化工和能源基地，发展新兴的临港产业、海洋经济与生态保护相协调的综合经济带。五是积极培育宁湖（湖州）杭发展带，拓展长三角地区向中西部地区辐射带动功能。重点发展高技术产业、旅游休闲、现代物流、生态农业以及资源加工业，积极培育城镇集聚区，形成生态产业集聚、城镇有序发展的新型发展带。六是引导发展沿湖（太湖）生态服务带，成为全国性重要旅游休闲带和区域性会展研发基地。

（三）长三角的基础设施衔接问题与六大重点交通通道建设

网络化的基础设施是区域经济一体化发展的重要支撑体系。顺畅的交通是区域经济一体化不可缺少的条件。只有在空间连接成网的基础设施，才能提高其运转的效率和使用功能，起到促进区域经济一体化作用。目前，长三角各地基础设施包括交通、能源与通信等缺乏统一规划与联合建设。长三角区域内铁路里程短，港口、机场布局缺乏协调，内河航道通航能力不足等问题正在妨碍着长三角人员与物资的流动速度。长三角基础设施缺乏有效的配套与衔接显然不利于长三角人才、资源与要素流动，必然不利于其经济与社会发展。

针对这些问题，《长江三角洲地区区域规划》将综合交通和能源作为两大重点，提出加快沪宁、沪杭、杭甬、沿长江、沿海和宁湖（湖州）杭六大重点交通通道建设，以及综合运输枢纽建设，重点建设上海、南京、连云港、徐州、杭州、宁波全国性综合运输枢纽，加强苏州、无锡、常州、镇江、扬州、泰州、南通、盐城、湖州、嘉兴、金华、温州、衢州等区域性综合运输枢纽建设。强化各种交通运输方式的衔接，特别是加强铁路客运专线、城际铁路和干线铁路建设及其与港口、空港、城市轨道交通等的衔接。同时提出了煤炭、油气、液化天然气、电力和新能源等基础设施建设方案。

（四）长三角产业同构问题与产业布局战略

长三角各城市之间生产布局重复，产业结构趋同、特点同化等现象较为突出。一方面，由于缺乏统一规划和统一政策，区域经济合作还只有形式上的发展而缺乏内在机制上的进展，各个城市间市场关联度不高；另一方面，长三角地区城市偏重于对外经济合作，而疏于内部经济协作关系的建构，削弱了本土产业竞争力。大多数城市把电子、汽车、机械、化工、医药等产业作为未来发展的主导产业。在长三角16个城市中，选择汽车为主导产业的有11个城市。从工业行业完成产值情况看，排在前10位的主要工业大类，上海与江苏的同构率达90%，上海与浙江也有7个相同的，许多工业行业在两省一市较为雷同。在长三角地区产业布局方面，随着长三角交通条件特别是跨海大桥、跨江大桥以及高速铁路不断开通，长三角的沿海发展轴将会加快发展。在这样的交通条件与产业转移条件下，许多沿海地区特别是中小城市不断开辟开发区或工业园区，以承接从上海或其他中心城市转移出来的产业。这些工业开发区普遍存在着分散化的特征，也使产业区与城市存在着分离的状态。长三角地区许多城市在内部产业布局上存在着不合理现象。这些现象都不利于长三角地区产业高度化与合理化。

为此，《长江三角洲地区区域规划》提出，要推进产业结构优化升级，加快发展现代服务业，推进信息化与工业化融合，培育一批具有国际竞争力的世界级企业和品牌，建设全球重要的现代服务业中心和先进制造业基地。在服务业方面：上海重点发展金融、航运等服务业，成为服务全国、面向国际的现代服务业中心。南京重点发展现代物流、科技、文化旅游等服务业，成为长三角地区北翼的现代服务业中心。杭州重点发展文化创意、旅游休闲、电子商务等服务业，成为长三角地区南翼的现代服务业中心。苏州重点发展现代物流、科技服务、商务会展、旅游休闲等服务业，无锡重点发展创意设计、服务外包等服务业，宁波重点发展现代物流、商务会展等服务业。苏北和浙西南地区主要城市在改造提升传统服务业的基础上，加快建设各具特色的现代服务业集聚区。在电子信息产业方面，按照立足优势、加快研发、强化协作、促进集群的原则，加快建设世界级电子信息产业基地。发挥区域在电子信息研发、设计、制造及服务方面的综合优势，加快拥有自主知识产权的核心技术研发，促进集成电路、软件、新型平板显示器件、激光显示关键材料与器件、新型电子元器件、电子专用设备仪器制造等产业发展。加强区域产业协作配套能力和分工体系建设，努力打造自主品牌。以国家电子信息产业基地或产业园为依托，打造通信、计算机及网络、数字音视频等产业集群。

（五）推动长三角地区生产要素自由流动

目前，长三角地区在不同程度上仍然存在地区封锁现象，尚未形成符合市场经济发展需要的共同市场和共同法律规则，生产要素流动还受到制约。一些规章与制度还未能很好地适应区域经济与社会发展。一些地方性法规往往异化为行政区域之间的技术性障碍，如行业标准、产品安全法规或卫生法规的区域性差异，对区际贸易交往形成了不合理的限制，从而使要素难以在长三角区域内自由流动，区域之间难以形成基于比较优势的分工与协作，区域的整体优势潜力没有充分发挥。

为此，《长江三角洲地区区域规划》提出，深化政府机构改革。支持上海率先实行职能有机统一的大部门体制，完善农业服务、综合交通协调、社会保障与人力资源管理、食品药品安全监管等体制机制。优化政府管理层次，加快江苏、浙江省直管县（市）体制改革，扩大县级政府经济社会管理权限，增强市、县

（市）政府提供公共服务的能力。明确行政执法权限，完善行政执法程序，规范行政执法行为。健全基层行政管理体制，对江苏、浙江具备一定人口规模和经济实力的中心镇赋予部分县级经济社会管理权限，探索中心镇行政综合执法管理体制改革。研究建立区域统一的政府绩效管理制度，完善政府绩效管理体系。

总之，通过世博会的效应推动，长三角地区的产业结构层次趋于清晰，上海作为长三角城市群的核心地位得到加强，有利其发挥聚集与扩散作用。高速铁路为长三角地区的经济一体化与生产要素流动提供了必要的物质基础，大交通与真正一体化的来临将改变长三角城市居民的生活与工作方式，"同城效应"逐渐显现，长三角地区正在形成 1~2 小时经济圈。《长江三角洲地区区域规划》为长三角地区及其城市群发展指明了方向，确定了发展的目标。在新的时期，一个内部结构合理、分工与协作关系明晰的世界级城市群呼之欲出。

B.7

转型中的上海新城建设与
城市空间结构的调整

陈建勋*

摘　要：世博会之后上海如何转型与发展？仅仅依靠世博会留下的遗产，在世博概念上做文章是远远不够的，上海经济的进一步提升需要从基础做起。加快建设新城，对上海社会经济持续稳定增长、对优化上海城市空间结构、对提升上海城市产业能级、对破解城乡二元结构、对建设低碳生态和智慧宜居城市、对推进长江三角洲区域经济社会一体化发展具有重大作用。为此，必须提高新城建设在上海城市发展中的战略定位，从长三角城市群建设的角度重新定位，从城市功能入手调整建设思路，并尽快制定有别于中心城区的人口导入计划。

关键词：新城建设　城市空间结构　长三角一体化

一　上海新城建设的历程与现状

（一）上海新城建设的几个阶段

上海新城建设始于 1986 年的卫星城建设，1986 年，《上海市城市总体规划方案》由国务院批复，明确提出要"充实和发展卫星城"，这是上海第一部正式得到批准的城市总体规划。1986～1998 年，上海卫星城进入大规模建设阶段。

进入 21 世纪，上海郊区建设和发展揭开了新篇章。1999 年，《上海城市总

---

* 陈建勋，上海社会科学院部门经济研究所副研究员，经济学博士，主要研究方向为产业经济、城市与区域经济等。

体规划（1999~2020 年）》提出了"多核、多轴、多层"的城镇体系框架，提出了打造宝山、嘉定、松江、金山、闵行、青浦、南桥、惠南、城桥及空港新城和海港新城共 11 座新城，以促进郊区城市化进程与中心城区人口疏解。

2001 年 1 月，上海市政府《关于上海市促进城镇发展的试点意见》明确上海"十五"期间重点发展"一城九镇"，即重点建设松江新城和安亭、浦江、朱家角等九个中心镇。"十五"规划期间，在大力构建"一城九镇"的规划和建设中，上海市逐步完善城建制度，适时顺应出台了各项政策和规范，有力地促进了上海市郊城市建设，取得了积极成效。

2006 年初，上海通过了《上海市国民经济和社会发展十一五规划》，规划中明确了郊区近期发展嘉定、松江、临港三大新城，远期发展闵行、宝山、青浦、金山、南桥、城桥等在内的九大新城（见图 1）的目标，规划总人口 540 万人，其中三个重点发展新城总人口规模在 270 万人左右。由此，上海新城建设进入大规模实施阶段。

图 1　"1966"城镇体系中的九大新城

资料来源：陈群民、吴也白、刘学华《城市规划学刊》2010 年第 5 期。

目前，新城基本在"1966①"城镇体系的框架下推进。从总体来看，除松江新城开发启动较早，城市形态基本形成，临港新城在市政府主导下较好完成第一个五年各项开发建设目标之外，其他新城基本上还处于规划建设的起步阶段，尚未形成一个城市功能完善的新城。

（二）上海新城建设现状与特点

上海新城建设以松江、嘉定、临港、宝山等最具特色。

1. 松江新城——与长三角融合建城的经验

2010年10月26日，沪杭高铁通车，沪杭高铁松江南站位于松江新城南部区域的中心位置松江区永丰街道。到2013年，轨道交通9号线南延伸也将建设至此。加之正在建设的铁路金山支线，已建成的G1501、S32高速公路等，密集的、立体化的交通基础设施建设以及黄浦江黄金水运航道网络，将为松江新城建设带来发展机遇。松江新城利用其区位优势，正大力发展与长三角的产业融合，包括高新技术产业、现代服务业、高等教育基地、旅游业等。

2. 嘉定新城——工业城与城市建设品位的关系

嘉定新城是工业之城。嘉定是上海大众汽车公司所在地，在汽车产业方面，一批国际著名汽车研发企业在该区域内落户，为上海新能源汽车产业发展提供了强大的智力支持。与嘉定新城北部相连的嘉定工业区的规模和品牌效应也不断扩大，已先后建立了上海张江高科技园区嘉定分区、国家留学生嘉定创业园、上海中科高科技园区、上海嘉定出口加工区、复旦复华高科技园区、上海大学国家科技园六个国家级的园区。嘉定新城是品位之城。嘉定依托800年建城史的丰厚文化底蕴和F1赛事承办地的新名片，体现了"传统"与"现代"，"动"与"静"的交融，体现了工业城与城市建设品位的关系。嘉定新城的定位是运动休闲中心、现代化商业服务中心、"总部经济"商务办公区、中高档住宅区、区域性公共文化中心等。

---

① 1966：1个中心城，上海市外环线以内的600平方公里左右区域内；9个新城，宝山、嘉定、青浦、松江、闵行、奉贤南桥、金山、临港新城、崇明城桥；60个左右新市镇，从人口产业集聚发展、土地集约利用和基础设施合理配置角度，集中建设60个左右相对独立、各具特色、人口在5万人左右的新市镇；600个左右中心村，中心村是农村基本居住单元，将对分散的自然村适度归并，合理配置公共设施。

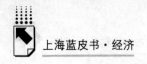

3. 临港新城——高标准建设上海国际航运中心的核心功能区

临港新城发展建设依托洋山深水港和浦东国际航空枢纽港，辐射长三角，服务全国，面向世界，以港兴城，形成港、区、城一体的综合型、生态型、现代化城区。在临港新城的规划中，除了对其航运中心的定位，其建设还将承载四大功能，分别为国际航运物流、现代装备产业集群、洋山文化特色展示与和谐人居休闲旅游功能，在作为现代装备制造业基地的同时，还将成为物流服务业的重镇，建成后将具有国际中转、国际配送、国际采购、国际转口贸易四大功能，成为亚太地区乃至世界最大的物流园区之一。

4. 宝山新城——统筹区域城乡一体化建设的示范区建设

根据2005～2020年上海宝山区区域总体规划，宝山区区域空间布局为："一带、两轴、三分区"。"一带"，沿江功能发展带，即以精品钢和延伸产业，现代物流航运业和观光旅游业为特色的长江、黄浦江滨江发展带。"两轴"，东西向综合发展轴，即以现代新兴城市功能（现代服务业）发展为重点。南北向城市功能拓展轴，即以城镇发展为重点的沿沪太路。"一带"、"两轴"呈"H"形共同构建宝山新城基本发展框架。"三分区"，中心城区宝山部分、宝山新城区、综合产业区。

二 加快新城建设对上海转型与发展的战略意义

（一）对上海社会经济持续稳定增长的作用

世博会之后，上海如何发展，仅仅依靠世博会留下的遗产，在世博概念上做文章是远远不够的，上海经济的进一步提升还是需要从基础做起。加快建设新城，对于上海经济的发展具有巨大作用。主要体现在以下几个方面。

首先，加快新城建设可以拉动需求，创造就业。建设新城需要大量的劳动力和原材料，需要大批的工人来参与建设，需要采购大量原料，促进工厂生产和雇用更多的人员以满足需求。所以，新城建设能够为上海带来更多就业，从而拉动需求，创造就业，促进经济增长。

其次，加快新城建设可以便利上海和周边地区的经济交流。在上海周边星罗棋布的新城将大大缩短和其他周边城市的地理距离，便利的交通将激活上海和其他城市的经济交流和经济往来，成为上海新的经济增长点。

再次，加快新城建设将全面促进上海三次产业的进一步全面发展。目前上海中心城区土地已经是寸土寸金，在这里发展农业、工业完全不具有可行性，只有在周边寻求新的发展才是出路。实践证明，第一产业和第二产业向周边转移是成功的。宝山的工业，张江的高科技产业，嘉定的汽车产业，都是在上海周边成功地扎根、发芽、成长的。服务业是不能完全脱离其他产业的，第一产业和第二产业在周边的蓬勃生长，必定引导第三产业在那里生根和发芽。这样，新城建设即将全面促进上海三次产业发展。

最后，加快建设新城使得上海基础设施进一步完善，基础设施的进一步完善又反过来促进经济的繁荣。放眼海内外，城市的基础设施从来都是经济发展的必需设施，没有哪个发达的经济体的基础设施是落后的、欠缺的。落后的基础设施必然阻碍经济的发展，只有加大上海基础设施建设的力度，才能使上海经济增长得到充足的后勤保障。

（二）对优化上海城市空间结构的作用

上海老城区的容纳能力已接近饱和，其拥挤程度有目共睹。中心城区的交通、停车以及日常超市购物排队都成为市民头疼的问题。上海城市空间目前已经是发展的瓶颈，制约着上海的进一步发展。为突破这一瓶颈，上海需要从两个方面着手。

一方面，上海需要优化现有的空间，整理凌乱的城市以节约空间。建设新城对于优化上海城市空间起直接作用，新城建设完成后将有效扩大上海的城市容量，将有效解决上海城市拥挤问题。在不远的未来，嘉定将全面建成工业型的城区，闵行也进一步发展工业，这两个地区工业用地相对充足，将主要承担上海的工业功能。原南汇和青浦则是发展农业的不二选择，其优良的土地保障了产出，可以供应上海的基本需求。而原来散落在中心城区的一些产业则可以搬迁至新城，实现产业集中，同时也为老城区和中心城区腾出空间，实现双赢。

另一方面，上海需要建设新城来扩大城市容量。城市容量扩大会引导居民流向新城，居民流向新城又会带来人气，实现新城的繁荣发展。轨道交通线在优化上海城市空间的作用功不可没，上海城市空间的扩大带来的优点是便利，缺点是分散，地理上距离的限制会割裂一个个新城，也会割断新城和中心城区的联系。

149

目前，上海轨道交通已经覆盖了上海大部分城郊。从郊区到市中心越来越便捷，郊区房价较低，对人们的吸引力也越来越大，因此，人们正日渐打破传统中心城区和郊区的观念。

轨道交通成为新城建设成败的重要环节，因为只有轨道交通才能给新城带来人气，才能降低人们的出行时间和金钱成本。现在，上海的轨道交通已基本满足了大部分居民的城市内日常出行需求，未来上海还有更多的轨道交通建成，轨道交通通往哪里，哪里的新城发展就有了保障。新城建设成功，才能够扩大上海城市空间。由于居民分流到新城，中心城区的拥挤将会得到缓解，由拥挤导致的矛盾也能够被部分化解。这对于上海中心城区和新城都是有利的。

（三）对提升上海城市产业能级的作用

上海目前产业集中在二产和三产中。放眼全球，产业集聚是世界范围内新的产业布局的主要趋势。产业聚集的优点在于，形成产业链基础，通过共享服务、信息、人才和其他基础设施等资源，形成更加有效的分工与协作，从而达到提高城市竞争力的战略优势的目的。在过去十多年，上海经历了产业的高速发展，已经积累了相当的实力和影响力。现在，市场竞争日趋激烈，企业谋求新的优势，政府谋求社会进步进一步发展，国家需要建立新的战略优势，各方面都迫切希望产业能级的提升。产业能级的提升，除了企业要依靠技术进步，还需要政府提供全方位支持。政府加快建设新城，就不可避免地需要吸引企业来到新城，发展新城，企业在新城集聚能够提升产业能级。

首先，加快建设新城能够促进产业集聚，给企业提供新的发展机遇。上海张江是全国著名信息产业聚集的产业园区。园区内的企业共享资源，形成集群优势。截至 2009 年底，园区进驻企业达 1650 家，累计完成固定资产投资额 1108 亿元。2009 年，园区工业总产值 444.9 亿元；经营总收入 1021 亿元；固定资产投资 82.8 亿元；吸引投资总额超过 100 亿元，其中吸引合同外资 9.48 亿美元，吸引内资企业注册资本 36 亿元。园区累计申请专利 17620 件（2009 年 3387 件），授权专利 4128 件（2009 年 910 件）。张江高科的成功，正是高科技企业集聚，资源共享才打开局面、实现产业能级提升的。现在，张江园区内的信息技术企业都以自己处在张江高科技园区为优势。

其次，加快新城建设会加剧企业的竞争，促进企业不断进步，淘汰落后产能，增加创新投入，从而通过技术进步实现产业升级。企业集聚不仅仅能带来新的机遇，也会带来新的挑战。竞争对手不仅仅是资源共享、合作共赢的朋友，更是市场竞争的对手。而竞争驱动力是企业生存的动力，企业只有在竞争中不断超越自我，不断创新才能在市场竞争中生存。

最后，在新城企业焕发活力的同时，没有进入新城园区的企业也会因为行业的发展而不得不进步，否则就会被淘汰出局。全行业的进一步发展就会成为产业的进步，产业进步的积累最终导致产业能级的提升。

（四）对破解城乡二元结构的作用

改革开放以来，上海郊区城市化建设一直在快速推进，城乡二元结构却没有得到根本性改变，中心城区与郊区之间的经济社会发展差距明显，但是上海郊区新城的建设则为城乡一体化发展提供了有力的抓手。

一是增加农民收入，提高农民生活水平。农民收入低的问题是导致城乡二元结构的中心问题，新城建设为农民增收创造了一个新的发展环境。利用以工业、服务业为主的新城经济结构逐步代替农村以农业为主的经济结构，使农民把围绕农村发展转变为围绕建设新城来发展，把依靠发展农业来提高收入转变为依靠发展新城产业来提高收入。提高农业规模化、产业化水平，发展新城产业使农村经济中的工业、服务业一起发展，一起壮大，农民收入同步增加，生活水平也大幅度提高。新城建设发展的同时，必然要吸纳大量的农村劳动力，可以有效地减少外出打工的农民工的数量，缓解中心城区人口激增的压力，也可以化解农民工进城所引发的各种矛盾，确保社会稳定和经济正常发展。

二是提高郊区农业的核心竞争力。人多地少是中国的基本国情，在较少的土地上投入大量的劳动，是我国农业缺乏竞争力的根本原因。郊区新城的建设可以促使农民大规模地向新城转移，清退出很多可以耕种的非农业生产用地，整合农村土地资源，普及先进农业机械和农业技术，提高农业生产的专业化和规模化程度，从而增强郊区农村的整体实力。另外，通过新城支柱产业的培育以及新城城市功能的完善，可以为各类涉农产业的延伸发展创造良好条件，最终形成郊区农业与城市的相关产业相辅相成，融合发展的局面。

三是推进郊区工业化的快速发展。上海郊区新城的建设可以促使农村剩余劳动力进一步向非农产业转移，这在一定程度上可以为郊区第二、第三产业的发展提供充足的劳动力，促使郊区工业、服务业快速发展，实现农村从传统农业向工业、第三产业过渡。另外，郊区新城的建设还可以推动郊区农村资源的规模化和集约化发展，以郊区新城产业园区的发展为导向，集中农村零散的资源，使各种向农村分散投放的资金逐步向郊区新城建设区聚集，使郊区逐渐向工业化、城市化发展过渡，推进郊区农村城市化和工业化发展，最终实现郊区城乡一体化发展。

（五）对建设低碳、生态、智慧、宜居城市的示范作用

低碳作为驱动技术革命的核心要素，是城市经济社会可持续发展能力的重要指标。城市曾经被认为是不适合推行绿色低碳技术的，原因是空间狭窄、人口稠密、自然资源缺乏，绿色低碳技术所带来的积极效应很难得到有效的发挥。但是通过郊区新城的建设，将低碳技术和传统制造业的产业结构调整相结合，便可以发挥出巨大的效应。郊区新城的建设为低碳城市的建设提供了良好的平台，目前上海九个新城中已初步确定两个低碳示范区，分别是崇明新城和临港新城。崇明新城通过引进世界先进技术，建设低碳社区，发展低碳农业，探索新型旅游发展方式等实践，努力打造崇明生态岛。同时，临港新城在风能、光电、绿色物流方面推进的低碳实践，对上海乃至全国发挥了积极的示范作用。

生态、宜居是城市竞争力的重要体现，是以人为本和可持续发展的根本要求。郊区新城的建设能够有效地降低中心城区的居住人口密度，又可以充分利用市郊优越的自然资源，为建设出环境更加优美的现代化住宅小区创造空间，从而既增加了住宅的面积，也全面提升了社区的生态环境和居民的生活质量。青浦新城是上海生态宜居城市的实践基地，在青浦新城的规划建设中，注重全球化与本土化结合，传统与现代结合，尊重历史、以人为本、面向未来，努力创造具有上海特色、富有人文精神和人文关怀的现代人居环境。它明确提出应该注重"人文关怀"，发展"适宜人居住的、亲水的、生态的、亲切的、中低密度居住区"；充分利用青浦的"水"和"绿"的优势，注重完善社区服务和配套功能，大力营造公共空间和社区氛围，为上海生态宜居城市的建设起到了良好的示范作用。

智慧之城的建设主要是将信息技术广泛应用于城市基础设施以及政治、经济、文化、社会生活等各个领域，使城市变得"聪明"起来。随着科学技术的

发展，智慧城市的建设永远不会停止，并且处于不断变化之中，而新城的建设则为智慧城市的建设提供了良好的实践平台。上海南桥在新城建设过程中，始终把为市民提供更高的生活品质作为智慧城市建设的根本目的，全力构筑公共信息服务、城市管理服务和公共基础设施三大平台，全面打造智能化产业园区、信息化城市，探索以数字化平台为基础，集中式管理、智能化运行的城市管理服务新模式。通过新一代信息技术和互联网技术实现城市中各个功能的彼此协调运作，让企业和个人享受到城市智能化所带来的便利，为智慧型城市的建设起到了良好的示范带头作用。

（六）对推进长江三角洲区域经济社会一体化发展的作用

改革开放以来，杭州、苏州、无锡、宁波等长三角城市得到了快速发展，城市实力得到了大幅提升，但是上海与江浙接壤的郊区发展却较为缓慢，综合性的郊区新城建设滞后，不能形成与长三角有效呼应的城市群，从而直接影响了上海在长三角的龙头地位。特别是近年来，随着国家高铁、动车组、城际轨道交通建设的推进以及杭州湾大桥、崇明隧桥的开通，江浙地区新形成的城市群对上海中心城区的"反磁力"作用日益增强。所以上海要加快新城建设，以充分发挥其在长三角区域经济一体化中的作用，促进资源优化配置（见图2）。

一是促进长三角城市群的合理化布局。从长三角区域整体的角度来考虑，在上海新城建成以后，可以把贸易、金融、创新科技、信息等产业放在中心城区，使区域经济中的上海中心城区既是上海市域内的龙头，又是长江三角洲区域经济的总调度室和总服务站。同时，把层次较低的工业一层一层地分离到郊区新城，使郊区新城协调于中心城区的发展，又服务于长三角其他地区的发展，凸显新城在长三角城市群中的"层次关系"。而且，上海郊区新城的建设可以把长江三角洲地区的特大型城市、大城市、中等城市、小城市层层相连，并连向中心，形成全面而又重点的塔形关系的功能链，优化城市带布局，促进长三角城市体系的全面协调发展。

二是发挥长三角区域经济发展的带头作用。从上海经济总体的角度来考虑，加快上海地区的新城建设，促进各个新城发育成为真正意义上功能相对完善的中等城市，可以进一步带动郊区的发展，促进上海经济实力的全面提升，从而巩固上海在长三角中的龙头地位。另外，上海新城的建设还有助于转变上海与长三角

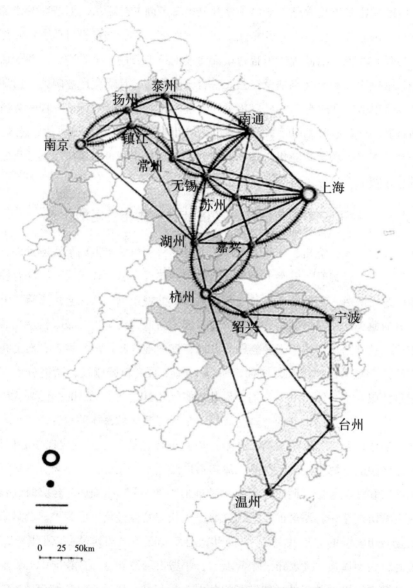

图 2 长江三角洲城市带交通网络示意图

资料来源：张晓明《长江三角洲巨型城市区特征分析》，《地理学报》2006 年第 10 期。

地区联系、交流、辐射模式，从目前的上海中心城区对长三角多个城市的模式转变为上海区域内城市体系的多个城市面对长三角多个城市，提高上海对长三角地区经济辐射的效率，促进长三角经济一体化发展。

三是促进长三角整体联动发展。从城市功能的角度来考虑，上海新城建成后，可以作为上海中心城区与长三角广袤腹地之间能量传输的中间层次和重要纽带，发挥上海与江苏、浙江等省市的整体联动发展效应。从空间上、时间上增强这个地区的开发开放合力，促进长三角建成特大型国际性城市带。上海郊区新城可以利用自己的产业特色和上海的国际化优势，高起点地搭建专业性的市场平台，在市场链中发挥至关重要的作用。特别是位于沪杭线上的松江新城和位于沪宁线上的嘉定新城和青浦新城，可以充分对接长三角，调整新城主导产业，通过产业链的关联延伸，使上海在长三角地区产业链的形成中发挥龙头作用。

三 上海新城建设中亟须解决的若干问题

（一）提高新城建设在上海城市转型与发展中的战略定位

郊区新城产业结构不够合理，城市功能不够完善，人口导入缺乏成效，以致中心城区的人口、产业依然无法有效转移、城市交通依然拥堵，上海单中心城市结构弊病依然突出。而导致这些问题产生的根本原因正是郊区新城建设还远未被提升到城市发展战略核心的地位。

首先，新城建设的实施需要市级政策的充分的重视。上海在全市"十五"、"十一五"规划中虽然提出了推进郊区城市化、建设新城的目标，但受各种因素的影响，上海城市建设的重点仍然一直集中在中心城区，新城建设启动近十年来实际上没有上升到城市战略的核心地位。

其次，区级规划对自身城市功能定位较低。在实际操作中更多地将新城建设的意图理解为面向本地农民、解决区内"三农"问题的本地城镇化，对于主动承担起"反磁力中心"角色考虑不足。没有充分认识到将新城建设成为具有完整功能的城市的重要性，而更多的是将新城定位为单纯的"卧城"或"产业城"，没有意识到新城应当是一个具有复合功能、能实现自我服务的完整城市。

此外，现代化大城市同时存在向心力和离心力。工业集中、交通运输方便、服务设施齐全是向心力产生的根源；城市的若干工业远离原料产地并缺乏扩展空间，城区环境污染、交通混乱、居住条件恶劣，又形成人口的离心力。依照"二战"后国际社会城市建设所流行的"反磁力吸引体系理论"，在上海城市发展的关键时期，必须建立一个抵消大城市向心力的郊县体系。而这种城镇体系在规划初期就要有一个较高的起点，要充分利用中心城区的离心力，并使之成为自己的向心力；因地制宜开发资源、发展工业、吸引就业，加强区域协作和产业联动性；合理安排交通服务和其他设施，综合开发高速交通线网，加强区域内部联系；合理安排行政、文化、科学中心，均衡布局生活、娱乐、旅游、服务设施，提高人居舒适度；建立环保意识，确保人与城市的和谐发展，形成以综合职能城市为中心，并与各种专业化城镇相结合的城镇群，保证新城经济合理、又独具特色吸引力的同时，实现上海郊县和中心城区与长三角城市群的有机结合。

因此，要建设既能适应社会化生产的专业化和协作要求，又能在生产、生活等各方面具有足够的吸引力的上海新城，就必须站在长三角城市群的整体高度，同时也要充分考虑单个新城建设的功能独立、完整性，只有这样，才能真正保障在上海新城建设过程中其自身的主体性、完整性和独立性，促进上海城市建设的整体功能提升和结构优化，为上海进一步发展为具有国际影响力的大型现代都市提供可持续的发展动力和上行空间。

（二）从长三角城市群建设的角度定位新城建设

上海郊区地处上海与长三角的结合区域，建设结构合理、功能突出、定位准确的郊区新城，使其成为上海中心城区与长三角广袤腹地之间能量传输的中间重要纽带，对于增强上海的城市辐射集聚力，构筑"多中心"国际性大都市，乃至进一步推进长三角区域一体化的发展都有着重要的意义。然而，上海上一轮新城建设的视野只局限在市域范围内，尚未从长三角城市群的角度审视、定位，从而对每个新城在服务、对接长三角中所扮演的角色和地位缺乏明确和统一的认识，这直接导致了一些重要新城的规划起点过低，对于与长三角的联动发展考虑不足，影响了其集聚与辐射功能的形成。

1. 立足长三角是上海新城均衡发展的有效手段

在上一轮新城建设规划中，由于大多新城对其在服务、对接长三角中所扮演的角色和地位缺乏明确和统一的认识，从而导致其规划起点过低，大多数新城与原有工业园区和城市配套服务业之间缺少联动，新城产业分布也缺乏整体性规划，因此上海郊区区域经济呈现发展不平衡的态势。即明显的西、北强，东、南弱的格局，其中西南边缘面积广阔的金山和奉贤区 2009 年区级财政收入分别为23.95 亿元和 31.96 亿元，占 19 个区县级财力比重仅为 4.36%。而率先与长三角融合发展的松江新城 2009 年财政收入为 67.3 亿元，占全市财政总收入的5.24%。从上海新城在长三角中的区位分布图（见图 3）中可知，嘉定新城、青浦新城和金山新城毗邻江、浙两省，更应该结合自身发展特点，在区域整体框架中制定相应的产业发展计划；随着长三角交通迅速一体化和新的发展轴形成，边缘区崇明以及西南三区位优势得到明显的改善。上海郊区新城将成为连接长三角的桥头堡和重要的物流通道，为相对后发的远郊区县发展带来历史性机遇，区域经济格局将沿着四大发展轴进行重组。

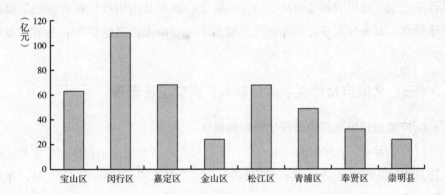

图 3　2009 年上海郊区地方财政收入情况

资料来源：作者根据《上海统计年鉴 2010》绘制。

2. 立足长三角打造具有区域特色的上海新城

在最新公布的长三角区域规划中指出，整个区域将坚持走新型城镇化道路，增强城市功能，构建完备的城镇体系，推进城乡一体化发展，建设具有较强国际竞争力的世界级城市群。同时规划对上海嘉定、松江、临港新城建设进行了明确的定位，这意味着上海正把郊区新城建设和城市功能的提升作为城市调结构、转方式的新载体，探索产业与城市融合的新途径。

在区域规划中，依托"沪宁高速"等交通网络，嘉定新城将重点发展以汽车产业为依托的现代服务业，建设集科研教育、运动休闲、生活居住、商业贸易、文化娱乐、旅游度假和都市工业等功能于一体的现代化城区；松江新城将依托"沪杭高速"等交通网络，以高技术产业为支撑、现代服务业为导向，建设长三角地区重要的高等教育基地、适宜居住的生态园林城区、具有历史文化底蕴的旅游城区；临港新城将依托集装箱国际深水枢纽港、国际航空枢纽港，建设以现代装备制造为核心的重要产业基地、具有海港特色的旅游目的地和综合型滨海新城。除了"十一五"重点规划发展的三大新城外，也应当将其余六座新城放诸于长三角区域内整体定位。首先，将距离中心城区位置近的宝山新城、闵行新城区在功能上定位为中心城区的"拓展区"；其次，凭借青浦老城的城镇化基础，依托面向长三角腹地的交通区位优势，将其规划发展为面向长三角腹地的枢纽型新城。将奉贤南桥新城打造成上海临海经济带中重要的 CBD 功能区；最后，金山新城、崇明城桥新城位于上海最南端和最北端，开发相对滞后。依据其传统产业发展优势和交通区位特点，将金山新城和崇明城桥新城分别定位成以建设化工服务区为核心的国际化工城和上海沿海大通道建设中重要节点型城区。

（三）从城市功能入手建设新城，调整建设思路

1. 产业城建设思路的路径依赖和局限性

与发达国家的国际性大都市相比，上海市在经济发展水平和城市化水平相对较低的情况下较早地进入了郊区化阶段，这主要是由特殊的制度背景与经济发展状况造成的。

我国国情和上海城市经济与社会发展阶段及特征决定，上海的郊区化进程主要不是由市场主导而是由政府主导的。其郊区化主要体现在，通过市级政府的产业规划转移与地方政府的招商引资，以产业园区为导向，形成零星的产业城，带动周边相关产业与服务业的需求与发展，促进区域乡镇的城市化进程，这种发展模式具有强烈的路径依赖的特征。这种产业城建设的思路过于简单，而且形成了对市政政策的过度依赖，没有有效发挥市场的作用，也限制了上海新城综合功能的协调发展。

目前，上海郊区新城发展相对滞后。除了松江新城已具规模，嘉定初具新城形态之外，上海郊区新城聚集功能不强，服务功能还不完善。新城还没有能够完全分担中心城区过于集中的功能，更没有与中心城区形成充分互补的功能关系。

而且，由于新城的开发区采用产业城建设的模式，以工业的某一行业为主，生产性服务业配套条件较差，生活性服务业发展相对滞后，导致新城的产业结构并不是完整的，也不是综合性的产业体系。这些状况使新城功能较为单一，宜居程度低，创业环境差。从国际大都市发展经验来看，过度的产业和人口集中以及市郊分离，往往造成城市活力不足和城市发展后劲乏力。当前，上海新城建设亟须以完善新城城市功能为突破口，调整产业城建设思路。

2. 建立具有完整城市功能的上海新城

上海新城建设应以郊县的综合城市职能建设为核心，赋予上海新城的独立性、自主性和完整性，有效承接中心城区的产业转移和人口合理流动，促进上海市域整体性的空间和结构优化，保障各区域的协调发展。

首先，制定和完善郊区产业规划，加快新城产业发展，为新城创造更多的就业机会。对于综合性节点城市，要有特色鲜明、能级较高的主导支撑产业，并以此为依据，在全市范围内进行资源的倾斜配置。依托郊区制造业基础，由市级层面建立扶持政策，引导全球产业链中的后台服务业、企业总部落户新城。制定企业落户新城的优惠政策，对落户新城的企业实行资金支持、信贷扶持和税收返还等一系列政策，鼓励企业落户新城，促进新城的产业集聚与经济发展。营造有利于人才聚居的环境，通过购房税收优惠、经济适用房优先配售、外来高端人口优先落户、人才公寓配给等优惠政策，形成有利于人口向新城集聚机制。同时，加大生活性服务业项目建设，如大型连锁超市、百货、文化娱乐设施等，提高生活便利程度。

其次，加快新城与中心城区之间的轨道交通线网建设。对于新城规划已经明确但轨道交通规划未覆盖的新城，应尽快调整轨道交通规划，对相关线路的延伸进行论证。同时，加强轨道交通短驳公交配置，提高新城与快速轨道交通的匹配度，为新城发展创造条件。进一步改善道路交通条件，为促进新城更好地与市域快速道路网衔接，应加快研究审定有关道路新建改建方案，并早日启动实施，包括：嘉闵高架路、A17快速路、金海路越江工程、宝安公路（拓宽）、浦星路（拓宽）等。以轨道交通站点上进行综合开发为切入点，带动站点沿线设施的开发，重点围绕新城的核心区，加大沿线站点和公交枢纽建设力度，推动商业设施、房地产等项目的投资建设。调整高速公路收费口设置，争取将高速公路收费口进一步后移，降低新城与中心城区之间的交通成本。

最后，按照现代化城市要求配置新城公共服务资源。在社会事业资源的配置上，进一步加大市级统筹力度，引导中心城区优质社会事业资源向新城转移。教育方面，加强中心城区品牌中小学校资源向郊区输出，提高新城九年义务教育与高中阶段的教育质量。医疗方面，在引入上海三级甲等医院的分院基础上，完善医疗卫生人才引进激励制度，加强三甲医院分院属地化管理。文化体育方面，加快公共文化、体育设施建设，在全市的文化、体育功能性项目的配置上进一步向新城倾斜。在社会事业资源的开发操作上，坚持分类指导、梯度开发。应当根据九大新城的城市能级高低的不同，设置不同的社会事业资源等级标准。对于综合性节点新城应当加大高等级社会事业资源的配置，对于一般性节点新城则应适度控制，避免资源浪费。同时，随着新城开发进度的推进和人口逐渐导入，应动态追加社会事业资源，不可强求一步到位。在社会事业资源的开发模式上，可面向国内外引入多元化的开发主体。在社会事业资源的分配使用机制上，应突出开放性。明确将新城的教育、医疗等社会事业资源向外地尤其是长三角区域开放，通过提供较高品质的公共服务来吸引外省市高素质人才集聚，进一步加快新城功能的形成。

（四）尽快制定有别于中心城区的人口导入计划

产业革命以来，尤其是近几十年的世界人口城镇化的实践经验表明，人口、资本等要素的聚集效应是保证大城市高产出和高收益，领先于中小城市发展的必要因素之一。要推进上海经济的持续、快速、稳定、健康发展不能仅仅依靠结构调整和技术进步，更要保持较大强度的高素质人口净迁入。新城建设可以疏解中心城区人口压力，实现城市人口的合理分布，因此必将成为迁入人群的目的地。

按照产业布局规划，未来上海中心城区将重点发展金融、贸易、科技、信息、管理等现代服务业，郊区则重点建设先进制造业、高技术产业和现代农业基地，积极发展生产性服务业，形成合理的产业布局，带动产业转型与升级。不同的产业结构规划，要有对应职业人群，因此这也决定了新城的人口导入计划应该有别于中心城区。

1. 新城人口分布特点

就当前发展来看，由于受通勤距离及生活便利程度等因素影响，加之缺少吸引人才的有效政策和措施，新城对中心城区居民、外来高端人才仍然缺乏足够的吸引力。目前，新城的迁入人口主要包括四类：一是本区城镇居民和农村地区失地农民；二是中心城区和周边区县的动迁人口；三是外省市务工人员；四是诸如大学城教育、医疗等事业单位带来的迁居人口。因此，新城迁入人口仍以本地居民为主，人口密度相对较小；同时在产业结构调整过程中高端人才和产业熟练工人也并没有随着产业转移而迁入新城。

2. 人口分布与城市区域功能不匹配

从表 1 中可见，虽然新城建设多年，但是新城人口密度仍远远小于中心城区。据统计，2009 年末上海市常住人口为 1921.32 万人，其中约有 1000 万人集中在 600 平方公里的中心城区，而另外 1000 万人口分布在近 6000 平方公里的非中心城区。机械式的人口导入方式并不能有效疏散中心城区人口，因此不能有效

表 1　2009 年上海各区、县土地面积、常住人口及人口密度

地　区	土地面积 （平方公里）	年末常住人口 （万人）	其中外来人口 （万人）	人口密度 （人/平方公里）
浦东新区	1210.41	419.05	128.79	3462
黄浦区	12.41	53.20	8.95	42869
卢湾区	8.05	26.94	4.61	33466
徐汇区	54.76	96.27	14.11	17580
长宁区	38.30	64.40	9.29	16815
静安区	7.62	24.84	3.05	32598
普陀区	54.83	113.59	22.70	20717
闸北区	29.26	76.03	12.00	25984
虹口区	23.48	77.08	8.63	32828
杨浦区	60.73	120.62	14.33	19862
闵行区	370.75	181.43	74.61	4894
宝山区	270.99	136.55	36.26	5039
嘉定区	464.20	110.54	51.34	2381
金山区	586.05	69.10	16.35	1179
松江区	605.64	118.99	60.69	1965
青浦区	670.14	81.55	35.28	1217
奉贤区	687.39	81.90	29.59	1191
崇明县	1185.49	69.24	11.35	584
全　市	6340.50	1921.32	541.93	3030

资料来源：根据《上海统计年鉴 2009》的数据编制。

缓解中心城市交通、就业、环境压力。同时不对应产业发展的人口导入还将可能延缓新城的工业化、阻碍上海先进制造业和现代服务业的发展。这具体表现为：一方面，新城以本地人口及低端劳动力为主的人口结构，很难进一步创造强大的消费及服务需求，对新城产业功能的形成也很难提供支撑；另一方面，市区老年人口比重过高、青少年人口比重偏低，人口结构的不平衡将导致劳动力供给不能对应其现代服务业发展的产业需求。2009 年上海户籍 0～14 岁青少年人口为116.8 万人，所占比重仅为 8.3%，低于全国 10.2 个百分点；2009 年上海户籍60 岁以上老年人口占全市户籍人口的 22.53%，比 2008 年上升了 0.92%，而2008 年世界人口老龄化程度最高的国家为 23%～25%。这样的人口结构在产业劳动力供给方面对现代服务业具有抑制作用。2009 年上海各区、县户籍人口年龄构成如表 2 所示。

表 2　2009 年上海各区、县户籍人口年龄构成

单位：万人

地　区	合　计	17 岁及以下	18～34 岁	35～59 岁	60 岁及以上
浦东新区	272.28	31.17	66.76	116.20	58.15
黄　浦　区	60.25	5.45	14.67	26.12	14.01
卢　湾　区	30.74	2.49	7.47	12.95	7.83
徐　汇　区	90.64	9.47	22.92	36.61	21.65
长　宁　区	61.39	5.34	17.58	24.58	13.89
静　安　区	30.84	2.94	7.14	12.77	7.99
普　陀　区	87.27	7.85	20.66	38.44	20.32
闸　北　区	69.14	6.25	16.54	30.71	15.64
虹　口　区	79.28	7.15	18.56	34.42	19.15
杨　浦　区	108.63	9.00	29.43	45.93	24.27
闵　行　区	94.28	11.64	23.79	38.71	20.14
宝　山　区	86.43	9.29	19.74	38.39	19.01
嘉　定　区	55.02	6.23	12.14	23.69	12.96
金　山　区	51.73	6.18	10.71	23.88	10.97
松　江　区	55.94	6.93	14.10	23.47	11.43
青　浦　区	45.94	5.51	9.80	20.78	9.84
奉　贤　区	51.88	6.26	11.41	23.12	11.08
崇　明　县	69.02	6.96	13.70	30.99	17.37
全　　市	1400.70	146.11	337.12	601.76	315.70

资料来源：根据《上海统计年鉴 2009》的数据绘制。

3. 影响新城人口导入的因素分析

在新城建设发展过程中，由于其产业分布、交通区位条件以及发展政策等各方面的差异，不同新城的人口集聚程度也有相当大的差异。具体表现在近郊区内浦东新区、闵行、宝山区的人口吸聚能力较强，而嘉定区由于不具备其他区所具有的独特发展条件、浦东新区强有力的政策支撑、闵行区得天独厚的交通区位条件以及宝山强大的产业支撑等，因而在人口吸聚能力方面具有一定的差距。可见，产业分布和经济发展、交通区位和政府政策等因素对新城人口导入计划都有着重大的影响。

首先，经济发展水平决定了其城市化的进程，是新城人口导入的主导因素。该区域产业分布状况、经济发展水平、商业发展情况等都会刺激人口的聚集和对劳动力的需求，从而反映为区域人口的稳定增长。

其次，社会环境和城市基础设施建设水平是新城人口发展的重要条件。新城的教育质量、医疗、文化、体育、交通、公共安全等是其经济和社会发展的重要指标，是城市居民生活高水平发展的载体。尤其是交通设施的发展可以直接影响新城人口的分布状况。新建低速磁悬浮、改造市郊铁路和延伸既有轨道交通等方式必将加速实现新城与市区交通的对接，推进新城的人口导入计划实施。

再次，城市居住环境是人们选择居住和工作的参考因素，它直接影响着居民的生活健康和舒适安全。因此要保证新城人口的持续增长就必须努力树立环保意识、科学地规划城市布局、发展高科技绿色工业，为新城的可持续发展营造良好的居住生活环境。

最后，新城人口的持续增长离不开政府的政策指导。户籍管理制度、人才引进制度、就业政策以及社保政策等都对城市人口的变动起到关键性的作用。

4. 新城人口导入的对策分析

新城的经济发展水平和产业分布是人口导入的主导因素，社会的稳定发展和良好的基础设施是人口导入的必要条件，城市居住的环境是人口导入的重要参考指标，政府的政策会对推进人口导入计划具有指导作用（见图4）。因此，在实施新城人口导入的背后，要以发展新城的特色产业为基础，建立能够提供充足就业机会的多元化产业体系，充分发挥新城的"反磁力"效应；要在尊重城市发展规律的原则上，坚持人口与经济社会协调发展；要根据区域产业规划，定位新城人口类型，建设符合新城目标迁入人群需求的住宅；加快新城交通和公共基础

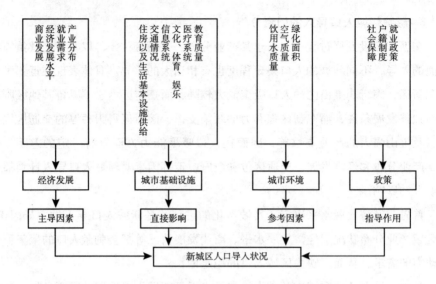

图 4　影响新城人口导入的因素分析

设施建设，完善城市服务功能、提高市民生活质量；制定适当优惠的政策，吸引适合新城经济和社会发展的人口迁入，同时加强对本区劳动力的职业教育培训，促进全区人口结构的优化和人口素质的不断提高。

四　上海新城建设未来发展思路

（一）总体思路

1. 明确战略定位

围绕上海建设全球城市目标，立足长三角城市群，立足上海市域城市群，立足城乡一体化。"城市是区域的中心"。这个定义本身说明区域与城市之间是相辅相成的关系。刘易斯·芒福德提出，"真正的城市规划必须是区域规划"。城市客观上是以区域为发展腹地。新城建设与上海市域城市群规划、长三角城市群规划必须协调起来。

上海需要调整与周边省份的关系，寻求更高层次的区域合作和区域一体化，而不只是强调竞争。上海政府需要说服它们：自愿参与面向全球的区域网络，从中获取利益。为了进一步增强在全球的竞争力，上海本身也必须更多地融入长三角区域城市发展更加密切的合作关系。

新城建设须加强与长三角区域的互动。搭建区域性专业市场平台。在带动周边及长三角地区产业链形成的过程中，市场链的作用是至关重要的。新城可利用自己的产业特色和上海的国际化优势，高起点搭建专业性的市场平台，为提升该产业的整体地位争取话语权。因此，应当加强松江新城、奉贤南桥新城与浙江省内临沪边境城市的合作，鼓励产业转移、跨境投资，加强长三角城市群之间的资源互补和共享，全面提升长三角都市圈的整体实力。

2. 秉持"人文关怀"的建设理念

城市的繁荣和可持续发展是以人的发展为动力的。建设"既适合生活又适合工作的、平衡的、独立发展的新城"。以多元社会生态平衡为目标，保证新城社会经济健康发展。意味着新城建设应具有适宜居住的空间环境，处处体现人文关怀。警惕一段时期各地存在盲目攀比建大广场、大剧场、大草坪等现象，搞所谓"政府形象工程"。国际化大城市在建设郊区城镇中特别重视人居环境的营造。如伦敦米尔顿凯恩斯在布局上改变了传统的邻里单位的概念，将商业服务设施、学校等设置在街区边缘和交通干道附近，为各街区居民提供多个选择的机会，同时还将无污染的小工业设于街区内，形成"环境区"，极大地方便了居民。

新城开发应提供广场、公园以及社区文化娱乐活动场所等多样化的公共场所，兼具个性特色，满足新城居民需要为主。新城是环境优美、生态优良的"宜居城市"，适合于各阶层和社会群体居住生活，而不是空城、卧城，基本出发点是对人的关怀，维护人的尊严和社会发展的平衡。

3. 坚持可持续发展观

由于新城是有意识规划建设的城市，规划设计表层追求完备，容易导致"一次性满规划，不留余地"的方案，设计中缺乏发展的观点。城市是动态发展的，如人口规模、空间布局、城市用地、综合交通和其他基础设施等布局和建设，不可能一次性规划得到满足，在近期、中期、远期规划中，随着城市发展而调整规划。新城建设分期分批进行，预留用地，既要适应近期经济社会发展的要求，又要适当为未来发展留有衔接余地，以适应城市不断变化的要求，实现可持续发展。即将实施的《上海市城乡规划条例》规定评估工作至少五年进行一次，并采取论证会、听证会或者其他方式征求公众意见。

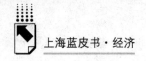

4. 促进产业与城市融合

改变之前将郊区新城当做疏散市区人口的单一居住功能，增加郊区新城功能，探索产业与城市融合的新途径，由产业集聚带动人口的集聚。政府应舍弃既有的以行政手段来确定新城重点产业或产业集群的做法。产业集群的形成往往是特定地区区域优势和历史路径依赖的产物，带有很强的自我演进特点，难以由行政力量撮合而成。政府要做的工作是及时发现和引导不同新城的产业集聚。产业集群通过聚集大量同行业及上下游企业，能通过共享、匹配和学习等微观机制创造优良的环境，为吸引和留住人才创造条件。

（二）新城未来基本布局设想

1. 空间布局

市域空间布局结构按照城乡一体、协调发展的方针，以中心城为主体，形成"多轴、多层、多核"的市域空间布局结构。"多轴"是由沪宁发展轴、沪杭发展轴、滨江沿海发展轴组成，也是长江三角洲城市带的重要组成部分。"多层"是指中心、新城、中心镇、一般镇所和构成的市域城镇体系及中心村五个层次。"多核"主要由中心城和 11 个新城组成。

2. 人口布局

《长江三角洲地区区域规划》指出："上海市中心城常住人口控制在 1000 万以内，嘉定、松江和临港三个新城常住人口规模发展到 80 万～100 万。"上海将严格控制中心城人口规模，中心城常住人口 2010 年控制在 850 万人以内，2020年控制在 800 万人以内。也就是说，上海将加快中心城区人口流向郊区重点发展城镇，吸引农村人口向新城和中心镇集中。

3. 产业布局

未来上海中心城区将重点发展现代服务业，郊区重点建设先进制造业、高技术产业和现代农业基地，积极发展生产性服务业，形成合理的产业布局，带动产业转型与升级。调整优化新城主导产业。特别是位于沪杭－沪宁轴上的松江新城、嘉定新城、青浦新城，应充分对接长三角，研究调整新城主导产业，通过产业链的关联延伸，在长三角地区产业链的形成中发挥龙头作用。

4. 生态布局

资源约束条件下城市发展转型、维护城市生态安全的背景下，新城未来基本布局是在生态网络规划基础上。根据《上海市基本生态网络规划》，形成中心城以"环、楔、廊、园"为主体、中心城周边地区以市域绿环、生态间隔带为锚固、市域范围以生态廊道、生态保育区为基底的"环形放射状"的生态网络空间体系（见图5）。

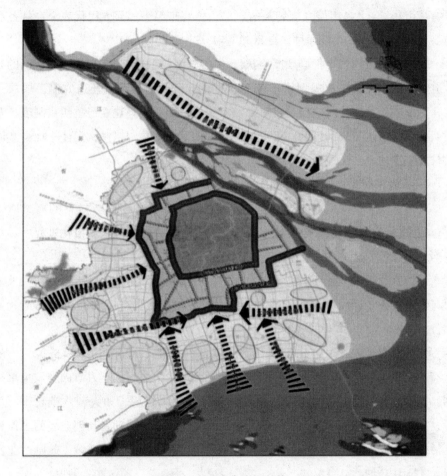

图5 市域生态空间结构

资料来源：《上海市基本生态网络规划》。

（三）推进新城建设的政策建议

1. 颁布实施新城法，使新城建设有法可依

借鉴发达国家新城建设的经验总结，制定新城法来保障。为保障新城建设的

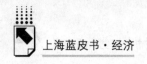

顺利进行，各国都制定了专门的法律条文。英国第一代新城建设的成功很大程度上离不开 1946 年的新城法。法国先由国会通过新城法，使政府及时作出规划、开发建设决策和采取措施成为可能。

政府依据《新城法》，批准成立新城开发公司，划出用地范围等，使新城建设有法可依。《上海市城乡规划条例》已由上海市第十三届人民代表大会常务委员会 2010 年 11 月 11 日通过，自 2011 年 1 月 1 日起施行。

规划和建设项目审批必须严格执行相关法律法规，增强市规划管理部门的行政监督职能，完善城市规划管理备案制度。推行规划行政责任追究制，层层落实，责任到人，强化对建设项目审批及实施的后期监管。建立行政纠错制度，及时纠正各类违法违规的行为。逐步建立新城规划公众参与机制，促使全社会共同监督规划实施。

2. 探索和制定人口导入新机制

新城新增人口的构成主要来自三个渠道：一是市中心疏解转移的高素质人才，二是新城开放吸引来自全国包括全世界的各种人才，三是城市化进程中，很多当地人农转非。

利用财税政策及配套措施的导向作用，有计划吸纳市中心区人口，留住外来人口和高校人才，以尽快形成城市人气。发展特色优势产业和提供多渠道就业岗位。

营造有利于人才聚居的环境。通过购房税收优惠、经济适用房优先配售、外来高端人口优先落户、人才公寓配给等优惠政策，形成有利于人口向新城集聚机制。同时，为吸引人才提供良好的公共服务和生活环境，如大型连锁超市、百货、文化娱乐设施等，提高生活便利程度，使新城成为劳动者和创业者的工作和生活乐园。此外，实行产业技术人才配套政策，开放新城户籍政策，鼓励产业发展人才入住新城。

积极采取措施，帮助外来人口提升自身素质，提供就业、培训机会。促使外来务工人员真正融入新城生活，消除各种人为的歧视。只有全社会形成尊重公民权利和个人经济自由的氛围，才能对高层次人才真正产生吸引力。反之，如果习惯上从阶层、教育、地域的角度对外来务工人员歧视，也不利于社会和谐。

3. 探索投融资新机制，以确保资金投入

城市建设离不开大量的资金投入，仅靠区级财力是不能保证资金供给。在目前大建设、大开发的新城发展阶段，新城要搞活投融资机制，盘活存量资产。

通过政府先期投入行政公共基础设施为引导，激活民间投资，鼓励多种投资主体的参与。实施基础设施民营化，可以缓解政府在新城建设资金的困窘，提高建设效率。制定可操作性的政策，鼓励民间资金投资。也可采取"BOT"、"TOT"等国际通行融资模式。另外，需要市政府的强有力财政政策支持，进一步下沉财力。

4. 加快交通体系建设，以交通引领新城开发

与国际大都市相比，上海轨道交通线网规模不小，但郊区覆盖率低。郊区轨道线网长度在总规模中占比约1/2。新城和市级工业区、老城、重要节点镇之间大运量快速公交连接不足。新城之间、与长三角城际交通的连接不足。新城人气是否旺和综合交通关系密切。

郊区新城依托大运量快速公共交通发展，衔接轨道交通和道路网路以及公共交通。开发建设地铁站、公交枢纽站、公交站、安排公交线路在新城商业繁华，人流、车流密集地段。加快新城与中心城区之间的轨道交通线网建设。对于新城规划已经明确但轨道交通规划未覆盖的新城，应尽快调整轨道交通规划，对相关线路的延伸进行论证。同时，加强轨道交通短驳公交配置，提高新城与快速轨道交通的匹配度，为新城发展创造条件。认真学习西欧的新城建造自行车专用道系统的经验，设计自行车专用道、人行道。也可将其视为一项运动设施，提倡环保出行。

5. 提高社会事业配套设施等级

良好的学校和医院、文化娱乐设施配套是新城吸引力的重要条件。加大市级统筹力度，引导教育、医疗、人文体育等资源向新城有效倾斜，达到现代化城市的要求。建设与现代化国际大都市相匹配的一流的教育、医疗、体育和国际文化交流中心。建设图书馆、博物馆、档案馆、文化馆、美术馆、文化广场等群众性文化设施建设，努力保护城市历史文化遗产。

6. 创新市级统筹的新城开发的体制与机制

上海新城建设应突破当前按行政区划配置资源的现状。"十二五"期间，上海将按照长三角城市群分工协作和建设世界城市的要求，构建互动融合的城乡建设新格局。在市级层面上成立郊区新城建设推进领导小组，协调郊区新城建设，提高新城土地使用效率。同时，设立各区县新城管委会和开发公司，负责新城运营和行政管理。

参考文献

陈群民、吴也白、刘学华：《上海新城建设回顾、分析与展望》，《城市规划学刊》2010 年第 5 期。

傅崇兰：《新城论》，新华出版社，2005。

吴敬琏、黄少卿等：《无锡经验——中国经济发展转型的个案研究》，上海远东出版社，2010。

黄文忠：《上海卫星城与中国城市化道路》，上海人民出版社，2003。

上海城市建设学院：《迈向二十一世纪的上海城市建设》，上海科学技术文献出版社，1995。

叶贵勋：《循迹启新——上海城市规划演进》，同济大学出版社，2007。

李志平、陈群民：《上海市新城人口导入对策研究》，《现代城市研究》2006 年第 8 期。

陈建华：《上海的城市发展阶段与郊区新城建设研究》，《上海经济研究》2009 年第 8 期。

黄扶生：《长三角联动发展背景下的上海郊区发展新视角》，《上海经济研究》2008 年第 7 期。

李荣：《上海新城建设纳入长三角规划》，《广西城镇建设》2010 年第 7 期。

郁鸿胜：《长三角大融合新思路》，《上海经济》2008 年第 6 期。

陶希东、黄珊：《国际大都市新城建设经验及对上海的启示》，《上海经济研究》2005 年第 8 期。

马梅：《加快推进郊区新城建设促进城市空间结构调整》，《科学发展》2009 年第 4 期。

张占耕：《上海新城建设与中心城区改造》，《上海城市规划》2003 年第 1 期。

俞斯佳、骆悰：《上海郊区新城的规划与思考》，《城市规划学刊》2009 年第 3 期。

陈璐：《论上海全球城市建设》，《长江流域资源与环境》2006 年第 6 期。

顾朝林、陈璐：《从长三角城市群看上海全球城市建设》，《地域研究与开发》2007 年第 1 期。

张晓明：《长江三角洲巨型城市区特征分析》，《地理学报》2006 年第 10 期。

徐大军：《以公共交通为导向的新城建设探索》，《山西建筑》2006 年第 10 期。

檀学文：《制定新城政策促进新城发展》，《中国首都城乡发展报告》，2007。

陶希东：《国际大都市新城建设经验及其对上海的启示》，《上海经济研究》2005 年第 8 期。

劳动力成本上升与上海经济转型

刘社建*

摘　要： 当前，随着经济社会发展与人口年龄结构变动，出现了劳动力人工成本不断上升的趋势。2011 年作为"十二五"开局之年在国家进一步推进包容性增长与改善民生的背景下，随着收入分配体制改革的深入推进与劳动力供给状况的转变，劳动力人工成本进一步上升已属定论。劳动力人工成本上升对劳动者分享改革开放成果、促进社会公平正义、推动科技创新、推进产业结构升级以及发挥消费拉动经济发展等均有重大作用，虽然在此过程中也会付出一定的代价。上海有必要充分认识到劳动力人工成本上升对促进经济转型的积极作用，通过进一步深化经济体制改革，有效应对劳动力人工成本上升的挑战，充分发挥劳动力人工成本上升对经济转型的促进作用。本报告将在简要分析劳动力人工成本上升对经济转型作用的基础上，考察近年来上海劳动力人工成本的变动，分析预测 2011 年上海劳动力人工成本变动状况，最后提出有效应对劳动力人工成本上升促进经济转型的对策措施。

关键词： 上海　经济发展　劳动力　人工成本　经济转型

一　劳动力人工成本对经济发展转型的影响

（一）劳动力人工成本的内涵与外延

劳动力人工成本是比工资或薪酬更为复杂的概念，劳动力人工成本除工资或

---

*　刘社建，上海社会科学院经济研究所研究员，经济学博士，主要研究方向为宏观经济、劳动与就业、消费经济等。

薪酬外还包括更多的内容，工资或薪酬只是劳动力人工成本的一部分。国际劳工组织指出劳动力人工成本统计应当覆盖到全社会所有就业人员，劳动力成本的计算应当包括工资、保险福利费、教育培训费等因雇工所发生所有直接和间接费用支出，或者说劳动力人工成本指雇主在雇用劳动力时产生的全部费用。国际上通用的劳动力人工成本包括已完成工作的工资；未工作而有报酬时间的工资；奖金与小费；食品饮料及此类支出；雇主负担的工作的住房费用；雇主支付雇员的社会保险支出；雇工对职业培训、福利服务和杂项费用的支出，如工人的交通费、工作服、健康恢复及视为人工成本的税收等。

我国的劳动力人工成本是指企业在一定时期内，在生产、经营和提供劳务活动中因使用劳动力而支付的所有直接费用和间接费用的总和。根据原劳动部颁发的（1997）261号文件，人工成本范围包括职工工资总额、社会保险费用、职工福利费用、职工教育经费、劳动保护费用、职工住房费用和其他人工成本支出，其中职工工资总额是人工成本的主要组成部分。社会保险费用是人工成本的重要内容，社会保险费用只计算用人单位缴纳的部分，个人缴费已计划在工资总额内，社会保险费用也是除工资总额外占人工成本比例最高的部分。职工福利费、职工教育费、劳动保护费用、职工住房费用以及其他人工成本支出等在人工成本中占的比例较小，随着经济社会发展这一部分虽然相对量有所降低而绝对量不断扩大。在其他人工成本费用里包括工会经费、对职工特殊奖励费以及解除劳动合同或终止劳动合同的补偿费用等。简而言之，劳动力人工成本一般包括六类：第一，劳动报酬，包括基本工资、加班工资、奖金等；第二，各类保险，包括社会保险与商业保险；第三，福利费用，包括住房补贴、教育培训费等；第四，劳动保护；第五，解雇成本；第六，其他费用，包括招聘录用成本、管理成本、争议应对成本、违法成本等。

人工成本的衡量指标一般分三类，包括人工成本总量指标、人工成本结构性指标与人工成本效益指标。人工成本总量指标反映企业人工成本的总量水平，考虑到企业职工数不同，更多用人均人工成本反映企业人工成本水平高低，从全社会而言也相应用人均人工成本反映全社会人工成本水平高低。人均人工成本代表了企业职工的工资与保险福利水平，也是劳动力市场反映劳动力供求的重要信号。人工成本结构性指标指人工成本各组成部分在人工成本总额中的比例，反映人工成本投入构成的情况与合理性。其中，工资占人工成本比重是结构指标中的主要项目，反映了职工实际所得情况，也是反映劳动者收入水平的重要指标。人工成本效率指标是人工成本分析的核心指标，可深入分析人工成本与经济效益的关系，具体包括劳动分配率、人事费用率、人工成本利润率、人工成本占总成本比重指标等，其中劳动分配率、人事费用率为主要指标。劳动分配率指人工成本总量与增加值的比率，表示一定时期内新创造的价值中用于支付人工成本的比例，反映分配关系与人工成本要素的投入产出关系。人事费用率指人工成本总量与销售（营业）收入的比率，表示一定时期内企业生产和销售的总价值中用于支付人工成本的比例，其倒数表明每投入一个单位人工成本能够实现的销售收入。

企业重点关注的是人工成本，也就是使用劳动力所需要付出的总成本。劳动者重点关注的是工资性收入，即提供劳动力从而获得的报酬。工资性收入作为人工成本的重要组成部分，工资性收入与劳动力人工成本存在正相关性，受到税收、社会保险等公共政策的影响劳动力工资性收入与企业人工成本之间存在一定的差异。劳动力人工成本的变动受经济发展阶段、宏观经济形势、产业结构调整、企业自身发展、劳动力市场供求等多种因素的影响，企业需要根据自身经营发展前景结合市场变动等因素，在综合考量宏观与微观因素变动的基础上，针对可能变动的劳动力人工成本调整自身的经营策略。在考虑劳动力人工成本变动时需要重点考察劳动生产率、劳动力市场供求状况、工资增长指导线、居民消费价格指数、最低工资标准调整、社会保险费率调整等多种因素。

（二）劳动力人工成本上升是大势所趋

以廉价劳动力成本为代价的经济发展终将不可持续，2008 年金融危机后随着劳动力供给发生逆转以及产业结构转移的背景下，东部部分地区出现了民工荒，对长期以来过分依赖廉价劳动力成本优势的经济发展方式提出了挑战。虽然难以完全断定当前是否已经出现刘易斯拐点，但劳动力人工成本上升是不可逆转的事实，尤其是第十七届五中全会提出包容性增长以及强调扩大发挥内需拉动经济发展重大作用的背景下，劳动力人工成本将进一步上升。当前低端劳动力市场已出现结构性拐点变化，已由总体过剩向结构性过剩转变，局部低端劳动力供大于求状况已非常态，结构性劳动力短缺、招工难、民工荒等现象逐步占据主流，工资水平上升成为趋势，劳动力人工成本逐步上升已经成为定局，未来一段时期内劳动力人工成本的上升对经济社会发展将产生极为深远的影响。

劳动力人工成本的上升以以农村剩余劳动力为主要代表的低端劳动力人工成本的上升为主要标志。自 2008 年产生金融危机以来以农村剩余劳动力为代表的低端劳动力工资不降反升，而且低端劳动力工资增速超过城市工人工资的增幅。经济发展对低端劳动力需求大幅度反弹，尤其是中西部地区对农民工的吸引力逐步增强，东部部分地区已出现"民工荒"，低端劳动力供给由总量过剩转向结构性过剩。民营和外资企业大幅度提高招工工资，经过 2009 年停止提升最低工资标准后 2010 年各地政府均较大幅度地提升了最低工资标准。在《中华人民共和国劳动合同法》出台以及新生代农民工逐步步入历史舞台的背景下，劳资矛盾不断激化，企业面临提升劳动力工资的更多压力。低端劳动力市场的变化表明当前我国低端劳动力市场出现结构性拐点变化，低端劳动力市场工资的上升进一步推进中高端劳动力市场劳资关系与工资形成机制的变革，推进中高端劳动力市场工资水平进一步上升，进而推动我国劳动力市场上总体工资水平的不断上升。

第一，工资水平的上涨是人口结构、经济周期、宏观政策、劳动力市场结构等多种因素共同作用的结果，由于近期经济快速发展与人口结构发生变动等因素，劳动力人工成本上升具有必然性。首先，随着我国经济发展水平提高劳动力能接受的保留工资不断上涨，将推动低端劳动力价格上涨。随着经济发展水平的提高保留工资将持续上涨，在保留工资上涨的基础上我国低端劳动力工资上升还有其他重要原因。尤其是随着农村经济体制改革深入推进，农业税豁免、清除统筹提留、粮食补贴、粮食收购价保护政策等使从事农业的收入水平不断上升，改变了外出务工与在家务农的收益对比，使外出的劳动力供给在一定程度上下降。随着"十二五"进一步统筹城乡发展与加大农村经济社会发展投入，从事农业的收入水平将进一步上升，这也将进一步降低外出的农村剩余劳动力总量水平。在经济发展过程中，随着中西部经济快速发展以及产业结构转移，中西部农村剩余劳动力选择外出距离较近的中西部就业成为较优选择，2010 年由于富士康落户郑州使河南外出农村剩余劳动力减少 80 万即为明证。在这种背景下使得农村剩余劳动力外出的总量与结构发生变化，上海作为东部地区虽然由于其较高的收入水平与较完善的劳动保护机制吸引了较多数量的外来务工劳动力，但在这种总体趋势下流入的劳动力总量与结构也仍将逐步发生逆转。此外，在快速经济发展过程中城市生活成本、居住成本等逐步上升，在此过程中新二元结构问题逐步显现，在短期内新二元结构问题尚难以根本解决也将在一定程度上降低吸纳农村剩余劳动力的能力。随着新生代农民工逐步占据主流，作为 80 后、90 后的新生代农民工教育水平较原先农民工高、维权意识以及对收入、权益等方面的诉求均超过老一代农民工，以及受教育水平较高等方面的影响，新生代农民工收入水平较高也将成为趋势。

第二，随着制造业对劳动力市场需求持续增长，劳动力供给在由总量性过剩转向结构性过剩的背景下，低端劳动力市场供求关系发生根本性变化，随着"十二五"期间工业化进程的不断加速，将进一步加剧制造业劳动力供求矛盾，进而不断促使工资上涨。正是在我国经济持续快速增长尤其是上海经济持续快速增长的背景下，随着制造业的进一步发展对低端劳动力的需求将进一步增强，将不断提升低端劳动力市场工资。在未来一段时期经济发展以及工业化进程中，随着工业化加速产值急速扩张带动劳动需求进一步膨胀，使工资出现进一步上涨。

第三，长期在经济发展过程中被压抑的低端劳动力市场的工作将出现补偿性增长。随着经济进一步发展以及国家对民生的重视，尤其是上海"十二五"时期国家注重发展以包容性增长为目标的经济发展，低端劳动力市场上的劳动力工资过低的问题肯定会被提上解决日程，这既是对在长期经济发展过程中被压抑的过分强调劳动力成本优势的发展方式的否定，也是进一步有效提升劳动力收入水平扩大消费需求进一步推进经济社会发展的需要。正是由于长期内劳动力市场工资过低的影响，将会进一步有效提升劳动者的工资水平，进而也将对经济社会发展产生极为深远的影响。低端劳动力价格上涨的传导作用将导致中高端劳动力市场工资水平的相应变动，最终导致要素市场总体发生变化，促使要素市场价格机制在资源配置中的主导作用得到加强。

第四，低劳动力成本致使企业提高效率的动力不足，为有效促进经济发展必须有效提升劳动力人工成本，使劳动力人工成本回归至其应该达到的水平。长期以来我国低劳动力成本使劳动生产率低的经济活动也能赢利，使企业缺乏有效促进科技创新提升劳动生产率的动力，劳动力的低工资掩盖了低效率。企业在不注重研发投入的情况下也可以利用人工成本的极其低廉而走低价格营销的路线同样获利，导致制造业科技研发投入比例也往往不高。低的工资水平使得我国制造企业可以拥有成本优势，但是由于带来产业集中度低以及产业竞争力不强等负面效果。在进一步促进经济发展转变经济发展方式的过程中通过增加劳动者工资，形成高人力资本水平高收入的激励机制，有利于提高劳动生产率与促进经济发展。

当前及"十二五"期间随着加快转变经济发展方式与推进包容性增长，低劳动力成本优势不仅将影响到使公众共享改革开放成果也不利于提升产业能级，劳动力人工成本必将回归至其正常水平。

第五，长期低工资水平遏制工人整体素质提升，既不利于社会公平正义，也不利于扩大消费发挥消费拉动经济发展的重大作用。劳动力价格长期过低将导致严重后果：一是会使劳动者收入始终无法提高，既难以使公众分享改革开放成果，不利于社会公平正义，而且加剧社会稳定风险。二是低收入劳动者无法对自己和自己的下一代进行人力资本投资，继而又使得下一代的劳动力素质无法提高，不仅自身或者当代的劳动者不具备有利的条件改善劳动者素养，而且会影响下一代劳动者的人力资本水平。三是劳动者的低工资水平严重影响到扩大消费并发挥消费拉动经济发展的重大作用，长期以来我国最终消费率持续走低的关键原因之一是广大劳动者收入水平较低，尤其是存在着大量的低收入劳动者，严重影响到扩大消费规模，同时影响到发挥消费拉动经济发展的重大作用。

无论是从经济发展以及劳动力成本本身变动趋势，还是从劳动力人工成本过低导致的负面效应必须扭转等多重作用下，在当前与未来一段时期内劳动力人工成本上升是一种不以人的意志为转移的历史趋势，有必要充分正视劳动力人工成本上升的历史必然，努力发挥劳动力人工成本上升的正面效应，更有效地发挥劳动力人工成本上升促进经济发展的重大作用。

（三）劳动力人工成本上升对经济发展转型的促进作用

劳动力人工成本上升对促进经济发展转型具有重要的作用。

首先，经济发展转型作为涉及消费、投资、出口结构转变的重要进程，需要更加充分发挥消费拉动经济发展的作用，而在此过程中通过提升劳动力人工成本不断提高劳动者消费能力是促进经济发展转型的关键途径所在。只有在劳动力收入水平不断上升的基础上，才有可能通过提升劳动者的消费能力更有效地扩大消费拉动经济发展的重大作用。正如改革开放之初通过深入推进收入分配体制改革不断提升劳动者收入水平，收入水平的提升有效激发了公众长期在计划经济体制下压抑的消费需求，通过发挥消费需求拉动经济发展的作用有效促进了经济发展，也为经济体制改革顺利推进奠定了基础。当前以及"十二五"时期为进一步促进经济发展与深入推进经济发展转型，在投资－出口为主要拉动的经济发模式不可持续的背景下，唯有通过进一步提升劳动者的收入水平，重建提升收入水平与消费能力更有效地发挥消费拉动经济发展作用的机制，才能更有效地实现国家有效发挥消费优先发展的策略，才可更有效地实现经济发展转型。

其次，劳动力人工成本的上升将进一步推动收入分配改革。在当前与"十二五"期间需要进一步有效加快经济体制改革，尤其是要加快重点领域的改革攻坚。受改革开放以来渐进式改革以及部分人先富起来的指导政策的影响，当前收入分配领域存在收入分配差距不断扩大以及低收入者提升收入水平乏力等问题，亟须通过深入推进收入分配体制改革有效提高低收入者收入水平与缩小收入分配差距。提升低收入者收入水平，需要真正在初次分配环节加大对劳动者的倾斜，在初次分配环节更妥善地处理公平与效率的关系，在再分配环节更有效地关注公平。通过提升低端劳动力市场上劳动力收入，可通过劳动力市场上的连带效应进一步提升中端劳动力市场上的收入水平，有助于缩小各部门工资收入水平的差距，有利于提升劳动者报酬在国内生产总值中的比重，更有效地推进收入分配结构，更有效地发挥收入分配促进经济社会发展与维持社会公平正义的作用，使公众更好地分享改革开放的成果。

再次，劳动力人工成本的上升将促进产业结构能级提升。劳动力人工成本的上升将进一步根据当前我国各种要素价格之比，企业作为市场化主体必须有效应对劳动力人工成本的上涨，促使提升自主研发与技术水平，进而提升企业核心竞争力。通过企业核心竞争力上升，有效推动整个行业的能级提升，通过这种带动效应不断有效提升产业结构能级。具体而言，劳动力人工成本水平提升主要是通过拉动机制、推动机制与关联机制对促进产业升级发挥积极作用。拉动机制指通过工资水平上涨和需求因素对产业结构和层级产生作用的机制，通过对需求总量与需求结构的影响导致生产结构的相应变动。推动机制指由于受人工成本上升的影响企业不得不通过提高效率而促进劳动生产率进步而实现产业结构升级。关联机制指随着工资水平的上升，在影响需求因素与劳动力成本供给因素之外，还会通过对其他因素的影响对产业结构升级有重要作用，如劳动者在收入水平提升的基础上加大子女教育投入，以提高下一代劳动者的人力资本水平等。

此外，劳动力人工成本的上升将有助于改变我国企业过分依赖廉价劳动力成本赢利的模式，进而促进企业转向研发投资、技术进步、管理创新和自有品牌的赢利模式。劳动力人工成本如果难以有质的提升，则企业难以改变长期以来过分依赖低廉劳动力获取利润的模式，影响到企业的长期可持续发展。只有在劳动力人工成本不断上升的基础上，才能使企业更加重视研发投资、技术进步、管理创新和自有品牌，才能够有成效地促使我国的产业从"低工资、低劳动力素质、低生产效率、低技术含量、低产品附加值、低产业层级"转向"高工资、高劳动力素质、高生产效率、高技术含量、高产品附加值、高产业层级"，进而有效提升经济发展质量，推进经济发展转型。

劳动力人工成本的上升当然会产生一些负面效应，甚至在短期内负面效应较为严重。但从更长远的经济社会发展以及推进包容性增长的角度来看，这是在经济社会发展过程中必须要付出的成本。正是因为劳动力成本上升具有必然性，是对长期被人为压低的劳动力成本的补偿以及劳动力工资过低可能产生的负面效应，但也是优胜劣汰的自然成长的过程。而且劳动力人工成本的上升并非是无前提的上升，而是在劳动力人力资本水平与劳动生产率不断提升基础上的上升，从长远而言定将有效促进经济发展转型。

二　近年上海劳动力人工成本变动情况

近年来上海劳动力人工成本一直保持上升趋势，而自 2008 年以来劳动力人工成本加速上升。在经济发展过程中劳动力人工成本上升是经济发展过程中的必然现象，2008 年金融危机后劳动力人工成本加速上升，劳动力市场发生了由全局性过剩向结构性过剩的转变，在当前以及未来一段时期内，上海将面临越来越突出的结构性劳动力短缺以及劳动力工人成本不断上升的问题。

（一）近年来上海劳动力人工成本变动概况

1. 人工成本的总体变动

在经济发展过程中，上海劳动力人工成本一直保持持续的上升趋势。2003 ~ 2007 年期间用人单位从业人员人均人工成本由 49341 元增加到 71525 元。[①] 2007 年上海市用人单位人工成本中，劳动报酬占 68.0%，社会保险占 21.6%，福利

---

① 如未特别注明，本文数据均引自相应年份的《上海统计年鉴》及上海市人力资源和社会保障局网站。

费用占 5.7%，劳动保护 1.4%，解雇成本 1.2%，其他 2.1%。2008 年上海市人工成本中，劳动报酬约占 68.3%，社会保险占 22.2%，福利费用为 5.6%，劳动保护 1.3%，解雇成本 0.7%，其他 1.9%。劳动报酬在人工成本中的比例相对较为稳定，除劳动报酬外社会保险费所占比例较高。从企业类型看，人工成本各项目在国有企业、集体企业、港澳台企业、外资企业中构成差别并不大，但私营企业各类保险所占比重是最低的。2007 年小型企业各类保险占劳动报酬比仅为 22.3%。人工成本占总成本的比重从 2002 年开始逐步下降，到 2007 年已从 2002 年的 8.1% 下降到了 5.8%，即 2007 年中企业每 100 元成本中人工成本为 5.8 元。

表1   2003~2007 年上海市人工成本的各项目构成及比重

单位：%

年　份	劳动报酬	各类保险	福利费	劳动保护	解聘费	其他
2003	64.5	23.3	6.3	1.8	2.1	2.0
2004	63.8	23.1	8.0	1.4	1.8	1.9
2005	65.2	22.9	6.9	1.5	1.4	2.1
2006	65.7	22.8	6.6	1.3	1.3	2.3
2007	68.0	21.6	5.7	1.4	1.2	2.1

从行业类型看，2007 年上海人均人工成本为 71525 元，其中金融业最高，为 197133 元；居民服务业、住宿和餐饮业最低，分别为 40147 元、37508 元；制造业为 69376 元。

表2   上海市 2007 年分企业类型人工成本各项目比重

单位：%

企业类型	劳动报酬	各类保险	福利费	劳动保护	解雇费	其他
国有企业	64.4	24.2	5.6	1.7	1.2	2.5
集体企业	66.5	21.6	5.8	1.6	1.6	1.9
港澳台企业	71.4	19.8	4.7	1.3	2.6	0.8
外资企业	69.2	21.0	5.9	0.9	1.8	2.0
私营企业	84.6	7.1	7.7	0.4	1.0	0.1

人工成本占总成本的比重从 2002 年开始逐步下降，已从 2002 年的 8.1% 一直下降到了 2007 年的 5.8%。人工成本占企业总成本的比重在不同行业、

不同规模、不同性质的企业之间存在差别。从行业看批发零售行业人工成本占总成本的比重最低,为1.5%;居民服务业占比最高,为27.4%;而制造业为6.1%。从企业规模看,大型的企业人工成本占总成本的比重最低,为4.4%;中型企业占比最高,为7.8%;而小型企业为7.3%。从企业类型来看,外资企业人工成本占总成本的比重最低,为4.9%;集体企业占比最高,为10.4%;而私营企业为9.5%。人工成本占企业总成本的差异以及人工成本增长对企业成本的影响,更多地体现在行业上而不是企业规模和企业类型方面。

2. 2008 年劳动力人工成本变动

2008 年劳动力人工成本进一步上升总体人工成本77796元。不同性质企业劳动力人工成本不同,国有企业人工成本最高达到95184元,其次是外商投资企业达74889元。港澳台投资企业、集体企业与私营企业均较高,最低的私营企业仅有32169元,这与私营企业一般规模较小而且努力压缩人工成本有关。

从不同行业看,制造业的人工成本为67565元。在制造业中,国有企业与外商投资企业的人工成本也处于较高水平,其中,国有企业人工成本达80422元,外商投资企业为71033元。其他类型企业人工成本较低,最低的私营企业为31393元。居民服务和其他服务业人工成本45178元,其中,国有企业75706元,集体企业40707元,私营企业31293元。

从劳动力人工成本构成来看从业人员劳动报酬占的比例最高,平均从业人员劳动报酬为68.3%。从不同性质的企业来看,呈现总体从业人员人工成本越高劳动报酬所占比例越低的趋势,国有企业中从业人员劳动报酬占人工成本比例64.1%,而私营企业从业人员劳动报酬所占人工成本比例达到81.3%。制造业从业人员劳动报酬占人工成本比例为68.5%,略高于平均水平,制造业国有企业劳动报酬占人工成本比例最低仅为60.9%,制造业私营企业劳动报酬占人工成本比例为81.8%。居民服务和其他服务业中劳动报酬占人工成本比例为71.4%,其中国有企业劳动报酬占人工成本比例为59.7%,私营企业为78.7%。对不同性质的企业而言,国有企业收入水平较高,同时用于其他如社会保险费以及住房公积金等项目比例较高,从业人员劳动报酬占人工成本的比例较低。私营企业中用于社会保险费等其他项目较少,所以从业人员劳动报酬占人工成本比例较高。

除从业人员劳动报酬比例较高外，社会保险费支出是从业人员人工成本的重要组成部分。总体来看，社会保险费占从业人员人工成本的比例为15.9%，其中国有企业社会保险费为16.7%，而集体企业社会保险费比例达到17.3%，是所有企业中最高水平。集体企业中社会保险费比例较高，与集体企业总体人工成本较低而社会保险数额较高有关。其他性质企业中，港澳台投资企业、外商投资企业与私营企业社会保险费比例分别为14.5%、15.5%和11.3%。制造业中社会保险费比例为16.3%，高于总体社会保险费比例水平，其中制造业国有企业社会保险费比例为19.0%。居民服务业和其他服务业社会保险费比例为15.1%，其中国有企业居民服务和其他服务业社会保险费比例为20.0%。从补充保险费来看，总体补充保险费比例为2.8%，其中国有企业补充保险费比例最高达到4.1%，外商投资企业与港澳台投资企业补充保险费比例分别为1.9%与1.6%，而集体企业与私营企业补充保险费比例最低，仅分别为0.5%和0.2%。

人工成本构成中，福利费是比例较高的一项重要内容，总计福利费占人工成本比例为4.0%，其中国有企业福利成本为4.5%，集体企业由于总体人工成本较低福利费比例较高为4.7%，最低的港澳台投资企业福利费比例仅为3.9%。教育培训费在人工成本中的比例较高仅为0.8%，其中国有企业最高为1.0%，其他类型企业均较低，集体企业与私营企业仅为0.2%，教育培训费比例较低也说明企业有待进一步加大教育培训投资。劳动保护费是人工成本的一项重要内容，总计劳动保险费平均水平为1.3%，其中，国有企业最高为1.6%，私营企业最低为0.6%。

3. 2009年上海人工成本变动情况

2009年上海市劳动力人工成本较2008年有了较大幅度的提高。在平均人工成本中，2009年与2008年相同依然是国有企业人工成本最高，私营企业最低。国有企业人工成本达到100589元，私营企业人工成本仅为34823元，国有企业人工成本是私营企业人工成本的2.89倍。其他性质企业中外商投资企业人工成本较高为86442元，港澳台投资企业为57502元，集体企业为46797元。制造业从业人员人工成本进一步提升，达到80018元，其中国有企业仍然最高达到101297元，私营企业人工成本最低，为32452元，外商投资企业人工成本仅次于

表3 2008年人工成本情况（按经济类型分）

单位：元，%

人工成本	从业人员人工成本	人工成本构成										
		从业人员劳动报酬	社会保险费	住房公积金	补充保险费	商业保险费	福利费	住房补贴费	教育培训费	劳动保护费	解聘费	其他
国有企业	95184	64.1	16.7	3.2	4.1	0.5	4.5	1.0	0.9	1.6	1.1	2.3
集体企业	42708	69.8	17.3	3.3	0.5	0.1	4.7	0.2	0.4	1.2	1.7	0.8
港澳台投资企业	47678	74.4	14.5	2.3	1.6	0.2	3.9	0.5	0.6	1.0	0.4	0.6
外商投资企业	74889	70.4	15.5	3.2	1.9	0.5	4.4	0.5	0.7	1.0	0.5	1.4
私营企业	32169	81.3	11.3	1.1	0.2	0.4	4.1	0.2	0.2	0.6	0.2	0.4
制造业	67565	68.5	16.3	3.0	2.3	0.4	4.4	0.4	0.7	1.3	1.1	1.6
国有企业	80422	60.9	19.0	3.4	3.8	0.4	5.0	0.3	1.0	1.4	3.1	1.7
集体企业	35013	74.0	15.5	2.2	—	0.1	4.4	—	0.3	1.0	2.1	0.4
港澳台投资企业	45169	74.9	14.3	2.3	1.5	0.2	3.8	0.6	0.6	1.1	0.6	0.1
外商投资企业	71033	69.9	15.7	3.1	1.9	0.6	4.6	0.5	0.6	1.1	0.6	1.4
私营企业	31393	81.8	11.2	1.0	0.1	0.4	4.3	0.2	0.2	0.5	0.2	0.1
居民服务和其他服务业	45178	71.4	15.1	3.3	1.4	0.2	3.2	1.4	0.4	1.5	1.2	0.9
国有企业	75706	59.7	20.0	3.6	4.9	0.2	4.7	—	0.9	3.7	1.0	1.3
集体企业	40707	63.0	18.7	4.3	0.1	—	6.7	1.3	0.2	1.8	2.4	1.5
私营企业	31293	78.7	14.7	1.1	—	0.1	4.0	0.2	0.2	1.0	—	—

国有企业为82579元，集体企业同样保持了较低的人工成本，为36052元，港澳台投资企业居中为59138元。居民服务和其他服务业中从业人员人工成本为52720元，其中国有企业为71812元，私营企业为31609元，集体企业为54908元。从所有制性质来看国有企业从业人员人工成本最高，私营企业最低，集体企业人工成本高于私营企业，外商投资企业与港澳台投资企业人工成本低于国有企业。

从业人员劳动报酬占人工成本中的比例与企业性质具有直接关系，一般而言企业人工成本越高则劳动报酬在人工成本中的比例越低，企业人工成本越低则劳动报酬占人工成本中的比例越高，而且企业人工成本越低的企业其他费用如住房公积金、补充保险费、住房补充费等也较低。2009年总体水平而言，从业人员劳动报酬占人工成本的比例为67.0%，其中国有企业最低为64.9%，私营企业最高为82.0%。制造业中从业人员劳动报酬占人工成本比例为67.2%，其中国有企业劳动报酬占人工成本的比例为 61.7%。居民服务业和其他服务业劳动报酬占人工成本比例为 71.8%，其中国有企业劳动报酬占人工成本的比例为 62.1%。

社会保险费在人工成本中的比例仅次于从业人员劳动报酬，从总计来看社会保险费比例占到 17.0%。补充保险费在人工成本中的总计比例为 2.5%，商业保险费平均为 0.4%。福利费属于人工成本中占比较高的项目，平均约为 3.7%。教育培训费用支出对提升劳动者人力资本水平具有积极作用，但实际支出比例较低 2009 年教育培训费在人工成本中的比例仅为 0.8%。劳动保护费在人工成本中的比例为 1.3%。

表4 2009 年人工成本情况（按经济类型分）

单位：元，%

人工成本	从业人员人工成本	人工成本构成										
		从业人员劳动报酬	社会保险费	住房公积金	补充保险费	商业保险费	福利费	住房补贴费	教育培训费	劳动保护费	经济补偿金	其他
国有企业	100589	64.9	17.7	4.1	3.0	0.4	3.7	0.7	0.8	1.4	1.3	2.0
集体企业	46797	68.6	18.2	3.5	0.7	0.1	3.8	0.0	0.5	1.0	2.9	0.7
港澳台投资企业	57502	68.9	15.7	2.9	1.9	0.3	4.3	0.2	0.6	1.3	0.8	3.1
外商投资企业	86442	69.8	16.0	3.5	1.9	0.4	3.6	0.4	0.7	1.1	0.7	1.9
私营企业	34823	82.0	10.6	1.1	0.1	0.1	2.8	0.0	0.4	0.5	0.4	1.9
制造业	80018	67.2	17.1	3.3	1.9	0.3	3.9	0.4	0.7	1.3	1.4	2.5
国有企业	101297	61.7	18.9	3.6	2.0	0.4	4.3	0.6	0.8	1.3	3.3	3.3
集体企业	36052	68.6	16.9	2.8	0.3	0.1	3.2	0.0	0.5	1.0	5.6	1.0
港澳台投资企业	59138	68.8	15.6	2.8	2.0	0.2	4.3	0.1	0.7	1.5	1.2	2.8
外商投资企业	82579	69.7	16.1	3.4	2.0	0.5	3.9	0.5	0.7	1.2	0.7	1.4
私营企业	32452	83.8	10.8	0.8	0.1	0.1	2.9	0.0	0.2	0.5	0.3	0.6
居民服务和其他服务业	52720	71.8	16.1	3.8	3.1	0.2	2.1	0.2	0.5	0.7	1.1	0.4
国有企业	71812	62.1	19.0	3.1	3.0		6.0	0.0	1.0	1.6	4.0	0.2
集体企业	54908	69.4	20.6	4.3	0.1		3.0	0.0	0.3	0.8	0.3	0.8
私营企业	31609	79.1	8.9	1.2	0.8	0.3	5.0	0.0	1.2	1.5	0.0	2.0

2009 年按经济类型分的不同企业的人工成本投入产出效益情况不同，不同企业由于所处的行业以及资本劳动要素投入组合不同，导致人工成本占总成本比

例以及百元人工成本销售收入等指标也相应不同。从平均水平而言，2009年人工成本在总成本中的比例为5.7%。不同性质企业与行业人工成本在总成本中的比例有所不同。从不同性质企业看，国有企业人工成本占总成本的比例为7.6%，集体企业受其企业性质与从事行业等因素人工成本占总成本的比例为10.3%，人工成本占总成本比例最低的是外商投资企业为4.1%。制造业作为资本密集型行业人工成本在总成本中的比例较低为5.7%，而居民服务和其他服务业人工成本在总成本中占有较大比重高达28.1%。

百元人工成本销售收入是衡量人工成本投入产出效益的重要指标，从平均水平看百元人工成本销售收入为1906元，其中不同性质的企业与行业也有较大不同。外商投资企业百元人工成本销售收入最高达到2690元，远远高于平均水平。国有企业百元人工成本销售收入为1455元，低于平均水平。集体企业百元人工成本销售收入最低仅为1260元，私营企业百元人工成本销售收入也较低为1390元。港澳台企业百元人工成本销售收入为1703元。外商投资企业与港澳台投资企业的百元人工成本销售收入均较高，反映这两类企业效益较好，有效发挥了人工成本的应有作用。制造业的百元人工成本销售收入与平均水平相同也为1906元，而居民服务和其他服务业受行业特点影响百元人工成本销售收入较低仅348元。

百元人工成本利润作为衡量投入产出效益的重要指标，其状况基本与百元人工成本销售收入保持同样的状况，百元人工成本销售收入较高的百元人工成本利润也较高。2009年百元人工成本利润平均为143元。从不同性质企业而言，外商投资企业最高为192元，其次为港澳台投资企业为167元，再次是私营企业为155元。国有企业的百元人工成本利润为129元，集体企业最低，仅为39元。制造业与居民服务和其他服务业的百元人工成本利润均高于平均水平，制造业百元人工成本利润为159元，居民服务和其他服务业百元人工成本利润为190元。

人事费用率作为考察行业人工成本总量与销售收入的重要比率，2009年人事费用率平均水平为5.2%。外商投资企业人事费用率最低仅为3.7%，港澳台投资企业也较低为5.9%。人事费用率最高的为集体企业为7.9%，私营企业人事费用率也较高为7.2%，国有企业人事费用率为6.9%。制造业人事费用率与人事费用率平均水平相高也为5.2%，居民服务和其他服务业人事费用率较高达到28.7%。

表5　2009年行业人工成本投入产出效益情况（按经济类型分）

单位：元，%

项　　目	从业人员人均人工成本	人工成本占总成本	百元人工成本销售收入	百元人工成本利润	人事费用率
国有企业	100589	7.6	1455	129	6.9
集体企业	46797	10.3	1260	39	7.9
港澳台投资企业	57502	6.3	1703	167	5.9
外商投资企业	86442	4.1	2690	192	3.7
私营企业	34823	6.5	1390	155	7.2
制造业	80018	5.7	1906	159	5.2
国有企业	101297	8.8	1257	146	8.0
集体企业	36052	12.6	819	19	12.2
港澳台投资企业	59138	5.2	2032	131	4.9
外商投资企业	82579	4.5	2466	183	4.1
私营企业	32452	6.6	1203	139	8.3
居民服务和其他服务业	52720	28.1	348	190	28.7
国有企业	71812	17.5	461	518	21.7
集体企业	54908	58.6	177	6	56.5
私营企业	31609	7.8	706	3914	14.2

4. 最低工资标准与工资增长指导线

对低端劳动力市场而言最低工资标准的调整直接影响到劳动力人工成本。自1993年上海建立最低工资制度以来，除2009年受国际金融危机影响按照国家统一部署未作调整外，每年都调整最低工资标准，2010年是第17次调整。考虑2009年上海最低工资未作调整等实际情况，2010年最低工资标准的调整幅度相对较大。从2010年4月1日开始，上海市月最低工资标准从960元调整为1120元，小时最低工资标准从8元调整为9元。最低工资标准的调整，主要是考虑了上海市经济发展水平、职工平均工资增长、居民消费价格指数变动等因素。

一些项目不作为最低项目的组成部分用人单位需另行支付。这些项目包括个人依法缴纳的社会保险费和住房公积金；延长法定工作时间的工资；中班、夜班、高温、低温、井下、有毒有害等特殊工作环境、条件下的津贴；伙食补贴（饭贴）、上下班交通费补贴、住房补贴。最低工资标准的提升对有效提高低收入水平者劳动力的收入水平具有重要作用，最新最低工资标准达到月收入1120

元,如果按工资收入占总体人均成本70%左右的比例计算,那么年均人工成本达到每年19200元。随着最低工资标准的每年适度提升,低端劳动力市场上的劳动力收入水平将保持持续的提升。

表6 上海市历年最低工资标准

单位:元

年　份	月最低工资	小时最低工资	执行日期
1993	210	—	1993 年 6 月 1 日
1994	220	—	1994 年 7 月 1 日
1995	270	—	1995 年 4 月 1 日
1996	300	—	1996 年 4 月 1 日
1997	315	—	1997 年 4 月 1 日
1998	325	—	1998 年 4 月 1 日
1999	370	—	1999 年 4 月 1 日
1999	423	—	1999 年 7 月 1 日
2000	445		2000 年 12 月 1 日
2001	445	4	2001 年 7 月 1 日
2002	490	4	2002 年 7 月 1 日
2003	535	5	2003 年 7 月 1 日
2004	570	5.5	2004 年 7 月 1 日
2005	635	6	2005 年 7 月 1 日
2006	690	6.5	2006 年 9 月 1 日
2007	750	7.5	2007 年 9 月 1 日
2008	840	8	2008 年 4 月 1 日
2010	1120	9	2010 年 4 月 1 日

工资增长指导线也是衡量劳动力人工成本上升的重要指标,近年来上海市连续发布工资增长指导线。据上海市人力资源和社会保障局规定,2010 上海本市企业工资增长指导线为平均线11%,上线16%,下线4%。虽然企业并不一定完全按照工资增长指导线调整工资,但工资的不同增长也相应提高了劳动力人工成本。2009 年度全市职工平均工资为42789 元,月平均工资为3566 元,比2008 年增长8.3%。2009 年度职工平均工资的提升进一步提高了劳动力人工成本。

(二)2010 年上海人工成本变动情况

1. 2010 年人工成本总体变动情况

2010 年劳动力人工成本在 2009 年的基础上有了进一步提升。2010 年有半数以上的企业提高了业绩指标，接近2/3的企业提高了人工成本预算，提高幅度远高于2009年的预期。2009年49.0%的企业完成或超额完成业绩指标，57.4%的制造业企业完成或超额完成业绩指标。2010年有52.0%的企业提高了业绩指标，63.9%的企业提高了人工成本预算，70.9%的非制造型企业提高了人工成本预算。

随着经济的回暖，2010年企业的调薪幅度明显高于2009年，总体高于2009年2~3个百分点。2010年企业调薪幅度平均值为6.5%，其中，制造型企业为6.8%，非制造型企业为6.3%，有1/4的企业调薪幅度超过9.0%。随着调薪幅度的上升，劳动力人工成本也相应有了增加，预计2010年劳动力人工成本将达到95000元左右的水平。

2. 2010年某些区的薪酬变动情况

松江区作为重要的制造业基地，其工资变动情况具有较强的代表性。2010年上半年松江区职工人均工资为3046元，同比增长9.2%。2010年第1季度职工工资总额增速为14.1%，2010年第2季度职工工资总额增速为20.4%。前三季度中职工平均工资增速分别为9.0%、9.3%、9.2%，职工人均工资平稳增长有助于促进经济持续稳定增长。松江区2010年上半年国有单位职工平均工资为6397元，同比增长17.5%，集体单位为4802元，增长39.1%，其他类型单位为2674元，增长7.8%。2010年上半年统计范围内的19个行业中有16个行业的职工平均工资出现不同程度的增长，其中职工平均工资增速前五位的行业中，交通运输、仓储和邮政业职工平均工资为4666元，同比增长62.6%，增速居19个行业之首。居民服务和其他服务业职工平均工资为6021元，增长42.3%；批发和零售业为3547元，增长13.6%；住宿和餐饮业为1855元，增速30.6%；文化、体育和娱乐业为3565元，增长28.0%；卫生、社会保障和社会福利业为7784元，增长22.6%，在这五行业中由于存在政策不同、技术含量不同、生产成本不同等多种因素，造成了相互之间的收入差距，但增长速度都比较快，有效促进了整体收入水平的增长。

金山区2010年1~6月累计全部职工平均工资为18907元，同比增加3007元，增长18.9%。其中在岗职工累计平均工资为21660元，同比增加3185元，增长17.24%。国有经济单位、集体经济单位和其他经济单位全部职工劳动报酬总额增长较大。国有经济单位劳动报酬为52202万元，比2009年同期增加4419

万元；集体经济单位劳动报酬为 9309 万元，比 2009 年同期增加 1774 万元；其他经济单位劳动报酬为 42216 万元，比 2009 年同期增加 10062 万元。集体经济单位和其他经济单位全部职工人均月工资增幅较大。国有经济单位全部职工人均月工资为 4262 元，比 2009 年同期增加 447 元，增长 11.72%，增速同比明显放慢；集体经济单位全部职工人均月工资为 4021 元，比 2009 年同期增加 1220 元，增长 43.56%；其他经济单位在岗职工人均月工资为 2300 元，比 2009 年同期增加 493 元，增长 27.29%。职工劳动报酬增长的主要原因包括以下三点：一是一些企业被淘汰，生存下来的企业经济效益好转，企业职工收入水平提高。二是行政事业单位这部分职工工资收入稳定且有一定幅度的增长。三是上海市正努力提高职工最低工资水平。

三 2011 年劳动力人工成本变动

依据近年工资薪酬占全部人工成本约 70% 的比例，根据 2010 年工资增长指导线以及明年工资增长指标线的可能情况，同时考虑到 2011 年作为"十二五"开局之年国家深入推进收入分配体制改革、倡导包容性增长以及努力做到民富，以及考虑到劳动力供给情况与上海宏观经济社会发展情况等，预计 2011 年劳动力人工成本可超过 100000 元，达到 105000 元左右。

总的来讲，2011 年影响劳动力人工成本的变动因素主要包括以下内容。

第一，2011 年作为"十二五"的开局之年，国家极力提倡实现包容性增长，包容性增长的核心内容在于使公众更好地分享改革开放成果，使包括低收入群体在内的公众有效提升收入水平，其中努力提高低收入群体的收入水平是实现包容性增长的重要内容与必然前提。在国家有效加快转变经济发展方式以及提倡包容性增长的背景下，包括低端劳动力市场上的劳动力在内的收入水平上升是必然趋势。从上海本身而言在当前劳动力人工成本较高的基础上，2011 年将通过进一步提升最低工资标准与提升工资增长指导线，以及通过稳步推进工资集体协商等措施，不断提高劳动者工资收入水平。在 2010 年人均工资持续上升的基础上，企业需要支付的社会保险费也相应提升，也将有效提升劳动力人工成本。

第二，"十二五"期间国家深入推进收入分配体制改革，在此过程中将有效提升劳动者收入水平。《中共中央关于制定国民经济和社会发展第十二个五年规划的建议》中指出要进一步深入推进收入分配体制改革，合理调节收入分配格局，要求在初次分配中妥善处理公平与效率的关系，在再分配中更加公平，要求使居民收入与经济发展保持同步增长，使劳动报酬与劳动生产率保持同步增长。可以预见在 2011 年作为"十二五"规划首年将在推进收入分配体制改革的过程中采取实质性措施，尤其是通过初次分配劳动者所得将有较大的增加，这将有效提升劳动者的收入水平，企业的劳动力人工成本也将进一步增加。

第三，除了从国家层面深入推进实现包容性增长以及在推进收入分配体制的过程中劳动者收入水平有所增长外，从劳动力供求的变动而言通过劳动力供求矛盾的日益突出，尤其是低端劳动力与高端劳动力的供求缺口加大，劳动力市场的供求竞争也将促使劳动力收入水平进一步提升。自 2008 年以来低端劳动力供求发生逆转从总量过剩进入结构过剩以来，受国家经济梯度发展以及外出就业机会成本不断上升的背景下，流入包括上海在内的东部地区的劳动力增幅进一步放缓，总量劳动力也可能出现降低的趋势。尤其是随着当前中西部经济发展当地就业岗位不断增多以及新生代农民工步入历史舞台的背景下，在短期内上海新二元结构问题难以有效缓解的背景下，外来劳动力在上海面临更高的生活成本与压力，诸种因素相互作用可能使流入上海的劳动力进一步减少。

第四，随着上海 2010 年作为"十二五"开局之年对有效促进产业结构升级、推进经济结构、转变、加快转变经济发展方式等提出了更高的要求，在这种背景下要求有更多的具有较高人力资本水平的劳动力的投入。一方面这将进一步提升中高端劳动力的收入水平，通过传递效应将进一步提升低端劳动者收入水平。另一方面随着经济发展对劳动力人力资本水平要求的提升，上海也将通过进一步加强职业培训发展等多种途径不断提升劳动力人力资本水平，尤其是重点通过实用性技术培训提高劳动力人力资本水平。在此过程中劳动力收入水平将进一步提升，劳动者人工成本也将不断提升。

第五，随着劳动生产率的提高劳动力工资上升也是一种趋势。在进一步加速经济发展与推进工业化的进程中，随着资本深化以及劳动者教育水平的提升，在劳动生产率提升的过程中工资将进一步增长。同时随着经济全球化的进一步加深以及产业加速转移，劳动相对资本越来越稀缺，劳动者收入水平也将进一步上升，也决定了 2011 年劳动力人工成本将进一步上升。

此外，随着上海加速解决新二元结构问题，也将逐步缩小城乡户籍居民与外来居民间的收入水平与社会保障水平的差距，在此过程中也将有效提升外来劳动者的收入水平，以低端劳动力市场为主的劳动力的收入水平将有一定幅度的提升。

2011年随着劳动力人工成本的上升将更加有效发挥收入提升拉动经济发展、促进经济社会发展的重大作用，努力促使企业加快技术改造提升劳动生产率，进一步推进产业升级，发挥人工成本有效提高劳动者收入水平，扩大消费拉动经济发展的重大作用。虽然这种劳动力人工成本上升促进经济社会发展的作用并非马上显现，而是在这种过程中逐步显现，甚至在短期内可能会出现由于劳动力人工成本低而部分企业倒闭出现一定程度上失业增加的现象，但这也是经济发展为劳动力人工成本上升不得不付出的必然代价与转型阵痛，随着经济的进一步发展以及消费水平的提升与经济发展质量的不断提升，此种现象将逐步消失，经济社会发展将从收入水平与消费水平的提升中获取更大的益处，并在经济发展过程中创造更多的就业岗位。

2011年劳动力人工成本变动将呈现新的特点。

首先是以中低端劳动力为代表的尤其是低端劳动力的劳动力人工成本将有较大幅度上升，随着2011年最低工资标准的进一步提升，以及收入分配体制改革的深入推进，低素质劳动力的收入水平将有一定程度的提高。

其次，不同行业的劳动力收入水平提高幅度不同。预计制造业与传统服务业受劳动力供求逆转的影响，劳动者收入水平增长幅度将较大。而一般的劳动力供求较为均衡甚至供大于求的行业，劳动力收入水平上升幅度将较小，进而人工成本上升幅度也较为有限。

再次，不同性质的企业劳动力收入水平上升幅度不同。相对而言国有企业、集体企业由于其收入水平本身较高，虽然其增加的绝对值较高，而上升幅度较小。而私营企业劳动者收入水平上升的幅度较小。

综合2011年经济发展与经济体制改革状况，2011年劳动力人工成本将首次超过100000元达到105000元左右，这对上海经济发展来讲既是挑战也是良好的机遇。劳动力人工成本的不断上升尤其是低端劳动力收入水平的提升，对扩大消费水平具有积极的意义，更有利于形成人力资本水平与收入水平间的正相关激励，有利于提高劳动者收入水平，并不断加大劳动者人力资本投入促使劳动力更好地提升劳动者收入水平，有利于劳动者加大对下一代劳动力的教育投入，培养出高素质劳动力。更重要的是通过劳动力人工成本的有序提升，对促进企业提升科学技术水平与提高劳动生产率，促进提升企业综合竞争力与促进产业结构升级，进而推进转变经济发展方式具有重要意义。虽然这个过程较为漫长甚至要付出一定的代价，但终究是推进产业结构升级与转变经济发展方式的必由之路。

四　积极应对劳动力人工成本上升
有效推进上海经济发展转型

当前上海正处于劳动力人工成本上升期，2011 年受多种因素的影响劳动力人工成本将进一步上升。对政府而言，一方面需要通过有效加快转变经济发展方式与推进收入分配体制改革，在提升劳动力人力资本水平的基础上有效提升劳动者收入水平；另一方面要积极应对劳动力人工成本上升带来的各种效应，更充分地发挥劳动力人工成本上升促进产业结构升级与经济发展方式转型的重要作用。

第一，有必要在国家"十二五"总体规划建议基础上通过有效深入推进收入分配体制改革努力提升劳动者收入水平，确保劳动者收入水平有序提升。在国家总体收入分配体制改革框架与进程内结合上海实际，通过工资集体协商与工资指导线等措施，有效提升劳动者收入水平，在初次分配领域妥善处理好公平与效率的关系。在再分配领域内通过加大社会公共事业与社会保障体制投入，进一步提升劳动者实际收入水平，更充分发挥再分配领域公平的作用，努力做到居民收入水平与经济发展同步增长，劳动者报酬与劳动生产率同步增长。

第二，顺应劳动力人工成本上升趋势加快转变经济发展方式与促进产业结构升级。只有在转变经济发展方式与促进产业结构升级的基础上，才能有效消化劳动力人工成本上升的负面作用，也才能更有效地促进劳动力人工成本上升。"十二五"期间有待进一步有效构建促进加快转变经济发展方式的体制机制，深入推进经济体制改革，在收入分配等重点领域做出实质性突破，加大经济发展中高素质劳动力投入，使经济发展方式从原先的主要依靠投资转到主要依靠劳动力投入上来，有效推进二、三产业联动发展，尽快形成以服务经济为主的产业结构，不断释放居民消费能力提升消费水平，更充分地发挥消费拉动经济发展的应有作用。

第三，通过进一步促进教育优先发展与加强职业培训，不断提升劳动者人力资本水平，在确保劳动生产率提升的基础上提升劳动力人工成本。劳动力人工成本提升除了有部分弥补长期过低的劳动力人工成本的因素外，劳动力人工成本的上升必须以劳动者人力资本水平的提升与劳动生产率的提升为前提，否则既可能导致企业破产也可能加剧通货膨胀，也难以发挥劳动力人工成本提升对促进产业结构升级与经济发展转型的作用。有必要在有效促进教育优先发展的基础上，加大职业教育尤其是高等职业教育发展力度，通过进一步健全完善职业教育体系，持续加强岗前培训、在职培训与干中学等，不断提升劳动者人力资本水平，有效促进劳动生产率提升。

第四，宜充分认识劳动力成本上升作为一种潮流是经济社会发展中的必然趋势，宜从舆论上予以有效引导，使企业充分认识到有效提升劳动力人工成本是必然趋势，使企业通过提升劳动生产率并在此基础上有效提升劳动者收入水平，将劳动力人工成本占总成本的比例控制在一定合理范围内，使企业不至于因为劳动力成本的上升而导致破产或倒闭。对部分弱势企业需要适度扶持，同时要注意扶持的力度与时间，避免使企业陷入不正常竞争以及影响劳动力市场的正常运行。通过税费等减免措施有效降低企业的负担，让利于企业并使企业提升劳动者收入水平，形成一种政府与企业所得逐步下降而劳动者所得逐步上升的趋势，构建更加合理的宏观分配机制。

第五，努力解决新二元结构问题，通过提升劳动者收入水平与社会保障水平，有效缓解劳动力的结构性短缺。在当前农村剩余劳动力流向出现变异以及民工荒初显端倪的背景下，有必要有效提升外来务工人员的收入水平，不断加大对外来务工人员的吸引能力。一是在经济社会发展过程中有效加强外来务工人员的岗前与在职培训，不断提升其人力资本水平与就业能力，更有效地促进外来务工人员就业与创业。二是通过有序提升最低工资水平，完善工资集体协商机制，健全欠薪保障追踪机制，不断提高外来务工人员收入水平，确保外来务工人员的有效权益。三是加强对外来务工人员的职业指导与就业服务，更有效地畅通劳动力市场供求信息，促使外来劳动力更有效地实现就业。四是进一步健全完善劳动力市场，努力消除二元劳动力市场，更有效发挥劳动力市场配置劳动力资源的基础性作用。通过不断缩小户籍居民与外来务工人员收入水平与社会保障水平的差距，持续加强上海对外来劳动力的吸引力，更充分发挥外来务工人员促进经济社会发展的作用，并使外来务工人员在此过程中有效分享改革开放成果。

此外，督促企业自觉构建和谐劳动关系，有序提高劳动者收入水平，实现和谐就业。从法律法规与社会诚信体系等方面督促企业积极构建和谐劳动关系，有必要进一步加强对企业的管理、引导与干预，有效保护劳动者权益。继续实施和完善鼓励企业增加就业岗位、加强就业培训的财税、信贷等优惠政策，实施促进就业的财税金融政策，积极支持自主创业与自谋职业。完善劳动关系协调机制，全面实行劳动合同制度和集体协商制度，健全协调劳动关系三方机制，完善劳动争议处理体制，有序增加劳动者收入水平，不断提高劳动者保障水平。加强劳动保护，健全劳动保障监察体制和劳动争议调处仲裁机制。

参考文献

历年《上海统计年鉴》，上海市统计局，中国统计出版社。

上海市人力资源和社会保障局网站，www. 12333sh. gov. cn。

陈建平：《工业化进程中工资水平对产业升级影响的研究》，《中共杭州市委党校学报》2006 年第 4 期。

秦丽娟：《从工资成本角度论中国制造业的产业竞争力》，《学术探讨》2008 年第 7 期。

辛冲等：《劳动力成本与产业结构升级》，《改革与战略》2008 年第 3 期。

魏满霞：《论珠三角制造业劳动力成本上升及其对产业结构的影响》，《广东财经职业学院学报》2009 年第 2 期。

孙军等：《全球产业链、区域工资差异与产业升级——对长三角和珠三角产业发展模式的一个比较研究》，《当代经济科学》2010 年第 5 期。

徐晓红等：《市场化、全球化与劳动力工资不平等增长——基于第二产业的实证研究》，《经济问题》2009 年第 3 期。

周国良：《人工成本不升反降企业用工趋于谨慎》，2010 年 4 月 22 日《中国经济时报》。

B.9
人民币国际化进程中的
上海国际金融中心建设

闫彦明*

摘　要： 近年来，在市场机制与政府推动的双重作用下，人民币区域化、国际化进程明显加快。尤其是在国际金融危机的背景下，中国实体经济的稳步发展为人民币国际化创造了坚实的基础条件。但客观来看，人民币仍处于国际化发展的早期阶段，要真正实现成为世界货币的目标仍有很长的路要走。作为国家的重要战略，上海建设国际金融中心也在加速发展之中，而人民币国际化将为其带来新的契机，同时也会产生一定的风险因素。但是从长期来看推进人民币国际化将是未来的必然选择。在人民币国际化背景下，上海建设国际金融中心仍存在金融体制、金融监管、市场基础、金融人才等方面的瓶颈与问题，迫切需要各方共同加以克服，对此，本文提出了相关的政策建议。

关键词： 人民币国际化　上海　国际金融中心　资本项目

国家统计局发布的数据显示，2010 年第 3 季度国内生产总值换算成美元为 1.415 万亿美元，中国由此连续第 2 个季度超过日本成为世界第二大经济体，这也揭开了我国经济与金融发展新的一页。另一个统计结果显示，2009 年我国进出口贸易总额和实际利用外资余额占 GDP 的比重分别高达 58% 和 20% 左右。与实体经济领域取得的成就相比，人民币国际地位和影响却显得很不匹配。但这个情况在近几年出现了转机：随着我国国际经济金融地位不断提升，人民币在区域

---

* 闫彦明，上海社会科学院经济研究所副研究员，经济学博士，主要研究方向为资本与金融市场、企业融资等。

国际贸易等领域被作为结算货币使用的频率逐渐提高，人民币区域化、国际化进程已经开始启动并呈现了加速发展的趋势。特别是在国际金融危机爆发后，美元、欧元等主要货币汇率的大幅波动为各国企业跨境贸易结算带来了很高的汇率风险，客观上也对其他强势货币产生了更大的需求，[①] 为人民币在国际货币体系中的崛起带来了机遇。

与此同时，我国政府的政策探索也有力地推动了这个进程：2009 年 6 月，央行等六部门联合发布跨境贸易人民币结算试点管理办法，我国企业跨境贸易人民币结算试点在上海、广州、深圳、珠海和东莞等城市正式启动。由于试点效果良好，[②] 2010 年 6 月，央行等六部委又联合发布《关于扩大跨境贸易人民币结算试点有关问题的通知》，试点地区由上海市和广东省的 4 个城市扩大到 20 个省（自治区、直辖市）；试点业务范围包括跨境货物贸易、服务贸易和其他经常项目人民币结算；不再限制境外地域，企业可按市场原则选择使用人民币结算。在对外贸易中更多地采用人民币结算，标志着人民币在国际化进程中迈出了重要一步。另外，我国在境外发行人民币债券、与周边国家开展货币互换等方面的探索也在推动人民币国际化方面发挥积极作用。

从上海国际金融中心建设的角度来看，人民币的区域化、国际化将有助于形成更为有利的外部环境，但同时也带来了更大的国际风险。但客观来看，长期以来人民币非国际货币的地位和我国较为严格的资本项目管制，制约着上海国际金融中心的建设。结合纽约、伦敦、新加坡、香港等一些国际金融中心城市的经验，上海要真正建设成为国际金融中心，人民币成为国际货币将是必由之路。但是人民币国际化与上海国际金融中心建设之间的内在逻辑关系如何？本文试图就此展开探讨。

一　人民币国际化的进程与特点

马克思在《资本论》等著作中系统地阐述了货币的职能及其对经济的作用，

---

① 目前，在我国与周边国家或地区的贸易交往中，人民币得到了广泛使用。据估计，在中国与东盟国家和地区的贸易交往中，使用人民币进行结算的比例占 50% 左右。人民币在东南亚地区已经成了仅次于美元、欧元、日元的一个"硬通货"，人民币区域化特征比较显著。
② 据统计，截至 2010 年上半年，跨境贸易人民币结算业务量已达 706 亿元，是 2009 年下半年 36 亿元的近 20 倍。其中经香港处理的有 503 亿元人民币，占比为 75%。

马克思主义经济学也将世界货币当做与货币的价值尺度、流通手段、贮藏手段和支付手段这四种功能相并列的第五种功能。货币现象也始终是国际经济理论界关注的焦点问题之一，在西方货币理论中也对货币功能有着深刻的阐述。虽然一国货币往往同时具备多种功能，但能否成为世界货币却需要多方面因素的支持。一般而言，能够世界货币是一国比较强大的综合经济实力在货币上的反映，而货币的国际化则是一个从国内货币上升为世界货币（或区域化货币）动态的过程。目前，人民币正处于向区域化、国际化转变的关键阶段。如果能够顺利实现这个转变，则中国"贸易大国、货币小国"的组合将逐渐被扭转，全球货币体系的格局也将因之而改变。

（一）人民币国际化的进程

人民币国际化，简而言之就是指人民币能够跨越国界，在境外流通，成为国际上普遍认可的计价、结算及储备货币的过程。近年来，在市场机制和政府力量的共同影响下，人民币国际化进程开始呈现加速推进的态势。

近些年来，伴随着我国经济领域对外开放的不断深化，货币国际化也在持续发展。例如，1996 年 12 月我国宣布接受国际货币基金组织第八条款，实现人民币经常项目可兑换，对于对外贸易的快速发展起到了很大作用；又如，2001 年 12 月 11 日我国正式加入世界贸易组织，也极大地推动了经济国际化发展，也带动了人民币在区域经济贸易中的频繁使用；再如，2005 年 7 月，我国开始实行以市场供求为基础、参考一篮子货币政策进行调节、有管理的浮动汇率制度，推动了货币市场化机制的完善。随着经济条件日趋成熟，近年来人民币国际化问题成为国际社会关注的焦点问题，为适应形势发展要求，我国政府逐步开启了人民币国际化的"政策之门"，表 1 体现了我国近年来由政府推动的人民币区域化进程的情况。

表1　人民币区域化（国际化）进程一览

时　间	主要事项
20 世纪 90 年代	中国与有关邻国就已开始在边境贸易中使用人民币进行结算
2003 年	党的十六届三中全会提出了"要在有效防范风险的前提下，有选择、分步骤放宽对跨境资本交易活动的限制，逐步实现资本项目可兑换"；加快推进与港澳地区货物贸易的人民币结算试点

续表1

时　间	主要事项
2007 年 6 月	首只人民币债券在登陆香港,此后内地多家银行先后多次在香港推行两年或三年期的人民币债券,总额超过 200 亿元人民币
2008 年 7 月 10 日	国务院批准中国人民银行三定方案,新设立汇率司,其职能包括"根据人民币国际化的进程发展人民币离岸市场"
2008 年 12 月	4 日,中国与俄罗斯就加快两国在贸易中改用本国货币结算进行了磋商;12日,中国人民银行和韩国银行签署了双边货币互换协议,两国通过本币互换可相互提供规模为 1800 亿元人民币的短期流动性支持
2008 年 12 月 25 日	国务院决定,将对广东和长江三角洲地区与港澳地区、广西和云南与亚细安的货物贸易进行人民币结算试点;此外,中国已与包括蒙古、越南、缅甸等在内的周边八国签订了自主选择双边货币结算协议,人民币区域化的进程大步加快
2009 年 2 月 8 日	中国与马来西亚签订的互换协议规模为 800 亿元人民币/400 亿林吉特
2009 年 3 月 9 日	央行有关信息透露,国务院已经确认,人民币跨境结算中心将在香港进行试点;具体的试点方案和办法目前还在研究,尚未出台
2009 年 3 月 11 日	中国人民银行和白俄罗斯共和国国家银行宣布签署双边货币互换协议,目的是通过推动双边贸易及投资促进两国经济增长
2009 年 3 月 23 日	中国人民银行和印度尼西亚银行宣布签署双边货币互换协议,目的是支持双边贸易及直接投资以促进经济增长,并为稳定金融市场提供短期流动性
2009 年 4 月 2 日	中国人民银行和阿根廷中央银行签署双边货币互换协议
2009 年 7 月	六部委联合发布《跨境贸易人民币结算试点管理办法》,我国跨境贸易人民币结算试点正式启动
2010 年 6 月	六部委联合发布《关于扩大跨境贸易人民币结算试点有关问题的通知》,跨境贸易人民币结算试点地区范围将扩大至沿海到内地 20 个省区市,境外结算地扩至所有国家和地区
2010 年 8 月	央行发布《关于境外人民币清算行等三类机构运用人民币投资银行间债券市场试点有关事宜的通知》,允许香港、澳门地区人民币业务清算行、跨境贸易人民币结算境外参加银行和境外中央银行或货币当局等三类机构,以人民币投资境内银行间债券市场

资料来源:根据金融街网站和媒体报道内容整理而成。

　　在人民币加速区域化、国际化的同时,香港人民币业务的快速发展对推动人民币国际化发挥了重要作用。表 2 是香港人民币业务发展的主要事项。

表2　香港人民币业务发展进程一览

时　间	主要事项
2004 年	香港银行获准试办个人人民币存款、兑换、汇款和信用卡业务
2005 年	准许包括零售、饮食及运输在内的 7 个行业开设人民币存款户口
2006 年	准许香港居民开设人民币支票户口
2007 年	内地金融机构获准在香港发行人民币债券
2009 年	香港与上海及广东四个指定城市之间的跨境贸易获准可以人民币结算
2010 年 2 月	只要涉及的人民币不回流内地，香港银行可自由运用持有的人民币资金；内地非金融机构获准在港发行人民币债券
2010 年 6 月	人民币跨境贸易结算扩展至内地 20 个省市及海外所有国家和地区
2010 年 7 月	香港人民币存款可于银行间往来转账，取消企业兑换人民币的上限；合和公路基建发行 13.8 亿元人民币债券，成为首家发行人民币债券的港企
2010 年 8 月	美资企业麦当劳在港发行两亿元人民币企业债券
2010 年 8 月	容许境外央行、清算行、银行，以及参与跨境人民币贸易试点的金融机构，包括基金公司及保险公司等，可投资内地银行间债券市场
2010 年 8 月	海通资产管理（香港）公司获准在港发行首只以人民币计价的基金

资料来源：根据金融街网站和媒体报道内容整理而成。

从表2可以看出，从20世纪90年代开始，我国已经逐步启动了人民币的区域化、国际化之旅。在最近几年中，这个进程呈现出加速态势，无论是人民币国际结算的频率和规模、政策推出的密集程度、国际市场的需求程度等都有了快速的进展。

（二）近阶段人民币区域化、国际化的主要特点

人民币国际化是随着国际经济形势不断变化、国内经济实力不断提升的总体环境下启动的，同时也是在我国处于经济和金融体制转型、经济结构深入调整的关键阶段进行的，从而也具有鲜明的特点。主要体现为以下几个方面。

1. 人民币国际化进程刚刚起步

虽然目前在人民币作为跨境贸易结算货币、人民币境外的流通等方面有了新的进展，但是这与真正的人民币国际化——成为世界货币的目标相比仍有很大差距（据粗略统计，目前人民币在国际贸易领域作为结算货币来使用的比重尚不到3%，远低于美元等主要货币）。

根据有关学者的研究，货币国际化大体可以分为三个层次：第一层次是本币在一般国际经济交易中被广泛地用来计价结算；第二层次是本币在外汇市场上被广泛用作交易货币；第三层次是成为各国外汇储备中的主要货币之一。相应地，人民币作为世界货币，其主要表现方式分别体现为：在国际贸易中以人民币结算的交易必须达到一定的比重；人民币现金在境外具有一定的流通度；以人民币计价的金融产品成为国际各主要金融机构（包括各国中央银行）的投资对象。这个进程可以概括地体现在表3中。

表3 货币国际化的三个层次

	第一层次	第二层次	第三层次
要点内容	国际经济交易的结算货币	外汇市场上的交易货币	各国外汇储备的主要货币
主要体现方式	在国际贸易中以该货币结算达到相当比重	该货币在境外具有一定的流通度	以该货币计价的金融产品成为国际各主要金融机构（包括各国中央银行）的投资对象

货币国际化的最高层次就是世界货币的阶段，美元、欧元等在当今的国际货币体系中就扮演着这样的"角色"。如果以此进行对照，目前人民币仅处于第一层次的初级阶段，即仅在中国与周边国家和地区的贸易中被部分地作为计价结算的货币，所以人民币要真正实现国际化、成为世界货币还有很漫长的道路要走，还需要一系列汇率、利率及其他相关机制的改革为基础。

2. 人民币国际化是个长期渐进的市场化过程

历史的发展一再证明，我国渐进式改革的道路是非常正确的。尤其是在迅猛爆发的国际金融危机中，我国能够以较小的成本成功渡过难关，主要是得益于此。由于货币问题的特殊性，我国更是始终保持着谨慎的态度，所以人民币国际化也将是一个长期渐进的过程。

同时，货币的本质和起源均表明货币的市场化属性。虽然在某些阶段可以通过政策手段来推动一国货币的国际化，但这个演化过程归根结底还应当是市场行为。随着我国社会主义市场经济体制不断完善，支撑货币功能提升的经济、文化、信用制度等诸多因素将不断成熟，届时实现人民币国际化将是水到渠成的事情。由此来看，人民币国际化将是一个长期渐进的市场行为，要吸取其他发展中国家汇率制度和金融制度改革的经验和教训，坚持自主、有序、稳健地推进这个

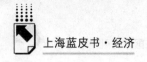
进程。

3. 我国是在资本项目未充分开放条件下开展的人民币国际化

自中国实现经常项目可兑换至今已经有 15 年的时间，在此期间内中国国际贸易取得了飞速发展。但是出于谨慎动机的考虑，我国并未像其他发展中国家一样匆忙放开资本项目，从而有效地构筑了国际金融风险的"防火墙"。

从国际情况看，从经常项目可兑换到资本项目可兑换，日本用了 16 年、英国用了 18 年、德国用了 20 年；而根据国际货币基金组织的一项统计，大多数国家实现这个过程的平均用时为 7～10 年。这也许能够说明实现货币完全可兑换并不需耗费很久时间的问题，但墨西哥金融危机、东南亚金融危机等的教训从反面证明金融安全的极端重要性。因此，逐步、有序放开资本项目管制仍是我国未来坚定不移的路线。

4. 以金融创新和多元化举措推动人民币国际化

在国际金融危机爆发后，由于我国在国际经济货币领域有着良好的国际信誉，以及人民币在国际货币市场的强势表现，国际市场对人民币的需求日趋旺盛。适应市场内在发展的要求，我国政府通过多方面的创新举措积极探索推动人民币国际化，并取得了良好成效。

在国际货币互换方面，据不完全统计，国际金融危机爆发以来我国央行已与香港地区以及韩国、马来西亚、印度尼西亚、白俄罗斯、阿根廷等多个国家和地区的央行及货币当局签署了货币互换协议，总金额高达 6500 亿元，这使得人民币在周边区域贸易中作为结算货币的重要性不断提升。

在人民币跨境贸易试点方面，截止到 2010 年 11 月中旬，中国银行（经营外汇业务的主要银行）上海市分行的跨境贸易人民币结算业务量已突破 100 亿元人民币大关，开展试点以来中行上海市分行已为上海的 200 余家企业办理各类跨境人民币业务 600 余笔。第二批开展试点政策推出后，各有关省市业务发展迅速，其中江苏省在业务启动后的 40 天内就有 12 家银行为 51 家企业办理业务 82 笔，结算金额达到 18.21 亿元。①

在资本项目开放的探索方面，QFII、QDII 等制度的推出成为我国重要的金

---

① 在结算接受地区方面，中国香港地区、新加坡结算金额分别为 12.57 亿元和 5.62 亿元，占比高达 69% 和 30%。

融创新，并在实际中快速发展。例如，中国证监会近期公布的《QFII 名录
（2010 年 10 月）》显示，10 月份，有 4 家机构获得 QFII 资格。截至 10 月底，获
得 QFII 资格的机构已突破百家，达到 103 家。在机构数量不断增长的同时，
QFII、QDII 等机构的配额及控制的金融资产规模也在持续扩大：根据国家外汇
管理局公布的数据，截至 2010 年 9 月 30 日，已经批准的 QFII 机构累计额度达到
了 189.7 亿美元（其中法国兴业资产管理公司因申请主体取消，QFII 资格和额
度被收回），这些机构已经成为我国资本市场重要的投资主体。图 1、图 2 分别
反映了近年来我国 QFII 和 QDII 的配额、资金管理规模的增长趋势。

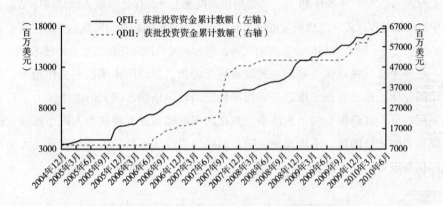

图 1　QFII、QDII 等机构配额规模变动情况

资料来源：转引自金融街网站。

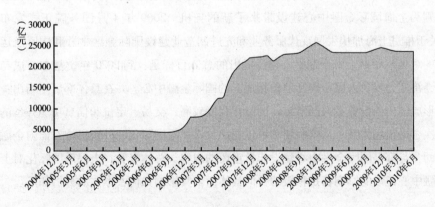

图 2　QFII 资金管理规模变动情况

资料来源：转引自金融街网站。

在支付清算系统建设方面的进展也为人民币国际化创造了技术条件。一是自2009年11月成立以来，上海清算所已基本完成与主要清算会员银行、中小清算会员银行的网络连接，吸纳首批清算会员，制订了一整套风险管理制度；近期正积极推进银行间市场外汇、债券、衍生品等各类交易的集中清算，以提高市场透明度、防范系统性风险、促进市场创新发展。二是根据年内出台的《非金融机构支付服务管理办法》，上海还在积极开展第三方支付系统建设，该系统目前能够开展国际化、多币种收款和结算业务；截至2010年8月，全国第三方支付排名前10位的厂商中已有8家企业入驻上海，其中包括环迅支付（IPS）等在内的4家更是将总部设在了上海。三是2010年8月18日，外管局正式批准上海综保区开展人民币国际贸易结算中心外汇管理试点，这也成为推进上海建设国际金融中心和国际航运中心进程中重要的标志之一。随着支付清算系统的完善，将为人民币国际化提供重要的技术保障。

总体来看，在我国金融渐进式改革理念的指引及国际市场机制的作用下，人民币国际化进程正在稳步推进。而我国稳定的政治格局、强大的经济实力、良好的国际信誉、日趋健全的金融体系、充足的国际储备等都将成为人民币国际化进程强有力的支撑因素。不难预测，随着国际国内经济形势的进一步发展，人民币国际化程度将不断提高。

二 人民币国际化对上海金融中心建设的影响

长期以来，国家对上海经济及金融发展寄予厚望，而人民币国际化进程的启动则为上海国际金融中心建设带来了新的契机。2009年4月国务院正式发布的《关于推进上海加快发展现代服务业和先进制造业建设国际金融中心和国际航运中心的意见》中对上海金融中心建设提出的总体目标是：到2020年，基本建成与我国经济实力以及人民币国际地位相适应的国际金融中心。并在具体部署中指出：基本形成国内外投资者共同参与、国际化程度较高，交易、定价和信息功能齐备的多层次金融市场体系。从这些要求可以看出，人民币国际化、外资机构对国内金融市场的参与都是国际金融中心建设非常重要的内容。总体来看，人民币国际化对上海金融中心建设的影响将是积极的，但具体而言其影响如何？本文的分析如下。

（一）积极影响

一般而言，本币国际化对主体经济会带来多方面的益处，如获得提升国际地位、获得国际铸币税收入、繁荣国际贸易、降低汇价风险、输出通货膨胀等。随着人民币国际地位的不断提升，上述有关方面的活动在推动上海国际金融中心建设方面也将产生重要而积极的影响。具体来看，有如下几个方面。

1. 有助于增强上海在国际城市中的影响力和竞争力

纽约、伦敦、东京等的经验表明，国际金融中心城市的发展与本国货币的国际地位具有很大关系。其一，美元、欧元、日元等货币作为国际货币，为本国实体经济发展提供了有力的货币支持，进而推动了中心城市金融业和金融市场的不断发展；其二，随着金融中心城市外汇市场、货币市场的发展，这些城市在有关领域的国际影响力不断提升，如伦敦目前在全球外汇市场中占据了非常重要的地位，这对伦敦金融中心的发展产生了非常重要的推动作用；其三，当一个国家拥有了一种世界货币的发行和调节权，对全球经济活动的影响和话语权也将随之增加，并有助于摆脱国际领域中受支配的地位。从这些方面看，人民币国际化对于推动上海国际金融中心建设，吸引国际金融机构和金融资源都将有积极意义。而在伦敦金融城发布的国际金融中心排名（GFCI）及其他国际排名系统的指标体系中都将金融市场、货币制度等作为考虑的重要因素，随着人民币国际化不断推进，将直接和间接地提升上海在国际金融中心城市中的名次。另外，根据国际著名投行机构高盛公司的估算，未来 10 年内若实现货币自由兑换和 A 股市场的开放，上海很有可能成为亚太地区重要的金融中心。该公司预测，到 2020 年，上海股市和期货市场的日均交易额将从目前占亚洲地区约 25% 的比例，上升至亚太市场流动性的 53%。

2. 有助于规避汇价风险，促进国际贸易、国际投资和金融市场的发展

上海外向型经济显著，国际贸易快速发展过程中使许多企业持有大量美元或其他外币的债权和债务，由于危机后国际货币汇率风险不断加大，对区域实体经济产生了很大影响。与国际贸易类似，国际汇率波动也影响到国际机构对上海的投资活动。这些都加大了经济运营风险和货币市场风险，不过当实现人民币国际化后，对外贸易和投资可以更多地用人民币进行计价和结算，国际国内企业和金融机构通过灵活选择货币种类可以更好地规避国际汇率风险，这可以推动国际贸易、国际投资的进一步繁荣，并带动金融业的不断成长。同时，实体经济和金融业发展过程中也会促进人民币计价的债券、股票、基金、期货等金融市场的整体发展，以及上海作为区域性人民币清算中心功能的提升。

3. 有助于集聚更多的外资金融机构和国际化金融人才

在人民币国际化进程中，将伴随着我国金融体制市场化改革的不断深化，以及资本项目和金融市场的逐步开放。在中国经济良好的发展预期下，由于跨境流动的"藩篱"逐渐降低，大量的外资金融机构、国际化金融人才来华发展的意愿将进一步增强。从我国设立 QFII 制度以后，大批海外金融机构蜂拥而入的现象可见一斑：一方面国际金融机构积极向主管部门递交设立 QFII 机构及更多配额的申请，这体现出大批海外资金入境意愿很强；另一方面，近年来我国对 QFII 机构配额的规模持续扩大，但还是不能满足海外金融机构的需求。如果人民币实现了向国际货币的转化，必将引发更多国际资金、国际金融机构的进入，并带动国际金融人才向国内的集聚，而这些机构和人才的选择地点往往是上海、北京、深圳等金融基础比较完善的金融中心城市。

4. 有助于推动金融创新与金融发展

凯恩斯定理指出了"需求创造供给"的思想，这在金融领域实际上也具有一定的适用性。如前所述，人民币国际化主要还是一个市场化推动的过程，当国际市场上产生了对人民币作为结算货币和投资需求的时候，而人民币本身又具备国际化的条件，则整个过程将是一个顺理成章的事情。而在国际市场需求不断增强的背景下，国内金融与货币制度将随着需求的变化而进行调整和适应，从而产生出许多金融创新行为。例如，目前发展迅猛的 QFII 和 QDII 就是金融制度和金融组织的创新；在人民币国际化过程中，将有大量境内人民币债券、欧洲人民币债券的发行和交易，这将激发金融市场体系的创新及交易产品、交易机制的创新；2010 年 8 月，《关于境外人民币清算行等三类机构运用人民币投资银行间债券市场试点有关事宜的通知》的发布成为了人民币国际化的又一个重要里程碑，这实际上开辟了海外人民币的回流机制，而首站投资目标确定为中国银行间债券市场；近期受美国量化宽松、美元中长期看贬的影响，大量出口型企业开始转向使用人民币跨境结算①来规避汇率风险，同时也有越来越多的外资银行开始探索与中资银行的合作机遇，在合作中不断出现新的业务模式和新

---

① 统计显示，目前我国的中行、国开行、工行、农行、建行、中信、招商、浦发、汇丰等多家银行业机构已开展跨境人民币业务。银行类别涵盖了政策性银行、国有银行、股份制银行、外资银行及地方法人银行。

的金融产品，按照这个趋势来看各类金融机构云集的上海将可能发展成为未来的人民币在岸中心。

（二）负面影响

任何事物都具有两面性，人民币国际化在给我国国民经济发展、给上海国际金融中心建设带来多方面益处的同时，同时也会带来新的风险因素和相关成本。具体来看，人民币国际化对上海国际金融中心建设的负面影响主要体现在以下几个方面。

1. 资本项目开放过程中的潜在风险

推进人民币国际化，资本项目开放是不容回避的事情。缺少了资本项目开放的制度基础，人民币就无法成为真正意义的国际货币。但是由于我国金融体系的基础仍相对薄弱，贸然开放资本项目将使国内经济、金融体系直面国际资金的冲击，其中蕴涵的风险是巨大的。

根据蒙代尔和弗莱明的理论，资本的自由流动、货币政策的独立性和汇率固定的三项目标中，一国政府最多只能同时实现其中的两项。这个结论就是著名的"蒙代尔三角"的核心内容。从这个理论出发，我国政府在推进人民币国际化的进程中，是不能以放弃货币政策独立性为代价的，因此只能在资本的自由流动和汇率固定这两个目标之间作出取舍。但从金融发展与经济全球化的角度看，实现资本跨境的自由流动将是长期应当实行的目标。而且从实际情况看，近年来我国资本项目开放已经做出了许多有益尝试，尤其在促进对外开放和跨境贸易结算等方面的开放力度不小。在国际货币基金组织划分的 43 个资本交易项目中，我国已有 12 个项目完全可兑换，有 16 个项目部分开放。目前我国仅在最核心的借用外债、跨境证券投资、中资机构对外贷款和直接投资等项下，仍然实行资本账户管制。如何进一步对核心的几个资本项目逐步放开的话，国际资金将能够自由地在境内境外进行流动，当国家国内的汇率、利率出线偏离时，我国也将不可避免地面临国际热钱进行各种的"套利"活动，并因此而使得国内经济和金融市场面临巨大的外部风险。

进一步结合上海金融发展来看，人民币国际化及资本项目开放将使上海市场的系统风险有所提高。上海目前集聚了股票、债券、货币、外汇、期货、金融期货等国家级金融市场，从而成为我国金融市场体系最完善、金融市场规模最大、市场参与机构数量最多、市场交易产品种类最多、国际竞争力最强的区域①。但同时还要看到，与发达国家长达数百年的金融市场发展历史相比，我国金融市场体系建立时间很短、基础依然比较薄弱、监管能力仍有待提升、整体金融体系仍相当脆弱，控制国际金融风险的能力还比较弱。随着人民币国际化、资本项目开放进程的推进，上海也必将成为国际热钱角逐的关键场所，如何加强国际风险的防范与监管将成为未来有关方面需要高度关注并加以解决的重要问题。

2. 人民币国际化增加了国家及区域金融宏观调控的难度

人民币国际化后，我国的货币政策将承担更多的国际责任，中央和地方制定调控政策时就需要考虑更多的变量，以维护国际国内金融经济的稳定。同时，随着人民币国际货币功能不断增强，国际金融市场和国际贸易市场上都将流通相当数量的人民币，其频繁的国际流动可能会削弱中央银行对境内人民币的控制能力，仅仅按照传统货币政策手段将很难有效达成政策目标。比如，当国内出现通货膨胀的情况时，央行应当采取包括提高利率等手段在内的紧缩性货币政策时，境外流通的人民币将会加速流入，导致市场上人民币的供应量的增加，并在很大程度上削弱货币政策的实施效果。从上海建设区域金融中心的角度看，地方政府依照国家宏观政策落实地方金融发展举措时，则要考虑更多的国际市场因素。

3. 金融市场短期震荡的加剧

一直以来，A股市场与境外市场存在较大的制度差异和定价落差。其主要原因在于，一是由于定价机制等方面与境外市场存在差异，我国A股市场整体市利率高于其他境外市场，从而存在一定的"价差"；二是由于长期的资本项目管制，境外资金难以有效进行跨境流动并参与我国境内A股市场，从而使得A股市场存在"堰塞湖现象"。在这样的情况下，随着人民币国际化及资本项目可兑换的推进，价格落差将在或长或短的时间内消除，可能出现大量货币以人民币或兑换为外币的形式而流出的情况，这必将给包括上海股票市场在内的国内资本市场，乃至国家金融体系和整体经济都会带来震荡和冲击。

---

① 据统计，从资本市场全球排名看，上海证券交易所2009年股票成交额和IPO金额在全球排名均列第三；上海期货交易所交易量跃居全球商品期货和期权交易所第二位，同时跨入全球十大衍生品交易所行列；上海黄金交易所黄金现货交易量排名全球第一。2010年前4个月，上海主要金融市场交易总额95.52万亿元（不含外汇市场），同比增长近43%，其中商品期货市场成交同比增幅达123%，黄金市场成交同比增长84.15%。

4. 反洗钱的压力将不断加大

不难预测，大量人民币现金的跨境流动将会在业务结构、参与主体等方面呈现出鱼龙混杂的特点，尤其是可能会加大一些国际非法组织开展走私、赌博、贩毒等非法交易活动的概率。伴随这些非法活动的跨境交易，将出现很多隐蔽、异常的人民币现金跨境流动，实际上就是"洗钱"活动。这些活动的不断增加不仅将影响到中国金融市场的稳定，同时也会增加反假币、反洗钱工作的困难。上海作为我国金融开放的前沿阵地，在反洗钱方面的压力将会更大。针对近年来日趋严峻的反洗钱形势，中国证监会于 2010 年 6 月向社会公开征求意见后，于 9 月 6 日正式公布了《证券期货业反洗钱工作实施办法》，并于 10 月 1 日正式生效。《实施办法》要求证券期货经营机构应当依法建立健全反洗钱工作制度，并按规定向当地证监会派出机构报送相关信息，这些举措将为我国加强反洗钱工作、促进国家及区域金融稳定产生积极作用。

尽管人民币国际化会带来诸多负面影响，但是从总体和长期来看，人民币国际化对于上海国际金融中心建设的积极影响将是主导性的，尤其是对于未来提升上海国际金融中心的影响力、竞争力、吸引力都是非常重要的。同时，加快推进人民币"走出去"，扩大人民币境外使用，也是我国综合经济实力发展的必然结果。今后的关键是如何选择最优的人民币国际化路径，使得在严格控制风险的同时实现收益最大化目标。

三 人民币国际化背景下上海国际金融中心建设存在的主要问题

与发达国家金融中心的发展与崛起之路不同，上海国际金融中心建设一直在资本项目管制和本币非国际化货币等条件约束下开展的。相应地，上海要实现从国内金融中心向国际金融中心的全面转型也必然面临更多的制约因素和瓶颈问题；在近年来人民币国际化进程有所加快的背景下，有关问题更显得日益突出。

（一）金融体制与国际接轨过程中存在不足

人民币国际化意味着中国金融领域的更加开放，也意味着中国国内金融体制要逐步实现与国际惯例的接轨。但从上海金融中心建设的实际情况看，目前仍在许多方面与国际惯例及有关规则相比存在差异或不足的地方。

一是在金融法制方面，虽然上海近年来率先探索建立地方金融法庭等举措取得了良好成效，但仍存在法律法规体系不够健全、部分条文规定与国际惯例不相符、金融执法透明度有待提高等相关问题。例如在金融知识产权保护方面的法律规定仍比较薄弱，这不利于金融机构在人民币国际化背景下进行富有活力的金融创新活动，也往往容易产生更多的国际金融纠纷。在人民币国际化背景下，对金融法制建设提出了更高的要求；而《国务院关于推进上海加快发展现代服务业和先进制造业，建设国际金融中心和国际航运中心的意见》中也明确提出了长期要求：加强金融法治建设，加快制定既切合我国实际又符合国际惯例的金融税收和法律制度。完善金融执法体系，建立公平、公正、高效的金融纠纷审理、仲裁机制，探索建立上海金融专业法庭、仲裁机构。应当说，金融法治建设将是一系列具有长期性、基础性、可持续发展性特征的艰巨工作。

二是在金融制度方面，国际上虽然刚刚经历了金融危机的洗礼，并对过度金融自由化倾向产生了巨大冲击，但是从金融发展效率和金融竞争力等来看，未来国际金融业开展有控制的混业经营仍将是主流模式。我国从20世纪90年代进行金融体系整顿后实行较为严格的"分业经营"的金融制度，在近些年中，银行、证券、保险等金融大力开展创新，并形成了中间业务迅猛发展的态势，但从银行机构的业务结构看传统业务仍占绝大部分比重。随着人民币国际化的推进，将对"分业金融"制度产生更大冲击。

三是在融资结构方面，我国目前金融体系存在直接融资比重偏小、商业银行比重过高、国有金融比重过高的特点，这与发达国家金融发展格局相比存在较大差距。但随着人民币国际化的推进，目前融资结构的缺陷将会对金融发展形成新的制约，如业务结构较为单一、金融创新不足、资本市场基础薄弱、金融风险增加等。

四是在利率制度方面，人民币利率市场化程度不高制约着人民币国际化与金融发展。概括起来，当前我国利率制度的问题主要体现在：单一固定的利率管理体制和模式已不能适应金融市场上资金需求和供给达到自然均衡的需要；利率决定权过于集中——目前我国利率水平和结构的确定均由中央银行统一管理，商业银行只是在一定程度上和范围内享有浮动权，商业银行的利率浮动空间十分有限，利率水平难以适应各商业银行自身成本管理的需要，并且难以满足千差万别的客户群体的需要；存贷款利率结构不够合理，如美国智库战略与国际问题研究中心（Center for Strategic and International Studies）的查尔斯·弗里曼指出："中国国有企业实际上是受到政府和个人储户的双重'补贴'，而中国储户多年来只能接受实际负存款利率。"今后，人民币国际化意味着货币的市场化程度将显著提高，而人民币利率市场化将势在必行，但是在加入了国际市场因素的考虑后，利率市场化及宏观调控的难度均会提高。

除了以上几个方面，今后在汇率形成机制方面也面临进一步完善的问题。例如，一个被管理的汇率水平和金融体系在许多境外投资者看来，将会大大增加其持有该国货币的成本和不确定性，并将在一定程度上影响到其使用该国货币的积极性。

（二）金融监管与货币、金融的国际化发展相比存在不适应之处

如前所述，随着本币国际化推进，将使得国内经济、金融面临更多国际金融风险的威胁。在此背景下，金融监管的难度也将大幅度提升，而我国金融监管体系与国际化形势相比仍存在诸多不适应之处。

一是在监管体制方面，"分业监管"制度将难以适应人民币国际化的趋势。人民币国际化程度的提高，将使得大量海外金融专业机构掌握大量的人民币货币及以人民币计价的金融资产，并通过许多国外已经熟练运用的金融创新手段开展跨金融市场的投资、对冲等金融活动，许多金融手段都将直接打破传统的金融行业"藩篱"，这对我国当前实行的较为严格的"分业金融"监管制度提出了严峻的考验。尤其是当许多跨境金融活动攻击那些"分业金融"监管体系中的交叉领域（监管"盲点"）时将可能酝酿巨大的金融风险。

二是在资本项目方面，今后我国将面临"开放"与"安全"的两难选择。一方面，适应人民币国际化的要求，资本项目的逐步开放将是大势所趋。另一方面，在我国金融基础仍较薄弱的情况下，还不能贸然、过快开放资本项目管制。中国目前采用的资本项目可兑换的渐进模式与战略，在实践中是非常有效的，但难题仍在于如何在"开放"与"安全"、"时间"与"空间"之间进行有效抉择。

三是在监管规则方面，适应国际化要求国内规则面临提升与完善。例如，在银行业监管标准方面，在国际金融危机后，各国提高监管标准、加强银行管理的

呼声很高。9 月 12 日，27 国央行在瑞士一致通过最新银行监管协议，即《巴塞尔协议Ⅲ》。它将与全球流动性标准一起，成为危机后全球金融改革的关键举措，也有人将其评价为"最近 30 年来全球银行业在监管方面进行的最大规模的改革"①。在该协议推出后，我国金融监管部门正积极研究推出中国版的《巴塞尔协议Ⅲ》，但考虑到中国的情况，中国版的各项指标将可能均比"原版"高 2 个百分点左右。进一步从实际情况看，虽然我国银行业目前的监管指标已高于《巴塞尔协议Ⅲ》②（目前我国大型银行的资本充足率为 11%，中小商业银行的资本充足率为 10%。且在今年 3 月份，监管层还把大型商业银行的资本充足率提升至 11.5%），但是在经历了近两年信贷规模超常规增长后中国商业银行普遍存在"隐形坏账"的担忧，情况并不容乐观。因此，下一步仍将面临提高标准、控制风险的问题。

（三）金融市场仍面临做强、做大及国际化发展的要求

虽然上海金融市场体系目前正在经历着一个快速增长、良性发展的黄金时期，并在各项指标的国际排名中持续上升。但是从市场的内在因素来看，仍存在基础薄弱、国际化不足等问题，并在一定程度上制约着人民币国际化和上海国际金融中心的建设。

一是在金融市场国际化方面仍非常欠缺。例如：上海股票市场上市企业均为国内企业，没有一家外国企业在此上市，因此也难以称得上是国际化的证券市场；上海证券市场在交易的参与主体方面，虽然探索推行了 QFII 等制度，但是其在国内资本市场上的比重还依然很低，而且外资金融机构也难以通过互联网络对 A 股市场进行便捷的全球化交易；由于资本项目的管制，在信贷市场上存在跨境贷款操作难度较大的弊端。整体而言，目前上海金融市场的深度、广度和国际标准化程度等都显得不足。

---

① 《巴塞尔协议Ⅲ》的变革内容主要包括：提高最低资本要求水平，截至 2015 年 1 月，全球各商业银行的一级资本充足率下限将从现行的 4% 上调至 6%。由普通股构成的"核心"一级资本占银行风险资产的下限将从现行的 2% 提高至 4.5%。同时建立 2.5% 的资本留存缓冲和 0 至 2.5% 的逆周期资本缓冲。另外，各家银行应设立"资本防护缓冲资金"，总额不得低于银行风险资产的 2.5%，该规定将在 2016 年 1 月至 2019 年 1 月之间分阶段执行。
② 郭素凡：《"巴塞尔协议Ⅲ"促动世界金融变革》，《法治周末》2010 年 11 月。

二是债券市场等的比重过低，使得金融机构缺乏多元化的货币投资和对冲工具。在欧美等国家的金融市场中，债券市场规模庞大、产品众多，并占据重要地位。而作为金融市场的重要组成部分，债券市场具有发行成本低、参与对象广泛、回收方式灵活等诸多优势。但我国长期在信贷业务主导的格局下债券市场的发展受到很大抑制，债券交易品种少，交易规模小。从人民币国际化的角度看，这种状况对长期金融发展和稳定是不利的。例如，债券市场的发展滞后，一方面使得海内外金融机构缺乏多元化的人民币投资和对冲工具，并制约着货币金融的国际化发展；另一方面也因为缺乏相应的业务基础，而在拓展人民币的欧洲债券领域将形成很大制约。

（四） 与人民币国际化相适应的金融人才短缺成为重要瓶颈问题

现代国际货币、金融领域的竞争正如没有硝烟的战争，哪个国家的船坚炮利就能够在国际竞争中制胜并掌握主动权。而在货币金融领域，真正起决定性作用的就是高端化、专业化、有国际背景的金融人才，尤其是在金融体系对外开放不断深化的过程中，金融人才的极端重要性就非常突出。但从上海金融人才状况来看，情况不容乐观。

一是整体上看，上海目前在金融人才方面存在着很大缺口。尤其是在关键领域方面，能够适应人民币国际化要求的领域方面人才短缺问题更为突出。表4体现了上海与纽约、香港等国际金融中心城市在金融人才方面的对比情况。

表4　上海与纽约、香港金融从业人员总量及其人才结构比较

单位：万人，%

类　别	年　份	纽　约	香　港	上　海
金融从业人员总量	2000	27.71	16.9	10.05
	2006	26.96	18.6	19.57
金融业就业人员占城市就业人口之比	2000	7.6	5.3	1.3
	2006	6.9	5.5	2.2

资料来源：转引自李绪红等《基于国际金融中心建设目标的上海金融人力资源评估与总量需求预测》，《上海经济研究》2009年第10期。

表4显示出上海金融业从业人员规模尚可，但是从城市就业比重的角度来看，与其他城市存在显著差距。按照中央要求，上海在未来十年将在金融中心建

设方面有大的突破，与之适应金融人才的比重也将有一个不断提升的过程。而根据有关学者的模型预测，2020 年的上海金融从业人员总量将达到 46.62 万人，目前这个缺口是巨大的。

二是进一步看，上海金融对于专业型、复合型、国际化人才非常欠缺。根据有关调查，目前上海仍缺乏大量以英语为母语的金融专业人才。作为大量外资金融集聚的区域，迫切需要大量能够熟练掌握英语的金融专业人才。但是从上海目前的金融从业人员结构来看，绝大多数的人员集中于内资金融机构（特别是国有银行），外资金融机构从业人员数量很少，难以适应国际化趋势下金融业的发展需求。而且，上海非常缺乏高端、复合型、具有丰富国际阅历的金融人才。另外，上海还缺乏大量精通国际汇率、国际货币知识与业务的专业型人才。上海虽然初步形成了金融人才集聚的态势，但由于人才基础薄弱、教育和培训力量不强等方面的制约，再加上大量高端人才的"流失"，更加剧了人才短缺的情况。

三是与其他国际金融中心相比，上海金融人才整体素质有待进一步提高。目前，伦敦金融城、纽约华尔街等著名金融集聚地都汇集了大量国际金融领域的尖端人才，这些人来自不同的学科领域，具有优良的教育背景及很强的创新能力，并在国际金融业的发展中起着重要的引领作用。与这些城市相比，上海金融人才整体素质有待进一步提高。

四 趋势展望与相关政策建议

人民币国际化进程逐步驶入快车道，而上海国际金融中心建设也因此将迎来新的发展阶段。反过来看，上海国际金融中心建设也将对人民币国际化产生重要的推动作用，两者总体上体现出相辅相成的关系。当前需要关注的是，如何针对实践中存在的问题，推出相应的举措，有序、渐进、稳步地推进人民币国际化、上海国际金融中心建设的同步发展。

（一）趋势展望

2011 年，作为新的十年起始年份和"十二五规划"的开端，将在人民币国际化和上海国际金融中心建设方面呈现出许多新的气象。

在人民币国际化方面，随着我国国际贸易规模的持续扩大，人民币与相关货币互换协议的规模也将随着需求的增加而不断扩大，在东盟及其他周边区域人民币的结算和计价范围也将持续扩大；QFII 和 QDII 参与的机构将不断扩大，总体额度将持续增加。这些都将使人民币在周边区域乃至国际金融领域的影响进一步增强。

在上海国际金融中心建设方面，明年及今后几年将是落实《关于推进上海加快发展现代服务业和先进制造业建设国际金融中心和国际航运中心的意见》及其他国家战略部署的重要时期，随着更多新型海外金融机构的落户与参与，将进一步扩大上海在国际金融领域的影响；近年来反复讨论的国际板将在适当的时机予以推出，该举措将在很大程度上提高上海证券市场的国际化程度。按照国家确立的"到 2020 年，基本建成与我国经济实力以及人民币国际地位相适应的国际金融中心"目标，目前面临的各项任务仍是十分艰巨的。

（二）上海建设国际金融中心的几点政策建议

面对不断加快的人民币国际化趋势，上海国际金融中心建设必须考虑的是如何实现两者之间的联动发展——任何一方的发展滞后都将对另外一方形成阻碍。从现实情况来看，上海国际金融中心建设又存在诸多体制机制、人才环境等方面的制约。虽然这些因素更多的需要通过市场机制这只"看不见的手"来加以解决，但是有效发挥政府与政策的推动作用，在这个特殊阶段也是极其重要的因素。从政策层面看，近期应当重点考虑的主要有以下几个方面。

1. 切实加强与金融货币国际化相适应法律体系建设

首先，应当加强对国际金融领域的法律制度、国际惯例、市场规则等的研究与探讨，重点关注与货币国际化相关领域的制度条文，突出前瞻性，为金融立法工作奠定良好的基础。其次，在此基础上要不断加大金融立法工作的力度，既包括对《中央银行法》、《商业银行法》、《证券法》、《证券投资基金法》、《人民币管理条例》等现行法律法规条文的修订，也包括探索《外资银行法》、《金融服务市场法》、《金融知识产权保护条例》等的研究与制订，以适应货币金融国际化发展的需要；再次，要进一步强化上海地方金融立法职能，提高国际金融案件仲裁能力，积极营造良好的金融发展环境。

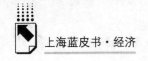

2. 稳步推进资本项目和金融市场开放

国际经验和教训反复证明，发展中国家资本项目和金融市场不宜开放过快，因此"安全第一"的原则是我国推进金融开放的首要原则。但是长期中还必须坚定不移地推进金融开放，近期主要可以考虑的举措有：一是进一步拓宽 QFII 等机构进入国内资本市场的来源和投资范围，在投资范围上除了已经推出的股票市场、债券市场投资外，可以进一步探索期货等领域的投资；二是可探索中资机构对外贷款等资本项目的逐步开放；三是探索构建多层次金融市场在内的人民币回流的国际投资池，形成国际资源向国内流入的通道，为未来可能回流的大量人民币提供投资机会；四是加快研究推出 A 股市场的国际板，吸引优质海外企业来沪上市及发行债券。

3. 探索推进金融监管体系改革

为适应人民币国际化及金融开放过程中日趋活跃的金融创新行为，迫切需要借鉴发达国家经验及国际金融危机所揭示的教训，积极推进我国金融监管体系的改革。主要内容就是探索整合"一行三会"的相关职能，探索构建统一的功能性监管体系，为人民币国际化背景下提升金融监管能力、消除监管漏洞创造组织保障。为了提高可操作性，可以考虑的阶段性举措，一是进一步强化跨部门联合监管机制和联合行动机制；二是可以探索在浦东新区等地方层面开展监管体系改革的试点工作，为未来的金融监管体系改革提供依据。

4. 不断提高人民币利率的市场化程度

人民币国际化利率的决定机制必将日趋市场化，否则将会出现人民币国际国内定价机制的扭曲，从而为国际游资带来很大的套利空间。目前应当逐步减弱央行对货币利率的控制，并在多方面探索推进人民币利率的市场化：逐步提高银行等金融交易主体的利率决定权；可探索提高同业拆借利率和短期国债利率作为市场基准利率的功能，主要是发挥同业拆借利率或短期国债利率交易量大、信息披露充分从而也最有代表性的优势，更为客观地体现人民币的利率水平；中央银行进一步加大公开市场操作的力度，并使之成为影响资金供求格局从而间接影响利率水平的重要工具。

5. 大力发展人民币在岸金融市场

就常规的国际金融中心而言，发达的在岸金融市场是金融发展的重要基础。只有不断做大、做强在岸金融市场，才能够在本币实现国际化之后更好地发展境外以本币计算的离岸金融市场的发展；同时，只有依靠发达的在岸金融市场，才能够有更多的金融手段去维护国家金融安全、掌控人民币的国际定价权，从而有助于推动人民币国际化的推进。2010 年 10 月，上海市国际金融中心建设工作推进小组召开第二次全体会议，主要研究了抓住跨境贸易人民币结算扩大试点的机遇、配合人民币"走出去"、加快人民币在岸市场发展问题，并明确了相关工作任务和工作安排。在操作方面，应当尽快推动的领域主要是：积极推进与扩大人民币境外使用相适应的上海外汇市场发展，不断完善外汇市场的功能和体系，探索推出外汇远期和掉期交易、外汇期货期权交易等多元化业务；加快以政府债券及其他债券为交易对象的固定收益证券市场发展，为人民币国际化进程中外国投资者提供兼具安全性和流动性的投资池；逐步吸引境外人民币持有主体参与境内金融市场，逐步向境外主体开放境内人民币投融资渠道，完善人民币跨境清算基础设施，推动上海成为人民币回流的主要平台等。

6. 探索推动沪、港金融中心的联动发展

从某种程度上讲，人民币离岸金融市场扮演着拾遗补缺和催化境内市场发展的角色，两者能够相互促进、共同发展。由于上海、香港在国际金融发展模式和禀赋特征上存在很大差异，完全可以考虑错位、联动、合作发展的战略。一方面，上海不断加快建设在岸人民币金融市场，为人民币国际化提供坚实的基础；另一方面，充分发挥香港国际金融中心的功能和香港中资金融机构的重要作用，建立人民币离岸市场。在人民币离岸市场建设方面，主要考虑的是：积极配合企业"走出去"战略的实施，探索发展离岸金融业务，引导外汇资金双向合理流动；逐步扩大国际开发机构发行人民币债券规模，稳步推进境外企业在境内发行人民币债券和人民币股票；不断扩大以人民币计价的金融资产的规模以及交易水平，拓展离岸人民币金融产品交易主体的范围，在香港尽快形成能与欧元证券和美元证券相竞争的境外人民币金融市场等。

7. 努力构建上海国际金融人才体系

打造国际金融人才高地，是上海适应人民币国际化发展及国际金融中心建设的必然要求。前不久，上海颁布实施了《上海市中长期人才发展规划纲要》，到 2020 年要把上海建设成集聚能力强、辐射领域广的国际人才高地，这也将对上海建设国际金融人才体系提出更高要求。

结合近年来的一些工作机制、人力资源平台，上海在建设国际金融人才体系方面大有可为：一是在 2008、2009 年上海市人事局、金融办等机构组织"海外揽才"活动的基础上，进一步建立长效的工作机制（包括目前与海外机构共建人才信息平台等举措），促使大量的海外金融人才流入上海；二是针对高校学科设置与实践需求有所脱节的问题，有针对性地建立人才培养计划，尤其是重点加强国际金融、国际财会、国际投资等领域的人才培养，以满足不断扩大的人才需求；三是积极发挥"人才金港"平台的作用，使之成为打造高端金融人才的"摇篮"；四是通过政策支持，鼓励社会人才培训市场及相关中介机构的发展，鼓励海外专业机构参与国内金融人才培训及跨境流动行为；五是采取多种渠道改善人才居住的基本条件，降低高端人才综合税收负担，完善人才医疗保障服务，解决好引进人才申领本市户籍，为各类人才，特别是海外引进人才的子女就学提供便利优质的教育，全面改善他们的居住、医疗、教育等各方面的生活环境。

总体上看，随着一系列金融改革举措的推进、落实，上海金融对外开放程度将不断加快，从而能够更好地适应人民币国际化发展的需要，并为其提供强大的金融保障。在此背景下，上海国际金融中心建设的步伐将在新的起点上稳步推进。

参考文献

Mundell. R. A，" The International Financial System and Outlook for Asian Currency. Collaboration"，*The Journal of Finance*，Vol 58，No. 4，Aug，2003.

戴维·里维里恩、克里斯·米尔纳主编《国际货币经济学前沿问题》，赵锡军、应惟伟译，中国税务出版社，2000。

李稻葵：《双轨制实现人民币国际化》，《新财富》2007 年 11 月。

姜波克编著《国际金融新编》第四版，复旦大学出版社，2008。

周振华主编《建设全球城市，加快城市转型》，上海财经大学出版社，2008。

王涛、姚玉洁：《上海将加快人民币在岸市场发展》，新华网，2010 年 10 月 12 日。

B.10

房地产迷局与转型困境

顾建发*

摘　要：上海房地产市场在经历多次宏观调控，房价依然在高位运行。如何看待这一现象？智者见智，仁者见仁。本文通过上海房地产市场的背景分析和2010年的回顾，认为2011年上海房地产市场调整势在必然，房价将有微幅下跌，投资额仍将有小幅增长，成交量不会低于2010年，处于小幅盘整阶段。但从中长期来看，上海等一线城市房地产市场将会率先启动。

关键词：房地产　迷局　新政

2010年的上海楼市，注定是不平常的。2008年底，为了摆脱国际金融危机的影响，从中央到地方出台了一系列房地产刺激政策，2009年房地产市场走出了漂亮的"V"形反转，上海楼市的成交量创出了历史第二高，房价一波接一波上涨。进入2010年，尽管房地产刺激政策退出，但是，房地产市场的财富效应吸引了大量社会资金，外资来了、产业资金也来了、央企更是大规模进入，房价也是连创历史新高。在这种背景下，4月17日引发史上最严厉房地产宏观调控措施出台。然而，到了8月以后，上海天气最高温度突破历史纪录，上海楼市也像一只"不死鸟"，排队购房、摇号购房、跳价看房重现"江湖"，一些区域的房价重回历史新高。眼看房地产市场将面临新一轮的暴涨，9月29日国务院出台了第二轮调控的"新国五条"，上海在10月7日也出台了"新政12条"。房地产具有周期长、资金量大等特征，因此市场总体发展的波动应该比较小。但是，如今的房地产市场，尤其是住宅市场，投资功能被夸大，居住功能被忽视，

* 顾建发，上海市社会科学院部门经济研究所房地产业研究中心研究员，主要研究方向为上海经济、房地产经济学等。

导致房地产市场剧烈的波动，房价过高使各种社会矛盾积聚。那么，如何破解房地产迷局，保持房地产市场健康稳定发展，则是未来上海发展必须十分关注的问题。

一　上海房地产迷局和转型困境的背景

2008 年下半年上海房地产市场在国际金融危机的影响下，出现了萎缩和低迷。2009 年，在中央政府和上海市政府出台一系列政策的刺激下，房地产市场迅速回暖，并由此带动整个国民经济的发展。

（一）房地产作为支柱产业对上海经济发展举足轻重

目前，房地产投资占我国固定资产投资的比重已经接近 20%，占 GDP 的比重接近 10%，很多地方房地产被当做支柱产业在发展，而且房地产也的的确确在发挥着支柱产业的作用。上海 2009 年完成房地产开发投资 1464.18 亿元，比上年增长 7.1%；商品房施工面积 9961.6 万平方米，下降 4.1%；竣工面积 2104.98 万平方米，下降 15%；销售面积 3372.45 万平方米，增长 46.9%。其中，商品住宅销售面积 2928.04 万平方米，增长 48.9%。全年商品房销售额 4330.22 亿元，比上年增长 1.3 倍。其中，商品住宅销售额 3620.23 亿元，增长 1.3 倍。全年存量房成交过户面积 2809.45 万平方米，比上年增长 98.8%。房地产投资额占全社会固定资产投资总额的比重达 27.76%，占 GDP 的 9.83%。2009 年上海房地产增加值占全市增加值的 8.22%，达到房地产历史的第二高水平，同比增长 31.74%，几乎是全市 GDP 增长率 8.2% 水平的 4 倍。房地产业的快速回暖为上海经济摆脱国际金融危机的影响作出了重要贡献。

尽管目前的房地产在各地经济发展中占据着举足轻重的地位，但是，如果长期把房地产作为支柱产业有着明显的不妥。一是不符合中国国情。我国人多地少，粮食安全任何时候都是最重要的。在土地资源十分有限、粮食安全又不可忽视的情况下，将房地产业作为我国的支柱产业显然不具有长期的可持续性。二是不利于产业升级。房地产所带动的行业多是劳动密集型行业，对高科技行业的带动并不明显，再加上房地产业的短期效益较为显著，吸引着更多的资本投入到该行业，而这无助于我国产业结构的升级。三是加剧了地方政府的短期行为。房地产业由于具有投资规模大、拉动 GDP 速度快、带来的经济利益多、彰显政绩效果明显等优势而加剧了一些地方政府的短期行为，并刺激着房地产市场短期畸形繁荣，为经济持续发展埋下不稳定隐患等。① 上海同样也面临这一矛盾：一是上海产业结构调整已经做了好多年，但是效果并不明显；二是大部分区县政府对于发展高档房地产项目都是非常的热情，而对于普通房地产项目以及住房保障则是不得已而为之；三是一方面房价越来越高，另一方面地价同样也是涨幅惊人。

（二）市场流动性过于充裕

为了保增长，中国政府推出了 4 万亿元和十大产业振兴规划，同时，宽松的货币政策向市场注入了大量的资金。但是这些资金并没有流入实体经济，由于传统制造业等不景气，导致大量资金进入楼市。流动性冻结时要以现金为王，流动性过剩时则以资产为王。加上国内投资渠道狭窄，最好的渠道就是买房保值增值。此外 4 万亿元投资计划出台后，国内经济有明显的国进民退现象，这造成了许多私企老板暂时不经营实体了，有的等实体经济条件好了再投资，把工厂关了改投资房地产业。一方面实体经济在收缩，另一方面人们又担心通货膨胀。

（三）产业结构调整需要时间

上海在前几年就着重致力于进行产业结构调整，大力发展先进制造业，但是由于受到国际金融危机的影响，产业结构调整也受到了影响。为了保增长，重新举起房地产大旗，在 2008 年底出台房地产刺激政策。由于房地产具有投资规模大、相关产业链很长，能够快速拉动钢铁、水泥、建材、家电等众多行业发展，从而促进上海经济的快速回暖，完成 2009 年上海 GDP 增长保八的任务。因此，上海在产业结构调整和房地产业发展上似乎有种此消彼长的现象。这不仅是上海在经济转型中所面临的困惑，而且也是房地产业发展面临的困惑。

二 2010 年上海房地产市场回顾

2010 年，上海房地产市场出现前所未有的大幅震荡。4 月 17 日，国务院颁

---

① 姚景源：2010 年 1 月 20 日第 11 版《江南时报》。

布了《关于坚决遏制部分城市房价过快上涨的通知》，针对部分城市房价、地价又出现过快上涨势头，投机性购房再度活跃，需要引起高度重视。制定了五个方面共十条内容的措施，俗称"新国十条"。原先一路上涨的上海楼市顷刻之间戛然而止。"4·17"可以说，是上海房地产市场的一个分水岭。但是，"4·17"新政的"保鲜期"也仅仅只有百日。面对新一轮房价上涨，"9·29"第二轮房地产新政和上海"12条"的出台，上海房地产市场又开始进入观望状态。

（一）房地产投资额继续保持高位运行

2010年1~9月上海房地产开发投资额1384.85亿元，比上年同期增长30.9%，增幅比1~8月回落0.3个百分点，比上半年回落4.6个百分点。房地产开发投资占全社会固定资产投资的比重为40.1%，同比上升11.7个百分点，继续保持着高位运行的态势。同时，我们从图1中可以清晰地看出"4·17"新政对上海房地产开发投资的影响。

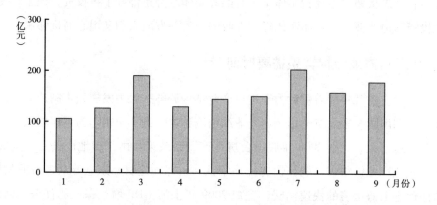

图1　2010年1~9月房地产开发投资

资料来源：根据上海统计局月度数据整理而成。

（二）房地产市场呈现"价滞量跌"格局

2010年第1季度，上海楼市延续了2009年繁荣的态势。"4·17"以后，成交量急剧下降，但价格并没有出现明显的松动。第3季度随着成交量的回暖，价格也出现回升，一些区域已经回到了"4·17"前的水平。

1. 住宅成交量出现明显萎缩

2006、2007、2008 年上海市商品住宅成交量分别为 2615.49 万平方米、3279.17 万平方米、1965.86 万平方米。其中 2007 年的 3279.17 万平方米的交易量超过 2004 年的 3233 万平方米的水平，创造上海住宅交易量的纪录。然而由于受国际金融危机的影响，市场信心不足，2008 年成交量不足 2000 万平方米。2009 年在政策利好刺激和市场复苏的双重作用下，商品住宅成交量达到 2928.04 万平方米，同比增长 48.9%。2010 年 1~9 月商品住宅成交量 1248.42 万平方米，同比下降 44%，尤其是各个月交易量的波动非常明显，主要原因还是政策的影响力。其中，4~7 月交易量下降，7~9 月迅速回升，9 月的交易量已经回升到了新政前的水平（见图 2）。

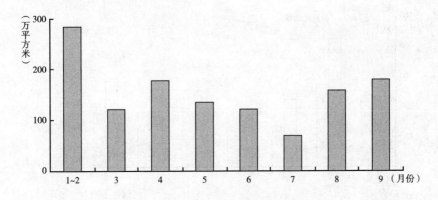

图 2　2010 年 1~9 月商品房住宅面积

资料来源：根据上海统计局月度数据整理而成。

2. 商品房在建规模继续扩大

随着全市房地产开发投资的增长，商品房在建规模继续扩大。2010 年 1~9 月，本市商品房施工面积 10198.88 万平方米。本年新开工面积 2141.41 万平方米，比去年同期增长 27%，其中商品住宅新开工面积 1486.96 万平方米，同比增长 33.5%，所占比重由上年同期的 66.1% 上升至 69.4%（见图 3、图 4）。

3. 竣工面积仍呈下降态势

由于受前几年商品房在建规模下降的影响，竣工面积呈下降的态势。2010 年 1~9 月，全市商品房竣工面积 963.63 万平方米，比 2009 年同期下降 26.8%，其中商品住宅竣工面积 685.36 万平方米，同比下降 28.8%（见图 5）。

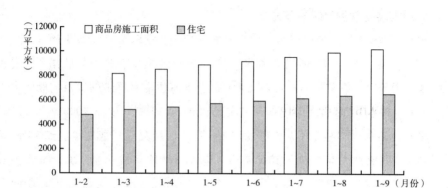

图3 2010年1~9月商品房施工面积

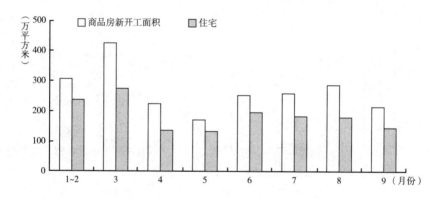

图4 2010年1~9月商品房开发面积

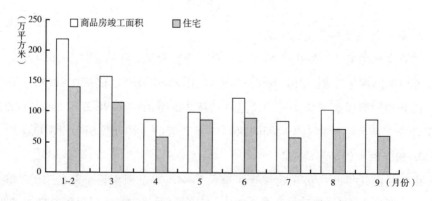

图5 2010年1~9月商品房竣工面积

4. 商品房销售面积低位运行

2010 年 1~9 月，全市商品房销售面积 1503.76 万平方米，比 2009 年同期下降 39.3%。在一系列房地产调控政策的作用下，2010 年以来商品房销售面积低位运行。但 9 月份成交量有所回升，商品房销售面积 202.5 万平方米，比 8 月份增长 2.7%。从图 6 的柱状图可以看出上海商品房销售面积 1~9 月是一个"W"形，但是在国务院的"9·29"和上海的"10·7"新政影响下，10 月商品房销售面积仅为 147 万平方米，大大低于 8 月、9 月的 200 万平方米的水平。随着房地产新政的执行力不断的加强，11 月和 12 月的商品房销售面积是不容乐观的，很有可能 2010 年上海商品房月销售面积是一个"M"形。

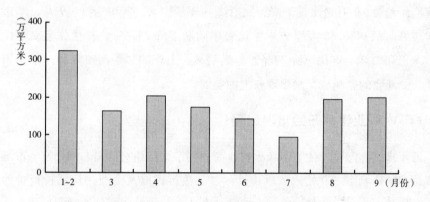

图 6　2010 年 1~9 月上海商品房销售面积

资料来源：根据上海统计局月度数据整理而成。

（三）存量房成交面积也是大幅下降

"4·17"新政之后，上海市一度出现二手房的大量抛盘，"网上房地产"上的二手房挂牌数量也曾三天飙升 6000 套。不过随着时间的推移，在经历了 4、5、6 三个月的观望期以后，一些刚性需求者开始入市，从而越来越多的人开始买房，导致全市二手房挂牌量逐渐减少。二手房在售存量的下滑一方面是因为 8 月份买房的人增多，成交量逐渐回升；另一方面，卖方惜售心理重新出现，一部分不想急着卖房的二手房业主选择撤牌观望后市。值得一提的是，5、6 月份几乎绝迹的投资客在 7、8 月又出现了，由于这部分群体对银行贷款依赖程度较低，信贷政策收紧对其实际影响较小，以长宁古北、卢湾新天地和浦东联洋等市中心板块为代表。新天地板块投资客以境外客户居多，这类群体在资产保值增值方面的意识普遍较强，2010 年以来人民币升值的利好刺激这类客户积极入市。

当前这波以市中心板块为主的投资需求回暖和去年是有明显差别的。去年尤其是下半年楼市过热时，从市中心的静安、卢湾到外环的宝山、嘉定，到处可见投资客的身影，而投资客本身的档次也参差不齐，在近几年房价持续上涨的利益驱动下，众多手上有些闲钱的普通老百姓也加入到投资房产的行列中。而反观 7～9 月的这波投资回暖，先有中高档楼盘的投资客投石问路，然后是中低档楼盘的投资客随后跟进。

根据上海房地产交易中心统计，上海存量房成交面积上半年仍保持增长，但增速不断趋缓，7 月份出现下降，此后降幅逐步扩大。2010 年 1～9 月，本市存量房交易面积 1480.86 万平方米，比去年同期下降 23.4%；存量住宅交易面积 1132.8 万平方米，同比下降 34.6%。很明显，上海的二手房市场和一手房市场一样，受新政的影响成交量出现较大的萎缩。

（四）商业楼宇开始出现回暖

近年来，上海楼市住宅市场火爆，商业楼宇则是相对低迷。如今住宅市场在宏观调控的影响下，开始进入观望期。办公楼市场以及商业用房的投资价值显现。我们从图 7 可以清楚地看到：房地产商业办公楼投资额的波动明显比住宅投资额的波动要小得多。

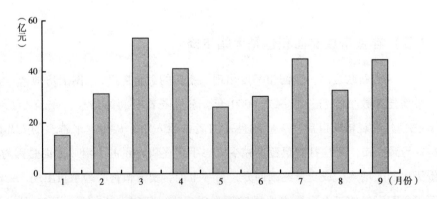

图 7　2010 年 1～9 月房地产商办投资额

资料来源：根据上海统计局月度数据整理而成。

（五）土地市场冰火"两重天"

1. 2010 年初，上海土地市场继续上演火爆行情

2 月 26 日，在十余家开发商的激烈争夺下，2009 年第 109 号土地出让公告中推出的松江区广富林 2~4 号地块以 16378 元/平方米的高楼板价被招商置业和上海明达摘牌，一举成为当时松江的单价地王。此外，当天开标的另一幅规划容积率为 1.0 的住宅用地——祥和路 2 号地块也以"面包价"成交。该地块被晋程控股以 9.92 亿元收入囊中，折合楼面地价约 12165 元/平方米。而在 8 月上海的住宅成交面积排行榜中，祥和路地块附近，绿地蔷薇九里公寓成交的 247 套房源其成交均价也只有 12515 元/平方米。

2. 在"4·17"房地产新政以后，上海土地招拍挂市场上出现冰火两重天的局面

一方面是大部分土地基本上都以底价成交，还有一部分出现了流标。另一方面，一些热门地块继续受到开发商的追捧，高溢价成交。新政后沉寂了近 3 个月的土地交易市场，9 月 1 日出让面积 9.4476 万平方米的广富林 2~5 号地块正式的开标。作为容积率为 0.8 的低密度住宅用地，该幅地块起始价为 5.4 亿元，共有 10 家企业申请竞买。截至开标前，网上已有 4 轮报价，价格为 9.8 亿元。9 月 2 日，最终到场的 9 家竞买企业中，招商地产、九龙仓和合生创展 3 家企业表示愿意进入现场的竞价环节，经过一场央企、港资和民营企业的夺地大战，最终以民营企业合生创展胜出而告终。以 12.46 亿元价格摘得，折合楼面地价约 1.65 万元/平方米，溢价达 131%。刷新了松江住宅用地的单价纪录。9 月 8 日，九龙仓旗下卓光控股有限公司以 48.28 亿元拍得黄浦江沿岸 E18 地块 9-3 地块，折合楼板价 35490 元/平方米，创下了上海住宅用地的楼板价新高。该地块离世博园约 2 公里。

3. 土地出让金达到新水平

根据中国房地产指数研究院的数据，上海 2007 年所有公开土地的出让金是 481 亿元，2008 年是 398 亿元，2009 年 983 亿元。2010 年 1~9 月，上海土地出让金达到 1140 亿元。

上海土地出让金达到一个新的水平，是好事还是坏事？从正面的角度来看：一是大大增强了上海地方实力。2009 年上海财政收入为 2540.3 亿元，土地的出让金 983 亿元，占上海财政收入的 38.69%。二是为住房保障建设提供资金保证。

上海前几年住房保障进度比较缓慢，2008 年开始加速，主要原因是由于资金限制。根据财政部有关规定，从土地出让净收益中按照不低于 10% 的比例安排用于廉租住房保障的资金；那么上海今年就有数十亿资金用于廉租房建设，这对于上海住房保障来说是一件大幸事。三是大大提升上海国际化大都市的地位。一个城市的地价在一定程度上反映其在地区上的地位，上海正逐步成为国际化大都市，土地价格上涨是必然的。综观纽约、伦敦、巴黎、东京等世界级大都市，哪一个不是高地价、高楼价？

从负面的角度来看：第一，容易患上土地财政依赖症。上海财政收入中土地出让三分天下有其一，那么就成为地方政府不可或缺的重要的财政收入来源，政府对其的依赖性是可想而知的，而且上海每年数千万平方米土地出让是不可能持续的。第二，住房保障的任务更加艰巨。尽管土地出让收入高对住房保障是有力的支持，然而房地产市场有起有落，土地市场同样如此。因此，往往是加法好做，减法难做。一旦土地市场不振，住房保障任务也会大打折扣。第三，容易形成非理性竞争推高地价。从目前上海土地出让中，地王频频出现，一些地块的土地溢价基本上都在一倍以上，甚至两倍，这些地王所有者基本上都是大央企、大国企、大上市公司，个个都是财大气粗。在出让地块进行最后竞拍时，往往容易形成非理性竞争。

（六）住房保障有所突破

2010 年，上海住房保障从原先的廉租房开始向廉租房、经济适用房、公共租赁房进行全面展开。

1. 廉租房不断创新完善

（1）上海市不断调整完善廉租住房政策

这项工作主要体现在以下三方面：第一，不断扩大廉租房申请标准，从最初人均居住面积 5 平方米、连续 6 个月拿"低保"的"双困"家庭标准，逐步放宽到人均居住面积 6、7 平方米。第二，优先满足特殊困难家庭的实物配租，针对特困劳模、军烈属、一级和特等伤残军人等，在配套商品房中"切"出一块房源，加大对这些为社会作出较大贡献的特殊困难家庭的保障力度；对非动迁地区的廉租对象，统一确定租金补贴的面积保底标准。第三，廉租房进入的门槛逐步降低，从低保家庭到人均收入 600 元、800 元再到 960 元。2007 年底，上海廉租房受益家庭只有 3.03 万户，截至 2009 年 10 月廉租房受益家庭已经达到 6 万户，仅仅用了两年时间就完成以前七年的工作。根据规划，2010 年上海廉租房家庭将达到 10 万户。

（2）上海廉租房保障体系的完善与创新

第一，完善廉租房家庭的收入统计与动态监管机制。通过金融机构与税务部门联合建立个人信用制度和建立入住者档案登记系统，完善动态监管机制。第二，整合多方资源拓宽房源供给渠道。例如加大对市场商品房的收购力度、激励社会机构或个人提供廉租房源、在配套商品房和经济适用房配建廉租房。

2. 经济适用房制度有序启动

为了建立和完善上海住房保障制度，改善中低收入住房困难家庭居住条件，根据国务院《关于解决城市低收入家庭住房困难的若干意见》（国发〔2007〕24 号），参照原建设部等七部门《经济适用住房管理办法》（建住房〔2007〕258 号），结合上海实际情况，上海在 2008 年出台了《上海市经济适用住房管理试行办法（征求意见稿）》。

在 2008 年 12 月 30 日至 2009 年 1 月 8 日对《上海市经济适用住房管理试行办法（征求意见稿）》公开征求市民意见，共收到市民意见和建议 3461 件。在 3400 多条反馈意见中，绝大多数市民对建立经济适用住房制度持肯定态度，仅有 20 余条持相反意见；对照拟订的准入条件后，有 86.9% 的市民愿意购房。在此基础上，2009 年 6 月 24 日上海正式出台《上海市经济适用住房管理试行办法》，上海首批经济适用房的申请审核、销售供应在 2009 年 12 月 24 日启动，2010 年 8 月 13 日上海首批经济适用房试点区域徐汇区符合条件的申购家庭正式启动签约购房。预计到 2010 年底，经济适用房将在上海全面推广展开。

3. 住房保障的要求注入旧区改造

坚持旧区改造与住房保障相结合，通过旧区改造，切实改善广大居民群众的居住是上海住房保障的一个重要方面。坚持"保障托底"原则。对安置后仍有居住困难的居民给予保障托底，体现了党和政府对困难群体的关心。

上海从 20 世纪 90 年代"365"危棚简屋改造，到 21 世纪初新一轮旧区改造，以至"十一五"期间中心城区二级旧里以下房屋改造，全市共拆除危旧房 7000 多万平方米，约 120 万户家庭改善了居住条件。三大机制："事先征询"新机制、"'数砖头'加户型托底"新机制、"就近安置"新机制。"四个结合"：①坚持旧区改造与城市发展相结合，通过旧区改造，加快城市建设，进一步改善城市面貌，提升城市形象。②坚持旧区改造与住房保障相结合，通过旧区改造，切实改善广大居民群众的居住条件和生活环境，把住房这一重要的民生问题真正落到实处。③坚持旧区改造与扩大内需相结合，通过旧区改造，拉动投资，扩大内需，减少国际经济危机给上海带来的影响。④坚持旧区改造与产业发展相结合，通过旧区改造，为现代服务业发展提供载体，加快上海"四个中心"建设和"逐步调整产业结构"经济发展。同时通过建立大型居住区突破旧区改造工作瓶颈，核心是加快建设"规划科学、配套健全、环境良好、工程优质"的大型居住区和优质动迁房。杨浦、闸北等区旧区改造已经取得明显的成效。

4. 公共租赁住房迅速启动

2010 年 6 月 3 日，上海市出台了《上海市发展公共租赁住房的实施意见》（征求意见稿）。大力发展公共租赁住房，是本市建立健全住房保障体系的一项重要举措。针对不同类型的住房困难居民，本市已经建立了廉租住房（面向本市户籍的低收入住房困难家庭）、经济适用住房（面向本市户籍的中低收入住房困难家庭）和动迁安置住房（主要面向旧区改造中的中低收入动迁家庭）等住房保障政策。公共租赁住房作为新增加的一项住房保障政策，将住房保障覆盖面从城镇户籍人口扩大到有基本稳定工作的城市常住人口，主要面向存在阶段性居住困难的本市青年职工、引进人才和来沪务工人员。这一政策建立后，本市将基本形成分层次、多渠道、成系统的住房保障体系；同时，对于提高实有常住人口管理水平和促进房屋租赁市场健康发展，也将起到积极的作用。9 月 16 日正式颁布了《上海市发展公共租赁住房的实施意见》，年内可启动的公共租赁住房项目（含单位租赁房）可超过 100 万平方米。

三 2011 年上海房地产市场展望

2011 年，上海房地产市场将趋于平稳。2011 年是"十二五"的开局年，房地产市场大幅波动不利于上海经济的发展，房地产市场在转型的过程中需要稳定。

（一）2011 年上海房地产市场发展背景分析

1. 从经济发展的前景和要求总体看

一方面，上海的中长期发展目标和战略，得到中央的支持，有着较好的经济发展前景；另一方面，目前上海面临着对外开放度高，内外经济联系面广，面临着外部经济环境复杂变化影响和自身发展转型的双重考验，资源环境约束更紧，产业结构矛盾凸显，保持经济快速增长的难度不断加大。但是，上海的产业整体处在较高的发展阶段，经济总体实力和水平较高，科技教育人才等仍具有优势，又面临后世博和加快"四个中心"建设的机遇。因此，"十二五"期间，上海经济发展将经历一个经济和财政缓慢增长的困难阶段从投资拉动和进出口贸易为主向人力资本、知识创新、内需拉动转变。这对于房地产业的发展提出了一个保持相对稳定的要求，并力求稳中求进，以便对城市经济有一个适度的支撑。

2. 从上海"四个中心"建设的影响来看

2009 年 3 月 25 日，在国务院总理温家宝主持召开的国务院常务会议上，审议并原则通过《关于推进上海加快发展现代服务业和先进制造业、建设国际金融中心和国际航运中心的意见》。目前，正在积极筹备推进国际贸易中心建设。可见，上海的"四个中心"建设仍然是"十二五"的重点。在"四个中心"的金融中心、航运中心和贸易中心建设中，主要是软产业的发展，将给上海的房地产发展带来极好机遇。在上海发展过程中，建设国际金融中心是核心，国际航运中心和国际贸易中心是国际金融中心的一对翅膀，两者缺一不可。金融、航运、贸易三个中心的建设，经济中心的建设自然而然的水到渠成这种机遇，不仅仅体现在住房发展上，更多地体现在适应金融业、航运业和贸易业所需要的新型业态的产业房屋上，应该成为上海房地产业特别关注的发展前景。

3. 从大浦东、大虹桥发展的要求看影响

2008 年大浦东、大虹桥的建设开始正式启动，但是建成大发展应该是在"十二五"期间。因此，大浦东、大虹桥建设是上海"四个中心"建设的重点地区，将成为上海经济发展的"引擎"，将成为上海房地产业的助推器。大浦东的"三港三区"和大虹桥商贸区的建设，将大大促进房地产服务业的发展，将给上海房地产业的发展提供最大机遇，是房地产发展首先要关注的地区，这对于上海

房地产业从"粗放"的发展模式向"楼宇经济"转变提供非常好的契机。

4. 从后世博的影响来看

2010年举世瞩目、精彩难忘的上海世博会成功举办，对于上海房地产业而言，世博会"后发效应"比"先发效应"更大。上海世博会的直接投资达30亿美元，而由此带动的交通、通信等城市基础设施，以及商业设施、旧区改造等延伸领域投资，将是直接投资的5~10倍。世博园区从重新规划、搬迁、建设，到二次开发运营，还需要投入巨额资金以及带动的相关技术和产业的兴旺发展，至少历时10年，其间横跨了"十二五"期间。由此投入的巨额资金以及带动的相关技术和产业的勃兴，一定程度上可支撑起上海未来十年的经济基本面，一定程度上可支持上海未来的经济发展。而世博园区的5.28平方公里中的40%也就是有2平方公里的土地将重新规划、搬迁、建设、运营，给上海房地产发展带来了特别的机遇。

（二）"9·29"房地产新政和"上海12条"对房地产市场影响

9月29日，国务院发布了房地产宏观调控的"新五条"，10月7日，上海市政府发布了落实"新五条"的"上海十二条"。

纵观"新五条"重在具体落实4月17日国务院颁布的"国十条"，而上海颁布的"十二条"，不仅在重点落实"国十条"和"新五条"上下工夫，而且根据上海的实际情况制定了迄今为止最为严厉的房地产调控政策。

首先，上海在落实住房保障制度方面目标明确。在"十二条"的第一条指出：坚决遏制地价、房价上涨势头，加快保障性住房建设，改善居民居住条件。在市委、市政府领导下，大力推动保障性住房建设，去年全市开工量超过1200万平方米，今年计划开工量依然不少于1200万平方米，占到全市新建住房开工总量的60%左右。并且规划在"十二五"期间，继续全力推进保障性住房为主的大型居住社区建设，通过新建、改建、配建、市场收储、转化等方式积极筹措房源，五年确保新增100万套保障性住房。

其次，对公积金贷款也做出了非常严格的规定。对改善居民条件购买第二套房的，每户家庭住房公积金最高贷款限额40万元。贷款首付比例不低于50%。暂停对购买非改善型第二套住房家庭的住房公积金贷款。停止对购买第三套住房及以上家庭的住房公积金贷款。这一条对许多改善型家庭购房影响非常大，如果目前你的人均住房面积超过上海的平均水平，就不能用公积金贷款，不管你公积金账户上有多少公积金。这和其他一些城市根据公积金账户余额的十倍、二十倍相比，实在是差距巨大。

第三，对土地增值税预征率做了较大调整。住房开发项目销售均价低于所在区域上一年度新建商品房均价的，预征率为2%；高于但不超过1倍的，预征率为3.5%；超过1倍的，预征率为5%。这就是希望通过税收的杠杆，督促开发商理性的定价。这在市场平稳的形势下比较容易，但是如果市场波动比较大，开发商肯定会根据市场来进行定价，尤其是一些现金流比较充裕的大型房地产公司而言，5%的预征率只能是小巫见大巫。

最后，"限购令"暂时没有放宽政策的期限。这对市场影响非常大，这就好像头上悬了一把剑。而且用如此强烈的行政手段来干预市场，希望市场能够理性，这表明政府坚决遏制房价的决心。但是，目前只算增量不算存量的办法是很难控制的。本地和非本地家庭只能新购一套住房，意味着向13亿全国人民新开了一张"空头支票"，不管你目前有多少住房，还可以再买一套上海的住房。这对"温州炒房团"之类的民间游资来说正中下怀，因为还有"最后的晚餐"。

（三）2011年上海房地产市场发展走势分析

对于2010年的上海楼市，业外是一片看空，小跌派预计房价下跌10%~15%，大跌派预计下跌30%以上。业内人士则还是相对比较乐观，认为2010年底2011年初是一个盘整筑底的过程，此后随着成交量的回升，房价不会出现大幅波动。那么究竟是稳定还是小跌或大跌？快跌还是慢跌？我们不妨看一下市场各方的博弈吧。

首先从政府的角度来讲：中央政府希望通过房价下跌，市场调整，挤出泡沫，保持国民经济健康稳步发展。但是，如果房地产市场出现大幅度波动，将不利于宏观经济的稳定，这是政府万万不愿看到的。地方政府则是希望市场通过小幅调整，继续发挥房地产业在国民经济中的龙头作用。一些地方政府通过"新区搞开发，旧区搞改造"的捷径，既改变了城市面貌，又拉动GDP的增长，可谓"一石二鸟"。

其次从开发商的角度来讲：稳定房价，以时间换取空间。这次"新国四条"、"新国十条"出台，舆论一片叫好：什么"精确制导"、什么"房地产史上最严厉的调控"等。然而，时间已经过去了整整三个月，房价依然那么坚挺，并没有明显下降。开发商岂肯将到嘴里的肉轻易吐出，只要资金链不出问题，笑到最后的仍然是那些掌握市场主动权的开发商，这已经在历次房地产市场调整过程中屡试不爽。"9·29"房地产新政出台后，开发商依然紧紧咬住价格不放松。"上海12条"动用了前所未有的行政手段，并没有出现房价大幅度的波动。

再次从银行的角度来讲："新国四条"、"新国十条"和"9·29"房地产新政，银行可以说是一个"受害者"。"新国四条"规定对购买首套自住房且套型建筑面积在90平方米以上的家庭，贷款首付款比例不得低于30%；对贷款购买第二套住房的家庭，贷款首付款比例不得低于50%。"新国十条"则实行更为严格的差别化住房信贷政策。严格限制各种名目的炒房和投机性购房。"9·29"房地产新政，首套首付比例全面提高到三成，不再实行差别化信贷政策，对执行不到位的地方政府采取了问责制以及在某些热点城市比如北京、上海、广州还实行了限购措施。很明显，"新国四条"、"新国十条"、"9·29"房地产新政限制了购房人抵押贷款的杠杆作用，作为银行优质资产的房地产信贷规模一下子被缩小了，业绩将会受到很大影响。

最后从购房者的角度来讲：已经在房地产市场中挖到"第一桶金"的人希望房价稳定，可以挖"第二桶金"、"第三桶金"；已经挖到"N桶金"的人则希望房价一骑绝尘；而准备挖"第一桶金"或想挖"第一桶金"的人则希望房价最好回到十年前，当然这是不可能的事情。事实上，当房价稍微有点调整的话，那些要结婚的新人和小房换大房的白领都会迫不及待地行动；而当房价稳定后并出现上涨，有"N桶金"的人则会蜂拥而至。

尽管《广州日报》10月22日报道：中国社会科学院发布研究报告，预计我国房价从2010年第4季度至明年上半年，同比增速将逐渐下降，到2010年上半年进入负增长区间，本轮宏观调控措施，一线城市房价下降20%。笔者对此持否定的态度。

第一，中国社科院预测的理由不成立。根据报道，中国社科院预测的理由是：在未来半年内，房地产行业总体融资规模将趋紧，同期CPI将会在今年9月见顶后回落，而随着房地产市场需求持续维持在低位，但供给逐渐放大，供求缺口对房价的推动作用也将逐渐由正转负。也就是说由于需求减少供给增加将导致房价下跌。事实上，国务院4月17日和9月29日分别出台的"国十条"和"国五条"，对房地产的投机和投资的影响较大，而对刚性需求的影响则相对较小。由于一线城市相继出台了"限购令"，这种带有强制性的行政管理方式在短期内效果很明显，但是时间一长，"上有政策下有对策"的招数就会纷纷出来，假离婚有之、假身份证有之，将在一定程度上导致社会失信。毕竟"限购令"只能抑制人们购房的欲望，但是并不能消灭人们购房的欲望。

第二，"限购令"的效用有待观察。从5月初到10月14日，北京、深圳、上海、广州相继出台地方版的"国十条"，其中，最具杀伤力的就是"限购令"。然而，仔细分析一下"限购令"其实并没有那么可怕。一是北京"限购令"早在5月份就出台了，房价还是继续上涨，只不过涨幅趋于回落而已。北京市统计局、国家统计局北京调查总队10月22日联合对外发布的消息：9月份，北京市房屋销售价格同比上涨11.4%，涨幅比8月份回落0.1个百分点，同比涨幅连续5个月回落；环比价格自今年5月份连续下降或持平后，再次上涨0.2%。二是"限购令"只讲增量不讲存量，意味给全国每个家庭免费发放一张"购房券"，用一些网民的话来说："'限购令'不查原来拥有的房产，我认为这反而是鼓励已有多处房产的人再多买一套房。"因此，"限购令"的效用可能和预期有较大差距。

第三，市场各方的承压能力。尽管先前银行已经做过压力测试，普遍可以承受房价下跌30%的压力，个别银行可以承受40%的压力。然而，银行这些压力测试都是静态的。记得两年以前，受国际金融危机影响，深圳一些购房者出现了停止还款，给银行造成巨大压力，幸好国家出台了房地产救市政策，化解危机。如今，一线城市如果真的下跌20%的话，那么二三线城市的房价不知要跌百分之几。开发商承受不了，购房者也承受不了，银行同样也承受不起，最后地方政府未必也承受得了。

第四，中国一线城市的竞争力和创新力最强。北京是我国的政治中心、上海是全国的经济中心，上海、广州、深圳在全国城市中的经济实力以及竞争力和创新力都是名列前茅。2008年6月9日，中信银行和西班牙对外银行（BBVA）一份联合研究报告指出：北京、上海和深圳等一线城市房价被高估，房价将下调约20%。然而，实践已经证明这份报告的重大失误。

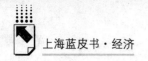

综上所述，在当前形势下，2011 年上海房地产市场调整势在必然，房价将有微幅下跌，投资额仍将有小幅增长，成交量不会低于 2010 年，处于小幅盘整阶段。但从中长期来看，上海等一线城市房地产市场将会率先启动。

四　若干建议和措施

（一）在舆情宣传中，要正确处理好房地产业的定位

近年来，上海一直把房地产业作为支柱产业来进行定位，这对于经济发展有着积极的重要的意义，尤其是 2008 年面对国际金融危机，房地产业更是扮演"急先锋"的角色。正因为如此，各区县政府非常看重房地产。"旧城靠改造、新城靠开发"已经成为我国城市发展的经验模式。但是，这种模式也带来许多问题。最近一年来，大家对房地产的关注更是前所未有，在今年的全国"两会"上，房地产成为"过街老鼠人人喊打"。党的十七届五中全会指出：要加快转变经济发展方式。2011 年，是上海"十二五"的开局年，房地产业在"十二五"所扮演的角色肯定要比在"十一五"弱化，在目前没有其他产业来替代房地产业的支柱地位的情况下，需要进一步深入研究。

（二）在思想认识上，要还住房的本原

目前，政府真正要解决的问题是还住房的本原，即居住功能，限制投资功能的溢出。过度的投机和投资已经扭曲了住房的基本功能，现在的调控就是恢复住房居住的基本功能。在当前流动性比较充裕的情况下，住房的投资功能肯定会被放大，唯一的办法就是用重税：采用增值税的办法彻底打消人们买房投资的念头。如果一套住房 100 万买进，200 万卖出的话，这增值的 100 万可以征收房产增值税，同时将其他交易的税种进行统一归并。持有时间越短征收的比例越高，获取的金额越大征收的额度也越大。假设第一年卖出征收 90% 房产增值税，第二年征收 80%，第三年征收 70%，余类推。只有持有 10 年以上的住宅，免征房产增值税。如果这样的话，房地产投资客肯定会望而却步，对于短线投资客更是致命打击，因为你投资房地产所获取的收益大部分都要上交给国家。

（三）在具体行动上，住房保障要落实到位

有关住房保障也是老生常谈了，最近两年来房地产宏观调控都提到要加大住房保障力度，但到需要具体落实的时候，往往是"雷声大雨点小"，资金、土地等问题一大堆，似乎难以解决。尤其是一些区县政府，对土地出让非常积极，而对住房保障则是能拖则拖。目前土地出让金的净收益用于住房保障的比例仅为10%，比重过低。即使这10%也没有用足，这次上海也是被国土资源部点名的城市之一，上海住房保障在全国应该是名列前茅的，其他城市是可想而知了。应该大幅度提高这一比例，至少在30%以上。一方面切实把住房保障工作落实到位，解决资金短缺的矛盾；另一方面也可以在一定程度上抑制区县政府"卖地"的冲动。

（四）提高房地产宏观调控的执行力

房地产宏观调控至今整整7年，每一次调控的效果一开始应该说还是非常明显，但是过了一段时间调控的效果往往被更猛烈的上涨所取代。因此，房地产宏观调控还必须在执行力上多做文章。例如，对于囤地的问题，目前还没有见到哪家开发商因为囤地而被政府收回的案例；上海市政府有关部门为了打击捂盘惜售，规定一次性开盘面积不得低于3万平方米，但也没有看到哪家开发商因为捂盘惜售受到政府有关部门的处罚；等等。如果执行力得到提高，相信房地产宏观调控的效果还会更明显。

（五）在房产税问题上，需要慎重再慎重

对如何遏制房价上涨，许多专家建议尽早出台房产税。在流动性充裕的背景下，房地产不可避免地成为最佳的投资工具，即使出台房产税，每年征收1%的话，仍然不足于遏制投资人的投资热情。相反，有可能进一步拉高房价，因为卖房者会将所有交易成本转嫁给买房人。因此，上海作为一线城市的领头羊，对全国房地产有着标杆的作用，房产税出台真的把房价遏制住了那是上上大吉，如果万一适得其反不是更糟吗？因此，出台房产税需要慎重再慎重。如果一定要征的话，也要针对投资客。即第一套免征、第二套轻征、第三套以上重征。例如第二套轻征为0.3%~0.5%，第三套重征就是1%，第四套2%，第五套以上按比例累进。

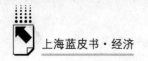

（六）在政策设计上，多用经济手段少用行政命令

这次"9·29"房地产新政和"上海12条"出台，行政命令的色彩非常浓厚，金融、税收等经济手段不多。短期可行，中长期则是有问题的。例如"限购令"，有些人开始用"假离婚"、假身份证来应对。对"限贷令"则采取接力还贷办法。随着时间的推移，肯定会有更多的"招数"出来，俗话说"上有政策下有对策"。值得庆幸的是央行在收缩流动性上开始有所动作：一是加息，二是提高存款准备金率。随着流动性的收缩，房地产投资客减少，房地产市场就会趋于稳定。

（七）增强房价的透明度，正确引导住房价格预期

在房地产市场中，消费者的心理预期对住房资产价格的影响特别大。例如2005年的第1季度、2007年的第2季度、2009年的第2季度房价疯涨时，排队购房成为一道风景线。因此，增强房价的透明度，引导消费者心理预期显得特别重要。一是，政府主管部门要利用信息网络定期发布房价走势，提供正确的房价信息。二是，改进住房价格统计指标，目前用上海市总体平均房价来评判房价涨跌是极其不科学的，高房价的楼盘成交数量多，就会拉动平均房价上涨；低房价的楼盘成交数量多，就会拉低平均房价。因此，可以采用三种房价统计方法：第一种是住房平均价格指数，反映总体房价水平；第二种是分区域房价指数，可分为中心城区、中外环线之间、外环线以外等不同区域房价指数；第三种是不同住房类型中位性房价指数，可分为独立式别墅房、多层住宅、高层公寓等。三是，为保证房价指数的可靠性，建议把目前多种渠道的房价指数归到国家统计部门的单一房价指数，同时建立适当的监督机构，监管并确保房价指数的准确性。

（八）可以借鉴国外的经验

国外的经验一是加息，二是高税收。从国际税收实践来看，当房地产发生买卖等有偿转让时，大多数国家都规定应对转让收益增值部分课税。美国、日本、英国、法国、芬兰等国家，把房地产转让收益归入个人或法人的综合收益，征收个人所得税或法人税（公司所得税），其中美国实行15%～34%的累进税率。韩

国对出售第二套房产的卖主征收 50% 的资本收益税，对拥有第三套住房的卖主征收 60% 的资本收益税。在法国，购房者除要缴纳高额地皮税外，还需支付住房税或空房税，这导致了长期以来法国人不把房地产市场视为投资或财产保值的重要领域。

参考文献

左学金等：《上海经济改革与城市发展：实践与经验》，上海社会科学院出版社，2008。

顾建发：《上海房地产周期波动分析》，上海三联书店，2008。

案 例 篇

Cases

B.11
经济转型中的新型业态对现行
管理体制的挑战

——以浦东新区"春宇供应链管理有限公司"为例

沈开艳*

摘　要： 产业融合与业态创新已成为当前全球经济发展的新趋势新动向。上海在经济转型过程中也出现了新型业态企业。本文以浦东新区"春宇供应链管理有限公司"为例，通过对"春宇现象"的分析、解剖和挖掘，描述了上海在转型经济条件下，产业融合与业态创新出现的必然性和表现形态，"春宇现象"对当前传统政府管理体制和运行机制带来了巨大挑战，并进而对政府管理职能转变提出了反思和建议。

关键词： 新型业态　春宇供应链　政府管理体制

---
* 沈开艳，上海社会科学院经济研究所研究员，经济学博士，主要研究方向为宏观经济、中印经济比较等。

当前,随着产业形态互渗和信息技术,特别是互联网技术的推广应用,出现了类似"春宇供应链公司"这类新型的业态模式,这是上海经济转型中的非常有特色的业态创新现象。

一 转型经济条件下的产业融合与业态创新趋势

(一) 当前全球产业融合与业态创新发展趋势

当今世界经济发展的趋势与特征,如果要用几个最简略的名词来概括,莫非是"全球化"与"信息化"了。全球化和信息化对世界经济发展的影响,从产业层面看就是使得传统产业的边界发生交叉、延伸、融合,产业边界越来越模糊。我们知道,传统产业、传统行业的边界是非常清晰的,这种产业分工也使得政府在划分、管理行业、企业的过程中能够比较刚性、明确地通过制度、规则来加以执行,并依此制定出相应的产业政策和管理体制。但是,从20世纪80年代以来,特别是最近的一二十年间,信息技术革命突飞猛进,使得原来非常清晰的产业边界不再清晰,不仅是三次产业间出现了混合与交融,在产业内部的各行业间,相互渗透、相互融合、相互交叉的现象也是层出不穷。人们所熟悉的,比如电子产品、电信服务、文化娱乐、银行证券、物流运输、生态农业、电子商务等,有些很难说它不是二产就是三产或一产,非此即彼了。

另一方面,随着全球化浪潮的一浪高过一浪,世界范围内大规模的并购、重组再次成为潮流,并购和重组的形式越来越突破传统的在同一行业和产业内部开展的模式,而演变为在不同产业和行业间进行资产整合、资源配置,其结果是许多新型的业态应运而生,苗壮成长。各类新型业态的企业,通过技术融合、业务融合、市场融合形成了新的经济增长点,成为提高生产率和竞争力的一种发展模式和产业组织形式,成为经济发展的领头羊和主力军,同时也彻底颠覆了传统产业和行业的划分标准和管理模式,对现代经济管理与治理带来了巨大的挑战,也提出了全新的课题。

(二) 产业融合与新型业态的表现形式

产业融合是一种经济现象,它是指不同产业或同一产业不同行业相互渗透、

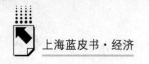

相互交叉，最终融合为一体，逐步形成新的产业形态的发展过程。

产业之间的渗透、交叉、融合或重组是多领域的渗透、多业务的交叉和多形式的融合。它可以表现在以高新技术为特征的新兴产业与传统的工业、农业、服务业间，如信息产业与其他传统行业之间的交融，内容产业与信息通信网、与计算机的交融等，又如在以信息化带动工业化的过程中，亚微米、深亚微米集成电路的设计和制造、高性能计算机、光电子材料与器件、生物工程药物、生物芯片、农业生物工程等，实际上就是将高新产业和传统产业进行了融合，实现了产业一体化整合，如基于计算机、通信和消费电子产品的 3C 融合，又如电信网、广播电视网和计算机通信网间的相互渗透、互相兼容的"三网融合"，并逐步整合成为全世界统一的信息通信网络。它也可以表现为三次产业之间的融合发展，如金融资本与产业资本融合，信息设备制造业、软件开发业和信息服务业之间的交叉融合，城市旅游业和都市型农业之间的融合等。它还可以表现在工业、农业、服务业内部相关产业间的融合，如电信服务与媒体广告、娱乐游戏、卫生保健等服务的融合，又如我国目前正在开发的生态农业，就是通过生物链把种植业、养殖业与畜牧业融合起来的产物，并且已产生了循环经济所特有的环境效益和社会效益。这种不同产业间的融合涉及的量很大，涉及的经济与社会领域也很广。

除了三次产业间、三次产业内部的业态交融外，更直接的反映是在企业层面。制造业企业通过对上下游产业、行业或产品的业务延伸，会将原先单纯的本行业内部的创造价值的过程拓展到不同行业之间，并融合而成为一系列相互关联的价值增值过程。在这种产业融合下诞生的经济形态就被称作是"新型业态"，特别是基于产业融合基础上的新生企业就是新型业态的表现载体。

（三）现代经济发展必然促使新型业态出现

在当代经济发展的过程中，特别是随着转型经济的出现，促使了新型业态的越来越频繁、越来越典型地生成，从目前来看，这几乎成了一种历史必然。无论是发达国家还是发展中国家，随着经济发展与增长到达一定水平，就会引起产业结构的变化和变迁；反之，经济结构和产业结构的变化又会反作用于经济增长，从而推动经济向更快更健康的轨迹发展。当结构变迁到达一定水平，这时由于结构内部的内生性及结构外部的外延性双重作用，便会引发产业的转

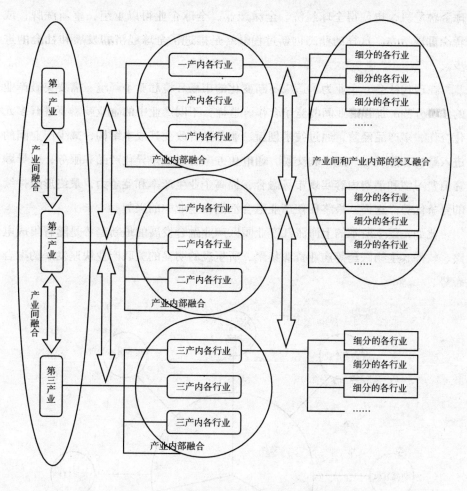

图1　三次产业之间及内部业态交融示意图

型和升级，由初级形态向高级形态转化；这种转化体现在企业层面，就是企业价值链的延伸，由低附加值向高附加值转化，由单一业务模式向上下游业务领域延伸。伴随着企业价值链的延伸，必然引起的结果是业态的交叉、渗透、融合。这种从经济发展的演进历史所体现出来的业态融合就是经济发展的必然性的表现。这种必然性在世界经济中，尤其是在发达经济体中早就出现过。20世纪60、70年代起，跨国公司的业务模式不断地得到创新和拓展，混业经营成为当时企业克敌制胜的法宝，而20世纪80、90年代，在全球范围内出现的并购、重组浪潮，更是将企业的业态融合推到了新的高度。2008年始自美国的全球金融危机，也使得全球经济、全球产业、全球企业得以重组，重新洗牌，或者说重现活力。这样的业态创新过程最终是推进了全球经济的发展和社会的进步。

在现代社会，企业为了适应不断变化的市场环境和竞争环境，需要突破产业的条块分割，加强产业间的竞争合作，这样，不同产业中的企业就需要进行多元化合作、多产品经营，通过技术创新、业务融合改变其成本结构，减少产业间的进入壁垒，降低生产成本和交易，通过业务融合形成差异化产品和服务，引导顾客消费习惯和消费内容实现市场融合，提高企业生产率和竞争力，最终形成持续的竞争优势。这样，最终促使产业融合浪潮在企业中的兴起。

比如，图 2 所示的上海张江产业园区产业融合发展的最新趋势是随着集成电路、软件、生物医药等产业资源集聚，所呈现的明显的关联产业快速发展的融合态势。

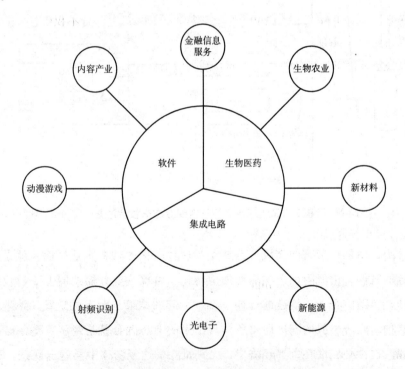

图 2　不同行业和企业相互融合发展示意图*

* 参见沈开艳、徐美芳《上海张江高科技园区创新集群模式和浦东开发开放研究》，《上海行政学院学报》2010 年 5 月。

（四）新型业态的发展将成为经济增长的发动机

新型业态可以为企业带来巨大收益。美国学者戴维·莫谢拉曾指出，新型业态的三方面效应的共同作用为企业带来巨大的收益递增机会：一是产业融合使资源在更大范围内得以合理配置，从而大大降低了产品和服务成本；二是融合扩大了网络的应用范围，使各种资源加入网络的可能性增大，产生了网络效应；三是融合导致了生产系统的开放性，使消费者成为生产要素的一部分，产生了消费者常规效应。

比如将传统制造业务中的物流业务进行外包，就可以在很大程度上畅通信息流程，提高企业对市场的反应速度，从而提高制造领域的竞争优势。据估计，物流业务的外包能降低整体物流成本达35%以上。不仅仅是对企业，对整个国家、整个世界的经济发展而言，业态融合也是有很大促进作用的。例如，1997年欧洲委员会绿皮书提出，电信、广播电视和出版三大产业融合不仅仅是一个技术性问题，更是涉及服务以及商业模式乃至整个社会运作的一种新方式，并把产业融合视为新条件下促进就业与经济增长的强有力发动机。

二　上海经济转型对业态创新提出了新需求

（一）经济转型催生新型业态的成长与发展

中国经济是世界经济的缩影；从中国经济发展过程中可以折射出世界经济的走向。而上海经济更是中国经济的一个风向标。

上海经济目前正面临着一个长时间的结构转型和动力转换。处于经济结构转型期的上海，其产业结构的战略性调整很大程度上必须依靠发展高端的先进制造业，提升现代服务业能级来实现来完成。也正因为如此，上海现在提出的发展战略是加快产业的转型与升级、促进产业结构优化。这一转型战略会促进产业间的相互融合、交叉、渗透，使不同产业能同时在同一企业平台上互动发展，逐步形成新产业属性或新型产业形态，推进产业的升级。这样，新型业态也就必然应运而生，尤其是先进制造业与现代服务业两大产业之间的互动融合发展。

正如上文所言，当今世界，以全球城市为依托的现代国际金融中心、贸易中心、航运中心等对业态融合的需求越来越大。上海要建成国际金融、航运和贸易中心必须在业态融合上有新的突破，也即需要大力发展服务业特别是金融、航运、商贸、信息服务等现代服务业和高端新兴服务业。聚焦支持服务业智力密集领域，推动服务业集群发展和创新发展，加强产业融合，增强城市的综合服务功能，加快构建与以服务经济为主导，与"四个中心"和现代化国际大都市功能相适应的新型产业体系，提升上海服务业国际竞争力。

坚持产业融合发展，培育新型业态是促进上海城市转型的重要抓手。上海新型产业体系构架的重要特征是体现不同产业间的融合、渗透。就服务业和制造业的融合而言，服务业生产率的提高对有效提高制造业生产率有明显的作用，服务业的提升将进一步提高和强化上海制造业的竞争优势。上海未来现代服务业大力发展的根本来自于消费需求的提升以及生产型服务业围绕制造业的展开与深化，最终形成服务业与制造业的良性互动。上海需要以产业融合为重点，促进产业链上制造业和服务业的融合，推动总承包总集成、节能环保、融资租赁、服务外包、科技研发服务、专业技术服务、创意产业等与制造业密切相关的生产性服务业发展，以现代服务业提升上海制造业竞争力。在依托现有制造业的基础上，积极推动制造业向价值链两端延伸，形成二、三产业互动发展格局。同时，促进制造业企业内部服务性功能和收入比重日益提高，推动制造业企业内部的产业融合，推动上海产业结构转型升级。①

经济发展模式的变革带来了新的产业发展业态和企业形态。因此，上海在经济转型期尤其要关注边缘、交叉、前沿产业的发展，在业态创新方面有所突破。

目前，上海经济结构调整和经济转型升级的压力很大。特别对于上海要建设"国际金融中心"、"国际航运中心"和"国际贸易中心"这样一个大背景而言，必然会有许多产业的融合、交叉和渗透，新型业态将越来越多地出现。比如，虹桥综合交通枢纽的建成，上海与长三角之间的城际高速铁路相继开通、虹桥地区成为集航空港、高速铁路、轨道交通、高速公路等于一体的重要商务区，必将吸引长三角、全国，乃至全世界的人流、物流在此聚集、交汇、疏散，虹桥商务区也将成为上海现代服务业的集聚区、上海国际贸易中心的新平台、面向国内外企业总部和贸易机构的汇聚地，以及服务长三角、服务长江流域、服务全国的高端

---

① 屠启宇、沈开艳主编《上海经济发展蓝皮书（2010）》，社会科学文献出版社，2010。

商务中心。在这里必然会涌现出众多的融二产与三产为一体、融金融、贸易、信息、制造等业务模式于一体的新型业态公司。

（二）转型期的上海新型业态丰富多样

有关新型业态的事例在现实生活中不胜枚举。其中，最典型的便是被人们称为"物联网"的业态融合形式。物联网顾名思义是"物物相连的互联网"。它是在互联网的核心基础之上延伸和扩展的一种网络，通过其延伸和扩展到任何物品与物品之间的用户端进行和完成信息交换和通信。更具体地讲，物联网是通过射频识别（RFID）装置、红外感应器、全球定位系统、激光扫描器等信息传感设备，按约定的协议，通过各类可能的网络接入，进行信息交换和通信，实现物与物、物与人的泛在链接，实现对物品和过程的智能化感知、识别和管理。物联网的这种通过智能感知、识别技术与普适计算、泛在网络的融合应用，被称为继计算机、互联网之后世界信息产业发展的第三次浪潮。所以，从这一点来讲，物联网实际上是基于信息网络的一项业务和应用，尤其是当其被企业用来作为业务开展的工具时，物联网的应用就得到了更进一步的拓展。

除此之外，近年来，上海还出现了各式各样的新型业态。稍加关注，我们可以从媒体上搜索到大量的相关报道和典型事例。

上海建设国际金融中心进程中，上海万得信息技术股份有限公司是金融新业态的最佳注释。该公司以股票、债券、外汇、宏观经济数据等信息资源为"原材料"，建成国内最为完整和准确的金融信息库和财经数据库，为国内外1200多家行业和机构客户提供信息服务。目前，这个"Wind 资讯"平台占据国内该领域八成市场份额，正逐步形成与彭博社、汤姆森路透集团等海外金融信息服务巨头的竞争之势。"沪上大智慧"、"东方财富网"、"好买网"等类似的金融信息供应商也正在股民中树起口碑。

上海建设国际贸易中心进程中，易贸资讯（上海）有限公司可谓是贸易新业态的典型。该公司抓住上海国际贸易信息中心这一优势，立足能源、化工、钢铁、有色金属、浆纸五大行业，与全国2000多家主要原料生产商、3万多家主要贸易商及18万家下游用户建立联系网络，由此成为亚洲领先的大宗商品信息服务提供商，其发布的价格信息颇具权威性。还有一些贸易信息服务商，如"我的钢铁网"、"东方油气网"、"春宇供应链"等，更是聚焦各自细分行业，向

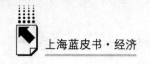

大批专业客户提供行情及交易服务。

上海国际航运中心建设步伐的加速，在物流新业态方面，从"第三方"到"第四方"物流，新名词的层出不穷昭示着新业态的不断出现。比如，上海出现的第四方物流平台——"物流汇"，实际上是整合众多"第三方"物流企业的网络平台，目前正为沪上1700多家中小型陆上物流企业提供信息服务，成为它们的全天候"调度员"，其运营模式在全国也属新鲜。此外，专事第三方支付的"快钱"系统，也将其在线支付解决方案拓展至物流行业代收货款、航空电子客票销售等渠道，年支付清算业务已达千亿元规模，稳居国内第一。①

再比如，在电子商务交易模式的推行方面，上海国际包装·印刷城（SIPPC）被中国包装联合会认定为中国包装印刷综合产业基地，是上海市政府包装印刷产业公共服务平台；硕科图像——跨国公司消费品包装的外包服务供应商，这是一家没有印刷机装备而主要靠色彩标准与信息化技术为外商品牌进行国际化标准设计、掌控与服务的企业。

在上海，更多的是商业新业态的涌现，比如，在零售业态方面，社区商业中心作为一种崭新的业态，其发展前景成为了一个重要议题。沪上首创的集超市大卖场、百货、专卖店、餐饮于一身的华联社区商业中心与2005年1月在浦东临沂社区"呱呱坠地"，立刻吸引了业界的眼球，被称为是一个新型零售模式的诞生。一位业内专家认为，随着上海社区的完善和居民消费水平的提高，上海商业在内容、形式和层次上都呈现综合化、多元化的走向。②

在推进文化新业态方面，浦东新区更是做得有声有色。国家《文化产业振兴规划》中提到要充分重视多媒体广播电视、网络游戏、数字出版等在内的"新兴文化业态"。浦东新区政府也不失时机地对"新兴文化业态"先行布局，一批文化基地、文化领军企业旋即入驻浦东，为浦东的文化企业的新业态产业链的发展打下了基础。2010年5月，总投资5亿元的中移动视频基地落户浦东金桥；7月，上海地区中国移动多媒体广播电视CMMB唯一运营商、东方明珠旗下的上海文广手机电视有限公司推出了全新的数据服务——"晴彩财经"；早已扎根浦东的土豆网、PPLive等网站也大力进军影视、广告等行业。

---

① 《互联网服务领跑新业态》，2010年10月11日《解放日报》。
② 《上海商业新型业态竞相涌现》，2002年8月23日第二版《国际金融报》。

国家的《文化产业振兴规划》还特别提出要"加大金融支持"力度，标志着文化产业大规模资本要素流入的启动。作为上海国际金融中心建设主阵地的浦东新区在这方面也先行一步，东方惠金投融资公司、上海文化产权交易所就是其中最有影响力的代表。2008 年，上海城市动画有限公司已获东方惠金 1000 多万元的风险投资；今年 9 月，东方惠金的"浦东新区科技型文化产业投融资研究"课题，已被确认为上海市科学技术成果。今年 6 月，在浦东外高桥成立的产交所造就了一个文化产权和资本交易的平台。①

三 新型业态的典型——"春宇公司"成长发展的过程及特点分析②

（一）一家基于互联网的供应链平台

上海春宇供应链管理有限公司（以下简称"春宇公司"）2004 年 6 月成立于浦东新区，是中国最大的一家基于电子商务平台的专注于化工进出口领域，以专业化数字商务平台为支撑的一站式专业化化工产品供应链服务提供商。供应链管理指服务外包，其概念 2000 年从国外引进，通过电子平台汇集全球订单，享受一站式服务，这是目前国内传统交易、中间商贸易和一般电子商务所不能及的。"春宇公司"集信息交互、在线交易、供应链服务管理、资金信用管理、工作流管理、消息互动、数据安全和备份等功能为一体；以网站形式为各类用户（供应商、采购商、各类服务商、供应链管理人员）提供信息和功能应用，实现工作流协同和全程供应链操作的可视化、可管理性。

春宇供应链公司以互联网数字商务交易平台为基础，整合整个交易业务流程，通过供应链的集成化、电子化管理，为国际及国内中下游化工企业和化工产品应用企业提供线上供应链管理和线下增值服务，包括采购外包、物流规划与实施、供应链金融结算、代理进出口、全球分销等供应链服务，与客户共享资源，

---

① 《上海浦东"新兴文化业态"先行布局》，2009 年 12 月 2 日《中国知识产权报》。
② 本文中有关"春宇供应链管理有限公司"的基本材料均引自该公司网站，http://www.sunivo.com 及其他相关网站信息。

为客户创造价值。借此消除操作中的地域、时间障碍，提高供应链管理中各个环节的协同性，提高链条的效率，从而大大降低交易成本、提高交易成功率和安全性，最终有效地降低了整个链条的综合成本。

（二）面广量大的业务范围和内容

"春宇公司"因其性质所定，对信息化系统要求较高。它突破了传统贸易服务商只提供网络交易平台或者外贸代理等某个单一服务的传统模式，把几乎能够为化工生产企业提供的所有贸易服务都糅合在一起；通过完整的化工供应链管理平台使原料供应商、物流服务提供商、产品分销商、金融服务机构等服务提供商在同一平台上交流。通过信息化使所有参与者在信息、工作流、计划上实现高效率协同作业。力求实现低成本、快速响应、高效管理的能力，为全球化工领域建立一个跨企业的业务支持平台，通过供应链的集成，达到一站式服务的目标。

"春宇公司"的服务项目包括充当网络交易中介、金融服务、集装箱海运、国际贸易出口代理等6个套餐服务。公司的核心业务涵盖以下十大方面。

一是采购外包。"春宇公司"凭借强大的供应商与客户数据库资源，为客户提供一站式采购外包服务，在需求商与生产商之间建立起紧密的、资源共享的动态企业联盟，使客户可根据生产需求实现原材料的JIT采购，降低采购成本与库存成本。通过集合全球相同采购订单，实现规模采购优势，从而降低客户的采购成本。

二是物流规划与实施。"春宇公司"基于采购外包的规模效应和业务平台的整合性，根据客户的需求进行物流规划，量身定制个性化物流解决方案，采取包括公路、铁路、海运等多种方式，按照客户的要求准时、安全将货物送到客户指定地点并降低成本及缩短时间，提高供应链的效率。

三是供应链金融。"春宇公司"通过与各大金融机构的合作，进行金融服务创新，为客户提供基于采购、供应的金融产品服务（采购资金的垫付、出口代收汇、汇率锁定、提前收汇、进出口结汇等金融服务），解决客户的供应链金融需求。

四是代理进出口。"春宇公司"为客户提供全方位进出口服务（代理签约、开证、收证、审单、文件准备、订舱、报关、收汇、付汇、核销等）。

五是信息服务。"春宇公司"利用业务平台供应与需求的强大数据库功能及大量的数据，加工整理出有价值的信息，为客户提供专业化与个性化的服务，满足客户需求。

六是全球分销。"春宇公司"由于化工行业的产品原料的交叉性特点，依托业务平台，为客户提供全球分销服务。根据客户的市场需求制定分销方案并协助客户管理分销网络，扩大市场覆盖面，提高市场占有率。

七是联合需求预测。"春宇公司"通过业务平台实现客户数据共享，对客户生产原料库存、产品库存和消耗状况进行共同预测，并与客户共同制定合理的库存策略，包括各种原料的最佳订货点、每次的订货批量以及例外事件的规则等，确保客户的生产供应。

八是生产计划安排。"春宇公司"通过与客户生产系统对接，协助客户制定最优化的生产计划，满足供应的需求。

九是联合库存管理。"春宇公司"业务平台时刻在记录分析客户每次订购的详细情况，以达到与客户一起制定最佳库存量，减少采购资金的占用、降低商务成本、规避价格波动风险的目标，提高供应链效率。

十是自动补货。"春宇公司"的业务平台不断分析与计算库存水平，当库存原材料低于预定的订货点时，业务平台自动生成采购订单并传递给客户确认、传递给供应商确认、给物流服务提供商确认。客户、供应商、物流服务提供商通过业务平台及时掌握所有环节的信息，确保供应的顺利完成。

（三）创新先进的管理体系和业务流程

"春宇供应链"的主业务流程大致被分为四个部分，客户开发、供应商采购、合同签订、结算等业务模块（见图3）。

从"春宇公司"的业务内容和流程可以看出，"春宇公司"是一家完全基于"人脑＋电脑"的企业。向下面对数以万计化工产品供应商；向上为全球数以万计客户提供服务，触角还伸向单证执行、物流运输、仓储服务、保险代理等各环节，整个过程分成七八道"流水线"工序。正如该公司总裁薛光春所言："春宇公司"既可以说是一家IT企业，因为公司有着多项软件著作权；也可以说是一家物流企业，因为公司还承担运输业务；而从财务报表来看，公司做的又是进出口贸易业务。这种在国外发展迅猛的基于互联网的"供应链管理"在国内代表了一种新的商务模式和新兴业态生产，尚属新生事物。

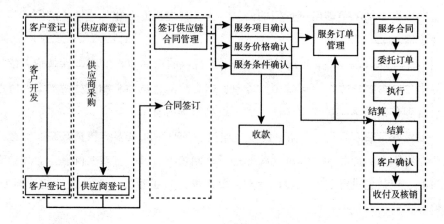

图3　公司业务流程

春宇供应链实现物流流程的规范化，实现对订单、整个货物的发货和运输过程的全程跟踪，做到物流信息反馈及时、直观。春宇供应链系统基于喜马拉雅平台构架实现产品功能需求及扩展需求，包括营销管理、客户关系管理和供应商关系管理等信息、服务订单管理、服务订单执行、结算管理、报表统计、常用银行资料维护、预警管理等（见图4）。

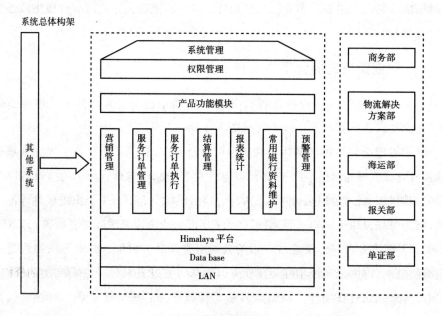

图4　系统总体构架

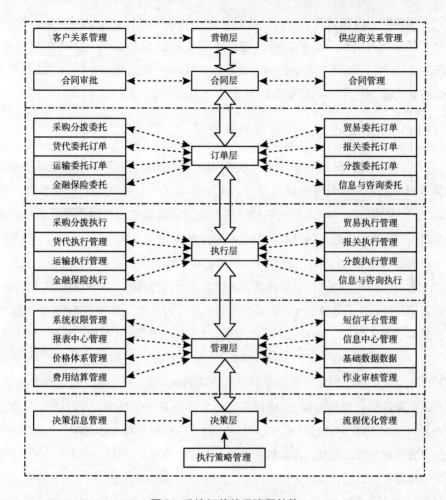

图5 系统订单处理流程结构

"春宇公司"所反映出的专业化和贸易一体化的趋势，主要有三个特点：一是对贸易全过程提供集成服务。"春宇公司"对贸易过程进行了整合，提供交易过程中的物流、进出口报关、保险、融资等所有环节的集成服务，打破了行业、区域、上下游之间的壁垒。二是通过电子商务平台开展业务。"春宇公司"的贸易集成服务载体是自身开发的数字商务网络，将产品、报价、订单、执行跟踪、物流等信息整合在一个平台上，用户可以一次性完成所有操作，获得完整的价格和服务，管理整个交易过程，实现供应链可视化。三是把金融与贸易紧密结合在一起。"春宇公司"在业务过程中与金融机构合作，为客户提供代收汇、资金垫付、汇率锁定、提前付汇、进出口结汇等金融服务，实现了金融与贸易的结合。同时，供需双方均与"春宇公司"签订买卖合同，结算都要通过"春宇公司"完成，在这个意义上，"春宇公司"的运作模式对于形成国际贸易中心的订单中心、结算中心和定价中心具有重要意义。

（四）新型业态为企业带来的效益

"春宇供应链"的盈利模式是通过确保客户的总成本下降，赚取交易的固定服务费用，完全不同于传统的贸易商与电子商务平台。在进出口商未实现交易前，"春宇供应链"不收取任何费用。相关企业只需要在线提供产品及价格的相关信息，"春宇供应链"即可提供订单和采购服务。

目前公司依照 ISO9001：2008 国际质量管理体系严格控制供应链流程。拥有专业化工进出口团队，对注册业务熟悉，可把多家出口公司的相同化学物质，进行一次性登记，提高注册效率、大幅度降低商务成本，对卖家、买家和服务商都带来增值。所以"春宇公司"在国内首次开展了为客户免费 REACH 注册，让客户集中精力搞生产、抓科研，受到客户好评。为此，"春宇公司"自主研发的化工供应链管理平台还荣获了《上海市高新技术成果转化项目证书》。据了解，经过数年努力，公司的业务现已扩展到全球 36 个国家，在数字商务平台提供的化工产品种类近3000 种（其中 1405 种通过欧盟 REACH 注册），已经积累有全球 60000 多家化工产品买家的数据及需求信息，而且数据每天还在不断增加和更新，掌握了 31000 多家中国供应商资料，已将国内大部分化工生产企业的基本信息收录到数据库中，与国内外大型船运、货代公司、保险理赔和金融机构达成了良好的合作关系。2009 年公司平台交易额 2000 万美元，缴税 155 万元，分别同比增长了 100% 和 124%。

一位供应链企业的老总曾说过，现在市场上的竞争已经不再是企业与企业之间的竞争，而是供应链与供应链之间的竞争，也就是说，如何节约供应链上每一个环节的成本，甚至是将成本转化为收益是供应链上一系列节点企业得以生存发展的根本。

"春宇供应链"的盈利模式是通过确保客户的总成本下降，赚取交易的固定服务费用，完全突破了传统贸易服务商只提供网络交易平台或者外贸代理等某个单一服务的传统模式，把几乎能够为化工生产企业提供的所有贸易服务都糅合在一起。可以说既有数字商务交易平台，也能够为化工企业提供除生产之外的采购分销、物流运输、内贸外贸、金融保理等服务。在进出口商未实现交易前，"春宇供应链"不收取任何费用。相关企业只需要在线提供产品及价格的相关信息，"春宇供应链"即可提供订单和采购服务。

通过"春宇供应链"这个新平台，企业可将化工行业供应链中的非核心业务（包括订单处理、国际市场开拓、物流规划与实施、出口风险管理、汇率风险规避等）进行外包，而开展外包的"春宇供应链"通过整合，则可以使这些"非核心业务"形成规模效应与流水线作业，大规模削减进出口企业成本，使化工企业能够专注于生产、研发等核心业务。也就是说，客户只需告诉"春宇公司"要什么，然后就等货到签收，中间所有繁复流程，统统由"春宇公司"负责"搞定"。

由此可见，"春宇公司"这类供应链管理公司的发展，对其他相关产业的带动作用是非常明显的。它将联系一个跨行业、跨部门、跨地区的基础性产业，具有强大的经济渗透能力；它能够带动新一轮物流基础设施、技术改造、技术创新和投资，从而促进产业结构和企业组织结构的调整与转型，最终促进经济的全面升级。

四 "春宇现象"对当前传统体制和机制的挑战

虽然，"春宇供应链公司"在经营上取得了巨大成功，对上海经济发展与转型的意义也是十分重大的，但由于"春宇公司"企业性质的特殊和"春宇公司"现象的特别，它对当前传统体制和机制带来了巨大的挑战，并进而对政府管理职能转变也提出了深层的反思。

（一）"春宇公司"的困惑

"春宇公司"在企业运营过程中遇到了许多意想不到的困难和困惑。

1. 企业性质的界定与管理归口存在问题

从管理体制的角度讲，要成立一家企业首先得注册，以便于管理。而企业注册需要依据企业的业务性质而定。"春宇公司"要注册的名称是"上海春宇供应链管理有限公司"，按公司的说法，该名称既不古怪，又不违法，理所当然是能被批准注册的。但当真正注册的时候，问题却显露出来了。"春宇供应链"商务模式是融合了贸易、物流、金融、结算、软件开发等多种服务功能的新型业态，正是"供应链管理"这一属性，使得"春宇公司"所在的浦东新区有关管理部门在注册分类时竟然找不到对应合适的行业，有点无所适从。行业管理是分门别类的，按照现行我国国民经济行业20个门类98个大类，目前国家工商总局对此类新型业态的注册没有明确规定，没有与"供应链"相对接的行业和归口。比如，"春宇公司"所涉及的部门从管理体制上看，可能会涉及商务委、发改委、建交委、金融办等多个部门，而其中的任何一个部门都无法完全涵盖"春宇公司"的全部业务范围，因而不可能有一个完全对等呼应的行业来归口管理。而企业性质无法确定、企业管理无处归口的话，"春宇公司"将无法享受按行业分类的相关政策优惠。

2. 税制管理上存在滞后

新型业态作为一个跨部门、跨行业的复合型产业，其发展涉及国家宏观经济与贸易政策，涉及铁路、公路、水路和空运等多种运输方式，涉及信息产业、咨询服务、制造业等多个行业，还涉及口岸监管、商务、土地、税务和金融等其他相关部门。

"春宇公司"是一家带有物流性质的企业，物流业务是一项综合性的整体业务，往往涉及众多服务项目，而且不同服务项目之间的界限并不十分明确，交叉、互渗、融合的情况比比皆是，有些服务项目的特征也不像专业企业那样明显。比如"春宇公司"提供的物流运输服务是通过外包给其他运输企业实现的，其本身并无运输资质，也没有运输车辆。但是由于"春宇公司"承担物流业务的性质，需要在从事业务活动中开具运输发票，但在国内，目前还缺乏统一的物流业专用发票，而"春宇公司"也就难以按照有关政策规定抵扣相关税款。这是"春宇供应链公司"的业务多样性、服务交叉性和项目互渗所引发对传统运输、仓储、出租、服务等分类业务发票的凭票计税、扣税制度的一大挑战。

3. 汇结算问题

春宇供应链在一个平台上整合了国内外贸易，在涉及境外客户业务时，一般需要以外币作为结算工具。但按照我国现有的外汇管理规定，"春宇公司"没有从事外汇业务的资质，无法对国内供应商支付美元，必须先用人民币采购之后再出口。同样，"春宇公司"收到国外客户外汇后，需换成人民币支付国内供应商，这既增加了"春宇公司"的资金压力，又存在汇率风险，也不适合像"春宇公司"这一类新型业态的健康、持续发展。

（二）当前传统体制和管理机制的缺失

目前，我国政府部门对行业和企业的归口管理基本沿袭了计划经济时代的一套模式。也就是采取条块分割、纵向管理的方式。在全国设置 20 个产业门类，其下再设 98 个大类，在 98 个大类下还有多如牛毛的小类，几乎每一类产品都有相应的归口管理部门。这种管理体制在产业、行业、产品十分清晰的情况下是很有效、很通畅的，比如在传统制造业行业，政府有关部门可以根据产品的性质逐一分类，直至每一个产品都各有分管口子。

但是，随着现代服务业的产生和发展，随着制造业向服务业领域的延伸、服务业向制造业领域的拓展，更随着三次产业间的相互交融、交叉和渗透，一些新型的业务似乎并不能一一对应地找到合适的管理部门，它们的行业边界模糊交错，这时传统的条块分割体制及其过细的部门划分、过多的管理条文就不仅无法很好地履行其职能，更会阻碍新型业态的发展，不符合市场机制配置资源的要求。特别是政府在市场准入制度、税收优惠政策、投融资政策、技术创新政策以及人力资源管理政策等方面都没有相应的准备。传统的政府管理体制在新型业态面前显得一筹莫展，难以实施。同时，企业难以成为独立运行的经济主体，也不利于产品创新和业务拓展，新型业态形成困难，特别是当产业交叉、融合涉及垄断性行业时，阻力会更大。

另一个很重要的方面是税收政策无法涵盖、无法执行。据国家税务部门工作人员称，目前，我国不同行业之间存在税率、收费标准和行业标准不统一等问题。现行税制把一体化的经济运行过程的各个环节人为地割裂开，一方面不利于新型业态企业开展一体化运作；另一方面新型业态企业也有动机、有可能将适用税率较高的营业收入，全部或部分转移为税率较低的营业收入。实际上是于国家于企业都不利的一种机制。税收政策既无整体扶持新型业态企业发展的倾向，也无结构性调整的取向，忽视了新型业态企业中存在的一些具体问题。[①] 像"春宇

---

① 卢胜清：《关于物流企业税收问题的几点思考》，海南省洋浦地方税务局，中国税务信息网，http：//www. chinesetax. net/index/SingleInfoShow. asp？InfoID = 82779。

公司"遇到的运输业务发票开具的问题，就是一个例子。正如税务部门官员所言：像"春宇公司"这样的"自开票纳税人的认定要求必须具有自备运输工具。也就是说，没有自备运输工具，通过整合社会资源开展物流配送服务的企业不能取得自开票纳税人资格。这显然已经不能适应我国现代物流企业发展的实际情况，不利于社会资源的综合利用。特别是一些集团型物流企业，就集团本身来讲有足够的运输车辆，但具体到某一家下属公司或分公司，因为没有运输车辆而不能取得自开票纳税人资格或者控制其发票使用额度。目前，我国现行物流业使用的最重要的发票是'货物运输业发票'，按照现行税收政策规定，货物运输业自开票纳税人，不但必须具有自备运输工具，同时只有自备运输工具运输的货物取得的收入才能开具货物运输业发票，通过整合社会资源从事运输业务所取得的收入不能自行开具货物运输业发票，或者限制发票使用额度，这不利于我国现代物流企业发展。"①

（三）顺势而为，政府管理体制正在悄悄变革

"春宇公司"其实不只是一家企业，它代表的是这一类正在蓬勃发展、日益壮大的新型企业。如何加快经济转型，怎样寻求创新突破，"春宇公司"已经成为浦东乃至上海加快政府职能转变和管理体制改革的一个鲜活案例。

上海和浦东在这方面做得是值得称道的。当上海市主要领导在调研考察时了解到浦东新区在面对"春宇供应链公司"这类企业在管理体制上所陷入的窘境时，首先充分肯定了"春宇公司"企业在打造化工产品领域高端交易平台、整合全领域资源、创新跨领域商务模式等方面取得的成绩，并对新区政府提出了鼓励支持这类企业发展的要求。在市委、市政府肯定和重视的同时，浦东新区政府在着手经济转型和探索公共服务型政府体制和机制方面更是从"春宇公司"入手，做了很多实事。

目前，浦东新区正在着手转变经济发展方式，主要是大力发展占地少、低能耗、低污染、高附加值的三大高端产业，即以金融为核心的现代服务业，以软件、芯片、生物医药为代表的高科技产业和先进制造业，以自主知识产权为特征

---

① 卢胜清：《关于物流企业税收问题的几点思考》，海南省洋浦地方税务局，中国税务信息网，http：//www.chinesetax.net/index/SingleInfoShow.asp？InfoID=82779。

的创新创意产业，以此让浦东的经济走上集约化、可持续发展的道路。而春宇供应链公司恰恰与新区转型的要求相吻合："春宇公司"既属于现代服务业的范畴，且以金融服务为支撑；同时，"春宇公司"还是一家拥有软件知识产权的信息技术型公司，是高新科技产业的重要体现；"春宇公司"的核心系统平台完全是自主知识产权为特征的创新创意产业。所以，这一代表了产业发展方向的企业自然会受到新区政府的关注和支持。

（四）量身定制，浦东新区为"春宇公司"服务开"绿灯"

在企业性质认定问题上，浦东新区职能部门认为，当前经济形势发展迅猛，各种新型业态层出不穷、形态各异，许多事情都无法用现有的规章制度和管理规定来一一对照执行，需要进行管理创新和对旧条文的突破。"春宇供应链管理公司"的出现符合上海和新区产业发展的导向，应当予以支持和扶持。为此，浦东新区根据"春宇公司"的业务模式和经营范围，以供应链管理名称帮助企业完成注册登记，将其暂归为物流业，并在现行管理政策下为"春宇公司"发展提供相关政策优惠。

在企业运输资质及运输发票开具问题上，由于我国的现行税制还没有"物流业"这一税目，无法对"春宇公司"企业综合征税。对此，浦东新区设计了变通办法，由"春宇公司"新投资新设一家物流公司，并购入运输车辆，以此获得运输资质。同时，由企业向税务部门提供诚信承诺并加强内部管理，税务部门在开票额度上予以支持。"春宇公司"的发票问题便迎刃而解。

在外汇结算问题上，浦东新区与外汇管理部门进行了专题研究，引导"春宇公司"在洋山保税港区注册了国际贸易公司，利用特殊监管区优势，开展需直接支付外汇的国内采购业务。同时，结合推进中的上海综合保税区国际贸易结算中心外汇管理试点工作，争取将"春宇公司"作为试点企业，设立离岸"跨境贸易结算专用账户"。

在授信担保问题上，2009 年 10 月，张江中小企业担保中心为其提供了 1200 万交易结算担保，"春宇公司"希望将结算担保额度扩大至 8000 万元，以满足公司发展的资金需求。对此，浦东新区协调张江集团提供了差额部分 6800 万元的授信担保，由"春宇公司"关联企业、股东资产提供反担保，并委托第三方对"春宇公司"的资金使用情况进行评估，降低国资担保风险，较好解决了"春宇公司"的资金需求。

在享受行业优惠政策问题上，"春宇公司"现有商务平台急需升级，以满足企业业务扩张，但需要较大资金投入。同时，虽然"春宇公司"软件开发人员占比30%以上，但按规定，只有软件销售收入占比35%以上的软件企业，才能申请享受软件人员免征个人所得税优惠，"春宇公司"难以享受到这一优惠。对此，新区协助"春宇公司"申报了本市服务业引导资金，获得了600万元的资金作为平台升级等费用。同时，将其认定为高新技术企业，可享受所得税15%优惠税率，并帮助其申报软件人员免征个人所得税优惠。[①]

五 对管理体制改革与政府职能转变的建议

（一）创新理念，顺应产业融合和业态创新趋势

为了顺应产业融合和业态创新的发展趋势，当前许多西方发达国家已经对现有的国家经济政策和产业政策作出了调整，比如，美国在1996年将电信和媒体统一立法管理，从而引发了一场电信、电子、媒体和文化企业的交叉兼并和产业重组浪潮。

在国内，中共十六大报告也提出，中国要走"以信息化带动工业化，以工业化促进信息化"的新型工业化道路；十七大报告又进一步完善了"发展现代产业体系，大力推进信息化与工业化融合"的新科学发展的观念，自此之后，上海对"两化融合"的认识愈益深刻，政策措施也频频出台。2009年度上海信息化与工业化"两化融合"评估报告指出，当前上海正处于"基本融合"的中级水平向"全面融合"的高级水平发展的阶段。两化融合的核心就是信息化支撑，追求可持续发展模式。

"春宇现象"的出现是对经济转型期传统产业和传统企业的创新升级，这种商务服务模式将是上海、浦东调整经济结构和促进产业升级的重要突破口，也是上海推进国际金融中心、航运中心、贸易中心的重要抓手。政府部门一是要高度重视交叉前沿产业的发展。要敏锐捕捉代表先进生产力发展方向的产业动向，努

---

① 《在前沿交叉边缘领域拓展服务业发展空间——以上海春宇供应链管理公司为例》，中共浦东新区区委研究室、中共浦东新区区委党校编《浦东创新发展案例选编》，2010年10月。

力创造条件、营造氛围，积极支持交叉前沿领域新兴企业的快速发展，大力扶持符合浦东特点的创新商务模式，带动一系列相关领域产业的发展。二是要大力推进金融领域改革。要不断探索金融与科技、贸易、航运、物流等的资源融合，尤其是金融资本与土地资本的深度结合，突出发挥金融改革发展对经济社会的促进和推动作用。三是要进一步突出浦东综合比较优势。利用新区各类资源齐全丰富的有利条件，主动协调整合各类资源，最大限度地发挥资源整合的综合效应，切实在新区产业布局和产业发展上体现产业与功能的融合优势。四是积极探索新区综改工作新的突破点。主动探索综合配套改革试点新的突破口，力争在具体改革实践中率先实现点的突破，不断总结改革创新的方式方法，加快重点领域改革的先行先试，并以此推动制度和政策层面上的改革突破。政府部门应该主动研究新型业态、新型行业的新特点、新趋势，努力营造氛围、打造环境，只要不是现行法律法规明确禁止的，都要放手让企业进行大胆的尝试。在本着推进产业转型升级、鼓励新型业态发展、支持前沿交叉行业、服务新型业态企业的原则基础上，给予科学合理的规划和行之有效的政策扶持。

（二）营造良好的制度环境和体制机制环境

好的制度环境首先在于有一个科学合理的制度安排，其次还应该有一套完善的法律法规体系。新型业态由于融合了多种服务形态，对政府的服务管理和各部门间的协调运作提出了新的要求。当前政府可做的是，清理和废除那些造成条块分割、部门分割、各自为政、互不相通的陈旧法规和政策，对原有的归口管理方式、审批流程进行大幅度改革，在市场准入、行业管理、外汇管理、企业融资等方面为新业态的发展扫除障碍，以开放、公平、公正的制度和政策促进产业间的交融与合作，促进新型业态的成长与发展。进一步地，还可以制定产业融合发展规划，使得新型业态能持续发展。

政府在建立健全制度和体制之后，更重要的是积极引导和主动服务。比如，在税收政策方面，可以为这类新型业态企业单独制定相关规定；在金融服务方面，尽可能地为企业提供优先信贷、融资、上门办公等个性化服务；在扶持政策方面，可以参照国内外通行惯例，合理划分企业类型，制定不同类别的认定标准。帮助企业进一步拓展市场空间和资源空间，延伸产业和价值链条，形成优势互补、务实互利和开放互动的经济发展态势。

（三） 通过务实的服务促进新型业态企业健康发展

发展新型业态的企业模式是实现转型升级的方向，企业经营模式要在发展中不断探索创新。政府相关部门要做的就是如何适应新型业态发展的需要，为企业发展提供全方位的务实的服务。

鼓励企业在新型业态和商业模式发展上大胆探索，先行先试。政府要为企业设计研发提供更好的载体平台，企业通过加强研发创新，通过设立研发中心、营运中心、结算中心等做大做强。充分发挥新型业态企业在促进经济发展中的作用，政府在鼓励企业技术创新、产品创新的同时，还要鼓励企业的经营模式创新、应用模式创新，通过延伸产品的上下游和业务的交叉，提高流通效率，实现资源共享和要素集聚，扩大企业效益和社会效益。

政府还可为电子商务在企业中的更广泛应用创造良好的发展环境，使企业通过电子商务这一技术领域开发业务、打造品牌、拓展市场。

参考文献

《在前沿交叉边缘领域拓展服务业发展空间——以上海春宇供应链管理公司为例》，中共浦东新区区委研究室、中共浦东新区区委党校编《浦东创新发展案例选编》，2010 年 10月。

屠启宇、沈开艳主编《上海经济发展蓝皮书 （2010）》，社会科学文献出版社，2010。

卢胜清：《关于物流企业税收问题的几点思考》，海南省洋浦地方税务局，中国税务信息网，http：//www. chinesetax. net/index/SingleInfoShow. asp？ InfoID ＝82779。

"上海春宇供应链管理有限公司成功实践"，http：//www. techweb. com. cn/news/2010 -06 - 30/631886. shtml。

产业转型与创新模式：
日本川崎市的经验启示

雷新军*

摘　要：目前，上海经济发展进入了一个新的发展时期，如何推动产业转型、提升都市功能成为关注的焦点，川崎市在1970年代以来的产业转型过程中积累了独特的经验，对上海的产业转型具有可参考的价值。本章主要通过对川崎都市发展及产业结构的变化分析，把握其产业发展的特征，阐述20世纪70年代日本经济发展环境变化及其对产业转型的影响，总结和归纳川崎产业转型过程的经验，并结合上海的实际，对上海产业转型提出几点思考性问题。

关键词：产业转型　创新　创新模式

一　川崎都市的发展与变化特征

川崎市成立于1924年，已有80多年发展历史。川崎市自成立以来，凭借其优越的区位优势和日本近代化的快速推进，城市规模不断扩张。同时川崎作为日本京滨工业地带的中心城市，对"二战"后的日本经济快速发展作出了巨大的贡献。但是，进入20世纪70年代后，曾经支撑川崎经济发展的内外部环境发生了巨大变化，在这一发展环境变化的过程中，川崎摸索出了一条具有显明特色的都市产业转型之路，即充分发挥其区位优势和原有的产业优势，推进都市功能和产业功能的转型。

---

* 雷新军，上海社会科学院经济研究所副研究员，经济学博士，主要研究方向为产业经济学、企业创新与发展等。

（一）川崎都市的发展

川崎市刚成立时，人口规模为 5.5 万人，与当时的东京和横滨两大都市相比，只能称其为海滨"小镇"①。但是，进入 20 世纪 30 年代后，如图 1 所示，川崎的城市处于持续扩张态势。特别是 1935～1965 年的 30 年间，川崎的城市范围扩张了近 3 倍，人口规模增加了近 5.5 倍。1965 年以后，川崎的人口增长速度趋缓，但其绝对规模持续扩大，2008 年川崎人口规模达到 139 万人。

与日本全国及大都市的人口增长相比较，如图 2 所示，日本经济快速发展时期，川崎人口增长不但远高于日本全国平均水平，也大幅超过了 10 个大都市的平均水平。进入 20 世纪 70 年代后川崎人口增长速度大幅缩小，特别是 1970～1980 年，每 5 年的平均增长率低于日本全国及 10 个大都市平均水平。但在 80 年代以后日本全国人口的低增长中，川崎人口增长速度超过了东京都 23 区及 10 个大都市。

与都市人口的变动相比，川崎的经济发展速度则表现出了不同的变化轨迹。如图 3 所示，1980 年以后，川崎名义 GDP 的平均增长率显现出大幅、持续下降的态势，特别是 1995～2000 年出现了负增长。1985～2000 年的 15 年间，川崎每

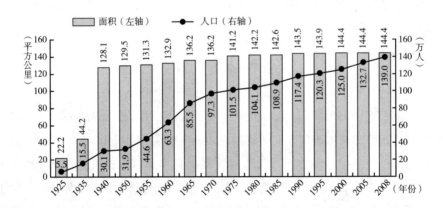

图 1　川崎城市规模的变化

资料来源：川崎市《川崎市统计书》。人口为各年 10 月 1 日数。

---

① 1925 年日本第二次《国势调查》资料显示，东京都人口为 448.5 万人，横滨市人口为 40.6 万人，当年川崎市的人口规模仅相当于东京都的 1.2%、横滨市的 13.5%。

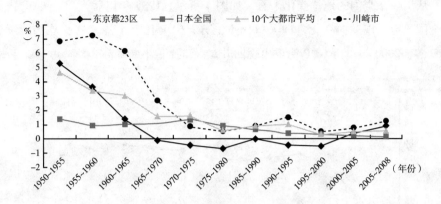

图 2　川崎人口平均增长率

注：10 个大都市是指：札幌市、仙台市、横滨市、川崎市、名古屋市、京都市、
大阪市、神户市、广岛市、福冈市；2008 年的人口数为 3 月 31 日数，其他各年的人口
数为 10 月 31 日数。

资料来源：相应年份的《日本统计年鉴》。

5 年名义 GDP 的平均增长率不仅低于日本全国，也低于 10 个大都市的平均增长
水平。但进入 21 世纪后，川崎的经济衰退得到遏制，相对于日本全国及主要大
都市的经济持续低迷出现了复苏，平均增长率呈现上升状态。

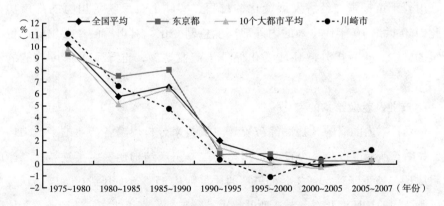

图 3　川崎经济增长率的变化

注：1975～1990 年度 GDP 采用 68SNA 国民经济核算体系，以 1990 年为基准年。
1990～2007 年度 GDP 采用 93SNA 国民经济核算体系，其中，1990～2000 年以 1995 年为
基准年；2000～2007 年以 2000 年为基准年。

资料来源：《县民经济计算》。

从川崎在全国的地位变化来看，如图 4 所示，1985 年以后人口与 GDP 占日本全国比重呈现逆向变化，即人口比重上升、GDP 比重下降，这一趋势持续到 2000 年。2000 年以后 GDP 比重出现回升，人口比重不断攀高。

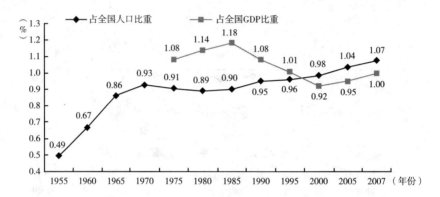

图4 川崎人口及市内生产总值（GDP）占日本全国的比重

注：人口为年、GDP 为年度（上年 4 月至次年 3 月）数字。
资料来源：相应年份的《日本统计年鉴》、《县民经济统计》、《川崎市统计书》。

（二）产业结构和都市功能的变化

川崎都市扩张与经济发展变化的过程，实际上也反映了川崎的都市功能变化。20 世纪 70 年代以来的内外部环境急剧变化，对川崎的产业发展产生了严重的冲击，这一内外部环境变化促进了产业转型，也导致了都市功能的转变。

1. 产业及就业结构的变化

根据日本内阁府的《县民经济统计》资料来分析川崎各产业的产值结构变化，如图 5 所示。1975～2007 年，川崎的二、三产结构比发生了逆转，二产的比重从 64.5% 下降到 33.7%，而三产的比重则从 35.3% 上升到 66.4%。从各主要行业结构的长期变化看，制造业的比重下降与批发零售业、房地产业及其他服务业的比重上升趋势非常明显。从变化时期来看，20 世纪 80 年代后期的变化更为突出。1985～2005 年的 20 年间，制造业的结构比重下降近 30 个百分点，降幅达到 55.7%。与此同时，房地产和批发零售业的比重上升很快，增幅超过了 100%，其他服务业的增幅也超过 60%。

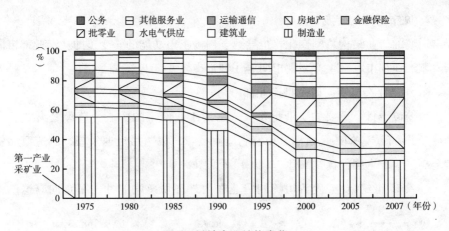

图 5　川崎产业结构变化

资料来源：《县民经济统计》。

另外，根据日本总务省《事业所企业调查》资料，如图 6 所示，川崎就业人口中，制造业的比重持续下降、批发零售业和其他服务业的比重持续上升的特征非常鲜明。1975～2006 年制造业的就业人数减少了 56.5%，而其他服务业、房地产业和批发零售业的就业人数分别增加了 172.4%、147.4% 和 54.4%。

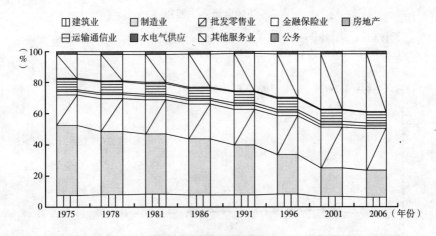

图 6　川崎就业结构变化

注：就业人数为从业人员在 4 人及以上的事业所统计；因第一产业及采矿业的就业人数非常少，在图中的结构比重未能反映出来。

资料来源：《川崎市统计书》。

2. 城市功能的转变

川崎的产业结构急剧变化，也导致了川崎都市功能的转变，即从工业都市向研发型产业都市、从生产型都市向居住型都市转变。

（1）工业都市转向研发型产业都市

川崎位于日本重要的工业地带——京滨工业地带的中心，被称之为"日本制造业的心脏"。如图7所示，川崎制造业在"二战"后迅速发展，制造产品发货金额占日本全国的比重高达3%以上（见图8）。

进入20世纪70年代后川崎制造业在内外环境急剧的冲击下走向衰退。首

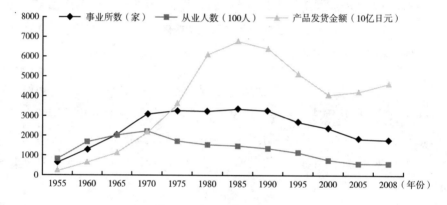

图7　川崎制造业主要指标

资料来源：日本经济产业省《工业统计调查》。

注：数字为从业人员4人及以上的事业所统计。

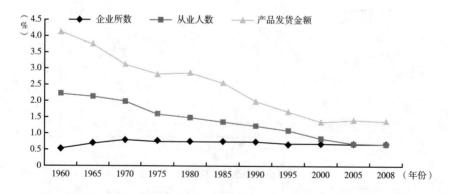

图8　川崎制造业占日本全国比重

资料来源：日本经济产业省《工业统计调查》。

注：数字为从业人员4人及以上的事业所统计。

先，受 1969 年 "工厂限制三法" 的影响，大工厂向日本国内地方转移，这一结果导致川崎市制造业从业人数在 20 世纪 70 年代初开始减少。其次，80 年代以来的全球化进展以及 1985 年 "广场协议" 后的日元升值，加速了大工厂向外、特别向国外转移的进程，同时也使得以大工厂为核心的制造体系走向崩溃。从图 7 中可观察到川崎制造业的事业所数、从业人数和产品发货金额，在 80 年代中期以后均呈现下降趋势，而且川崎制造业的衰退速度，如图 8 所示远快于日本全国平均水平。

但是，川崎制造业的衰退，并非单纯的去制造业化，也非一般所称的 "空洞化" 现象。这主要是因为川崎制造业衰退内含了一种功能的转变，即工厂的生产功能向研发功能的转变。尤其是在川崎制造业中占有重要地位的机电企业向研发型企业的转型非常明显。2007 年《川崎市创新状况基础调查》结果显示，聚集在川崎市内的研发机构多达 225 家，其中大部分是信息通信领域的大型企业。[①] 同时，从《事业所企业统计调查》结果来看，在 20 世纪 90 年代以来的制造业衰退过程中，川崎市内从事研发工作的学术研发机构的从业人数和信息服务业从业人数不断增加，占全产业从业人数的比重不断上升。2006 年川崎市内的学术研发机构及信息服务业从业人数占全产业的比重分别 3.68% 和 5.49%，与 1996 年相比均有大幅提升，与日本全国大都市相比分别居第 1 位和第 2 位（见图 9）。

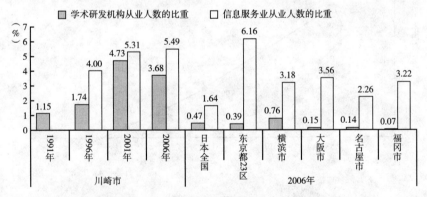

图 9　川崎市学术研发机构及信息服务业从业人数占全产业比重

资料来源：日本总务省《事业所企业统计调查》。

---

① 定国公：《包括川崎市周边地区在内的新区域划分的可能性》，2006 年 3 月，专修大学社会知性开发研究中心《都市政策研究中心论文集》，第 287～299 页；原田诚司：《川崎的产业政策与都市政策》，2007 年 7 月，专修大学社会知性开发研究中心《川崎都市白书》，第 205～215 页。

川崎制造业在 20 世纪 90 年代日本国内经济长期低迷以及经济全球化的大背景下，通过推进大企业的生产功能转变、产学研联盟、企业之间合作等措施，形成制造业与研发功能相融合的产业转型模式。目前，制造业仍然是川崎最大的产业，其增加值占 GDP 的比重超过 25%，在日本的大都市中位于前列。同时从制造业的产品出货金额规模来看，2008 年川崎仅次于东京都 23 区为日本最大的制造业都市，而且制造业人均出货金额自 2000 年以后居日本各大都市之首，2008 年是日本全国的 2.0 倍、12 大都市平均的 2.3 倍、东京都 23 区的 3.8 倍。

（2）生产型都市向居住型都市转变

川崎经历日本经济快速发展期后，都市的生产功能逐步减弱，而生活功能则逐步增强。田中（2009）① 根据市内生产总值（GDP）中的"货物和服务净流出"和市民生产总值（GNP＝市民总收入）中的"市外纯要素收入"两个指标，对川崎的都市结构进行分析，发现 20 世纪 80 年代中期以后，川崎市内的货物与服务的"净流出"不断缩小，而从市外所获得的"纯收入"却不断地增加。如图 10 所示，1985 ~ 2005 年，川崎的货物与服务"净流出"占市内生产总值（GDP）的比重从 22.7% 下滑到 – 2.8%，而市外所得的"纯收入"占市民生产总

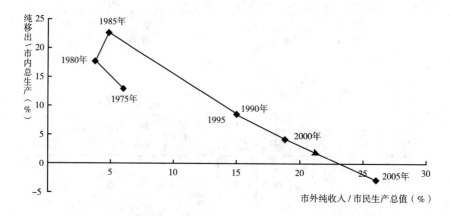

图 10　川崎市货物与服务的净流出与市外纯收入

资料来源：田中隆之《川崎的都市经济结构及其变化》，2009 年 3 月，专修大学大学院社会知性开发研究中心《川崎都市白书》。

---

① 田中隆之：《川崎的都市经济结构及其变化》，2009 年 3 月，专修大学社会知性开发研究中心《川崎都市白书》，第 205 ~ 215 页，第 29 ~ 40 页。

值（GNP＝市民总收入）比重则从 4.9% 上升到 26.0%。这一现象说明，川崎的生产功能在 1985 年以后急剧下降，而作为"卫星城市"的居住功能大幅增强。

同时，从图 11 中的两项人口动态指标来看，川崎作为居住都市的功能自 20 世纪 70 年代以来明显增强。川崎的昼夜人口比率和 15 岁以上就业者流出入比率，自 1970 年以后均呈大幅下降的趋势。2005 年川崎的昼夜人口比率为 87.1%，15 岁以上就业者流出入比率为 59.3%，均创 1960 年以来的历史新低，并为日本大都市中昼夜人口比率最低的都市。这一组数字表明，居住在市内而工作在东京、横滨等都市的人口越来越多，也是导致从市外获得的"净收入"增加的重要原因。

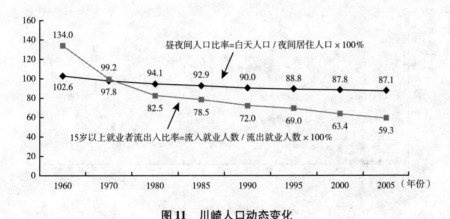

图 11　川崎人口动态变化

资料来源：川崎市《川崎市统计书》。

二　推动川崎产业转型的背景

进入 20 世纪 70 年代，日本经济发展面临的国内外环境发生了巨大变化，这一发展环境变化不仅改变了日本自 50 年代中后期以来经济快速增长的趋势，也使日本经济发展的国际环境急剧恶化，对外经贸摩擦不断扩大和升级。

（一）石油危机后日本经济发展的国际环境变化

第一次石油危机后，支撑日本经济发展的国际环境条件发生了巨变，主要表现在以下三个方面。

1. 国际石油价格飙升

1970 年代的二次石油危机使国际石油价格飙升, 如图 12 所示, 1972～1980 年英国布伦特 (BRENT) 石油价格从 3.6 美元/桶攀升到 37.9 美元/桶, 上涨了约 11 倍。其中, 以 1973 年 10 月爆发的第四次中东战争为背景的第一次石油危机, 使布伦特石油价格从 1972 年的 3.6 美元/桶提升到 1974 年的 12.9 美元/桶, 涨幅高达 3.6 倍。以 1978 年底伊朗革命为契机的第二次石油危机, 再次导致布伦特石油价格暴涨, 从 1978 年的 14.3 美元/桶飙升至 1980 年的 37.9 美元/桶, 涨幅为 2.6 倍。

图 12　英国布伦特油价走势

资料来源: IFS。

2. 日元大幅升值

图 13 揭示了 1970 年以后日元汇率的走势。从图中可直接观察到 20 世纪 70 年代以来日元兑美元的汇率经历了三个较大的升值阶段, 第一阶段是 1971 年 8 月美国的新经济政策①出台后, 同年 12 月日本上调汇率 16.8 个百分点, 将自 1949 年以来的 360 日元兑换 1 美元的固定汇率调升至 308 日元。第二阶段是 1973～1985 年, 这一期间二次石油危机的爆发、美国国际收支的持续恶化以及

---

① 1971 年 8 月 15 日时任美国总统发布新经济政策, 停止按 35 美元 1 盎司的官价兑换各国中央银行持有的美元, 并加征 10%进口税率。美国的这一政策直接导致了国际外汇市场长期运转的固定汇率制崩溃, 迫使日本等主要发达国家放弃本国货币与黄金的固定比价, 而采用浮动汇率制。

1976 年 IMF "牙买加协定"① 之后的浮动汇率制度实施，日本于 1973 年 2 月放弃固定汇率制度采用浮动汇率制度，日元汇率从 1973 年的 271.1 日元上升至 1978 年的 207.9 日元兑换 1 美元，升幅达到了 23.3%。第三阶段是 1985 年的 "广场协议"之后，直至 20 世纪 90 年代中期，日元处于一个快速升值阶段。日元汇率从 1985 年的 235.1 日元上升到 1988 年的 128.0 日元，1995 年突破 100 日元达到 93.8 日元，10 年期间日元升值幅度超过 60%。

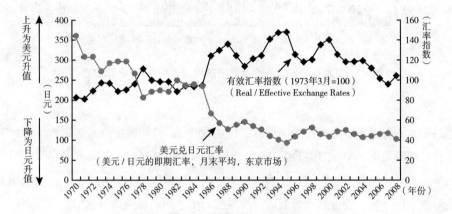

图 13　日元汇率长期走势

资料来源：日本银行数据库。

3. 对外经济摩擦扩大化

日本在国际经济领域的地位，随着 20 世纪 60 年代的经济快速发展有了显著的提升。60 年代末日本的经济规模超过德国，成为仅次于美国全球第二大市场经济体。第一次石油危机后，随着美国等发达国家市场需求向经济型、节能型产品的转变以及日本产业结构的快速调整，机电、汽车等加工组装型制造业领域的国际竞争力大幅提升，日本对美欧的贸易不均衡问题凸显，如图 14 所示，第二次石油危机后，日本的国际收支（经常项目的盈余）占 GDP 比率不断上升，1985 年超过 3%，1986 年高达 4.2%。

对外贸易收支及经常项目收支盈余的扩大，导致日本与欧美各国之间的贸易摩

---

① 1976 年国际货币基金组织（IMF）"国际货币制度临时委员会"在牙买加首都金斯敦召开会议，达成了关于国际货币制度改革的"牙买加协定"，确立了浮动汇率制度，并于 1978 年 4 月开始生效。

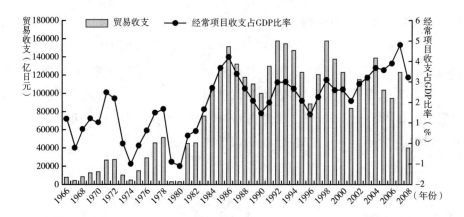

图14　日本对外贸易盈余及经常项目盈余额占 GDP 比率变化

资料来源:《日本统计年鉴》。

擦的扩大和升级。日本与各国的贸易摩擦从 20 世纪 60 年代的纤维、钢铁扩大到 70
年代后期的彩电、NC 工作机械、80 年代的 VTR·DAD（Digital Audio Disc Player）、
汽车、半导体等领域。同时，日本与欧美之间的贸易摩擦问题在第二次石油危机后
发展到市场开放、投资制度等领域，演变成两国之间的政治经济问题。

（二）日本经济发展国内环境的变化

二战后的日本经济经过战后恢复期（1945～1955 年），直到 70 年代初期虽
然出现了几次景气波动，但这并没有影响到经济快速增长的趋势。但是石油危机
的爆发，不但使支撑日本经济快速发展的外部条件遭到了重创，同时也改变了日
本经济发展的国内环境。

1. 石油危机对日本经济的冲击

第一，经济增长下滑。受石油危机的影响，1971～1975 年和 1976～1980 年
的日本经济平均增长率分别为 4.5% 和 4.3%，与 1966～1970 年的 10.9% 相比下
降了一半以上，特别是 1974 年日本经济出现了自 1955 年以来的负增长。

第二，物价大幅上涨。第一次石油危机期间（1973～1974 年），日本全国消费
物价（CPI）和批发物价分别上涨了 20.9% 和 23.5%，第二次石油危机期间
（1978～1979 年），物价变动虽比上次危机期明显减弱，但也超过了 4.8% 和
13.0%。

第三，原材料价格大幅度上升和工业产品相对价格的变化。如图 15 所示，

石油价格的高涨不但直接导致了以石油为原料的石化产品价格以及电力价格的大幅上升，同时也使钢铁、水泥、炼铝等能源消费型原材料型产业和汽车、家电、精密机械等加工组装型产业之间的产品相对价格发生了变化，前者的价格大幅上升，而后者通过技术革新等措施吸收、缓解其价格上升压力。

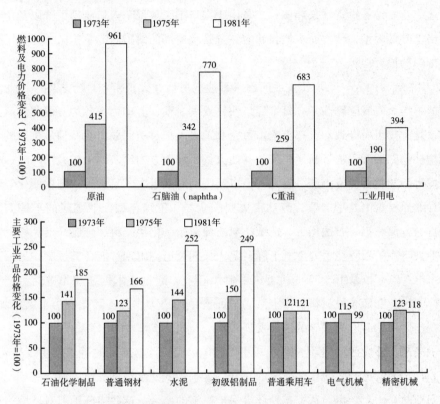

图15　石油危机期间燃料及主要工业产品相对价格变化

资料来源：日本银行数据库。

第四，国内市场供求结构的变化。由于经济增长的趋缓和原材料价格上升及产品间的相对价格的变化，使国内市场的供求结构发生了变化。从需求结构来看，主要反映在对原材料及能源消费型产品的减少和对资源节约产品的增加。从供给结构来看，原材料产业的产能过剩问题凸显，同时其国际竞争能力不断下降，一部分国内生产被进口产品代替，而家电、汽车等加工组装型产业通过电子技术的广泛应用和节能技术及新材料的开发，国际竞争能力大幅提升，不但满足了不断扩大的国内市场需求，也使其出口迅速增长。

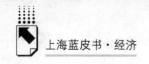

2. 石油危机后的主要问题

经过二次石油危机，日本经济发展的国内环境发生了改变。

第一，国内有效需求的不足。石油危机后，由于日本国内对经济增长的预期下降，导致了国内有效需求的不足。主要表现在三个方面，一是民间消费支出的低迷、企业设备投资增长趋缓；二是由于人口增长放慢、人口流动下降以及土地价格上升等因素，住房需求增长趋缓；三是政府部门的财政赤字扩大，抑制了公共部门的投资需求。

第二，"两大"不均衡发展问题。石油危机后，大都市与地方之间、产业之间的不均衡发展问题凸显。日本经济快速发展时期，劳动力等各种资源要素流向东京等大都市而导致的大都市人口过密和地方人口过疏问题，在石油危机后的经济增长预期下降态势下凸显出来，并使大都市与地方的经济差距扩大。同时，石油危机后的原材价格上涨、日元升值以及国内有效需求不足和需求结构变化等因素导致原材料消费型产业、劳动密集型产业与加工组装型产业之间的不均衡发展。一方面炼铝、石油化工、造纸、氯乙烯树脂、化学肥料、合成纤维等原材料消费型产业的国际竞争力急剧下降，陷入长期衰退，出现产能严重过剩，另一方面家电、汽车以及 IC、产业机器人等制造行业，通过技术创新和先进的生产管理体制导入降低了原材料价格上涨和日元升值的压力，其国际竞争力不断增加，呈现出以海外需求为主导的快速发展态势。

第三，环境污染问题。进入 20 世纪 70 年代，日本国民的诉求发生了变化，从收入水平的提升转向生活质量的提升，这一转变使水污染、空气污染等环境污染问题凸显出来，也导致了各种环境保护措施的出台。这些措施不但对环境污染型产业产生了直接冲击，也限制了都市制造业的扩张空间。

第四，"产业空心化"问题。进入 80 年代，特别是 1985 年的"广场协议"之后，随着经济全球化的进程、日元的大幅升值以及日本对外贸易摩擦的扩大化，日本的产业、尤其是制造业将生产基地大举转移到海外，这导致了日本许多地方出现了"制造业空心化"。

三 川崎产业创新的模式与经验

石油危机后，日本经济发展的国内外环境条件变化，对以制造业为中心的川崎经济的冲击是巨大的，表现为经济增长以及在日本国内经济地位的长期下降。但是，川崎在外部环境条件巨大的压力之下，通过积极改善和调整其内部要素，开启了产业转型的探索，并在长期的实践中形成了具有鲜明特征的产业转型与产业创新模式，推动了川崎从"生产基地型"向"研发基地型"都市的转变。川崎产业转型具有与后工业化过程中的其他城市不同的特征，即并非单纯的"去工业化"，而是通过推动产业创新，发挥其制造业功能作用。产业创新带动了川崎经济增长的回升，也提升了川崎在日本全国经济中的地位。

（一）川崎产业创新模式

川崎作为日本的主要工业都市之一，拥有有利于创新的三大区域优势。一是产业集群优势，多种产业以及不同层次企业的集群；二是"智库"优势，大学及各种研究机构的存在；三是区位优势，川崎位于东京与横滨两大城市之间，拥有大市场和信息、人才等方面的优势。

基于以上的区域优势，川崎的产业、企业创新形成了四种不同类型的产业、企业创新集群或模式，即临海地区以原材料、能源产业为代表的创新集群、内陆地区以机电、IT产业为代表的创新集群，以与大企业配套的中小企业和新兴企业为代表的两类中小企业创新集群。①

1. 重化工产业的创新模式

川崎临海地区是以钢铁、化学、金属、原材料、石油精炼、电力能源等重化工产业为主的产业集群，是日本重化工业主要基地。但是，自20世纪60年代后期以来，川崎临海地区的重化工业受到了环境污染、日元升值以及1990年代以来中国等新兴市场国家工业化的冲击下出现衰退。现在，除造船产业之外，钢铁、化学、石油、电力、重电、食品产业从衰退中重振起来，并走向复活。这种复活不是作为重化工业、"烟囱型"产业的复活，而是作为高附加值型、知识集约型产业的再生。同时，产业的再生是以新材料、功能材料的创新以及节能环保技术的创新与原材料、能源产业相结合，推动新兴产业——生态产业的发展来实现的。

---

① 川崎产业创新的四种模式是专修大学社会知性开发研究中心都市政策研究中心的平尾光司、宫本光晴、青木成树、松田顺四位研究员，在对川崎市产业调查研究后提出的。详见《川崎创新集群的四种模式》，《川崎都市白书》专修大学社会知性开发研究中心都市政策研究中心，2009年3月。

表 1　川崎产业转型的四种创新模式

	产　业	集　群	支援机构
模式 I （临海部/京滨工业地带）	钢铁、化学、金属、石油、电力	新材料、功能性材料开发基地	
		资源、能源循环型产业基地	产业、环境创造联络中心
		环境产业基地	
模式 II （内陆部/多摩川流域）	机电、信息	ITC 研究开发基地	—
		试制、开发基地	
模式 III	中小企业	开发型中小企业	川崎市、川崎市商工会议所、川崎市产业振兴财团
模式 IV	创业启动	孵化基地	KSP = KAST、THINK、亚洲创业村、KBIC = K2 校园区
		创业竞赛	川崎市产业振兴财团

资料来源：平尾光司、宫本光晴、青木成树、松田顺《川崎创新集群的四种模式》，《川崎都市白书》专修大学社会知性开发研究中心都市政策研究中心，2009 年 3 月。

2. ICT 产业创新模式

这一模式是指川崎以内陆地区的机电产业为基础的信息通信产业集群（ICT）的创新。20 世纪 60 年代以来的"工场限制法"，限制了川崎市的工业规模扩张，同时也导致了大规模工厂的周边地区转移。80 年代以后的全球化和 90 年代中国等新兴市场国家的崛起，使川崎机电产业制造业的竞争优势逐渐消失，加速了生产工厂向海外转移或关闭，导致了川崎制造业的衰退。但是，川崎机电产业自身并没有消亡。其主要原因是，向海外转移后的生产基地作为研发基地获得了新生。如 NEC、富士通、佳能、东芝等大型企业将川崎市内的生产基地转换为研发基地，强化了研发功能。

川崎市内陆地区集聚了机电、电子、通信、精密等各企业的研发基地，形成了以机电、IT、精密产业为基础的一大高科技产业集群，同时以多种产业、研究机构为基础，通过"开放式技术革新"、即日本代表性企业之间的合作，构成 ICT 产业的创新模式。如何构建一个公共平台，以此推动机电、IT、精密企业之间的合作，是 ICT 产业创新模式的课题。

3. 中小企业创新模式

这一创新模式是指川崎中小企业集群，特别是研发型中小企业集群的创新。摆脱与大企业的承包关系，成为拥有自主产品及开发能力的"创新型中小企业"

是中小企业创新模式的核心内容。"创新型中小企业"的使命在于改变从前作为大企业的配套制造工厂的功能，发挥承担零部件供给、产品试制、开发等"支撑企业"的作用。在川崎产业技术革新集群这一大背景下可以发挥出新的"支撑企业"的作用。

1990年代，随着大型电气机械企业从制造领域的退出，原有的转包、外发和系列关系也随之崩溃。同时，长期经济停滞导致了川崎小规模制造企业的发展环境急剧恶化，有不少企业在激烈的生存竞争中被淘汰，但也有一部分企业实现了向研究开发型企业转型，获得了新的发展机遇，并成为川崎制造业的支撑。这一创新模式的核心是如何提升中小企业技术能力、经营能力。

4. 新兴创新企业创新模式

新兴创新企业（Start-up Venture）群体的培育和发展是构成川崎产业转型的一支重要力量。川崎是都市产业政策的领军者，先于其他产业城市展开了新兴创新型企业的培育，在日本全国最先设立孵化中心，目前川崎已拥有 KSP、KBIC、THINK 等3处孵化设施。同时川崎市产业振兴财团、工商会所作为中小创新型企业培育中介机构也发挥了重要作用。如何构建创新型企业的支持体系，是培育新兴创新型企业的核心问题。

以上是川崎产业转型中形成的四个创新集群，这四个创新集群被称为"川崎模式"。这一模式并非将现实中形成的集群模式化，而是将集群形成过程中所采取的各种对策模式化，将川崎产业技术创新集群的"可能性"与"方向性"模式化。"川崎模式"既是以川崎产业历史遗产为基础的模式，也是"工业城市的再生与进化"的模式。这意味着"川崎模式"可以成为其他产业城市、尤其是面临着工业化与环境两大对立课题的新兴工业国的产业城市可借鉴的模式①。

（二）川崎推动产业创新的经验

推动各种创新集群的主体虽然均为企业，但前两者是所属产业的龙头企业，如原材料产业中的 JFE、昭和电工以及机电产业中的东芝、富士通、NEC 等，后

---

① 平尾光司、宫本光晴：《川崎产业技术革新集群的四个模式》，2009年10月30~31日"上海市杨浦区与川崎市产业转型比较国际研讨会议"资料。

两者是开发型中小企业和创新型风险企业。因此，政府在推动产业创新过程的应对措施也有所侧重。对大企业的创新，政府支援政策的重点主要是营造环境、发挥协调作用，协调区域之间、大企业与大学之间和产学合作、大企业与中小企业之间的产产合作。而对中小企业和创新型风险企业的创新支援，政府除了发挥协调作用之外，更重要的是"排忧解难"和激励作用。

1. 政策创新，引领未来

第一次石油危机后，日本经济从高增长时代进入低增长时代，这一增长趋势的变化导致了经济发展观念的转变，即从"量"的追求转向"质"的提升、主导权从中央转向地方。川崎是这种观念转变、地方产业政策制定的先行者。

1981年3月，川崎打破了中央政府制定产业政策的"专利"，确定川崎产业政策的基本思路，提出了从"量"的追求向"质"的提升和"产业政策与都市政策"融合的新政策观。前者表明了从生活来定位产业，后者表明了产业政策不能仅从地理特性来考虑，而应该与都市政策联系起来，即都市的居住功能与工业功能的融合。① 这两个观点对以后的政策以及产业转型都产生了深远意义。

1983年提出完善研究开发支援功能，在日本全国率先推进了"川崎技术广场"、"川崎市企业信息中心"、"川崎市研究开发机构"等研发公共平台和KSP孵化设施的建设，为川崎的研发支援和创新企业的培育打下了基础。1993年，川崎制定了第一部《产业振兴计划》，其战略目标是把川崎打造成为"21世纪的国际生活产业创造都市"，并确定了以"振兴市民生活支援产业"、"建设高度研究开发和生产型都市"和"推进国际经济和技术交流"为主的发展框架，即以强化研究开发功能为基础，振兴生活文化产业，促进国际交流。1997年出台了《川崎市21世纪产业战略行动计划》，这一行动计划的出台和实施，虽然未能起到立竿见影的效果，但对创新企业支援政策转换起到了促进作用，并为以后的创新促进政策制定起到了示范作用。②

---

① 1981年3月，川崎市公布了川崎市产业结构雇用问题恳谈会提案《川崎市产业结构的课题与展望》。
② 原田诚司：《川崎市的产业及都市政策的展开》，《川崎都市白书》专修大学社会知性开发研究中心都市政策研究中心，2007年7月。

2. 营造创新环境，推动新兴产业的发展

新兴产业的培育和发展，需要产业聚集以及区域全体共同参与，才有可能实现。川崎摸索临海地区的重化工产业转型与创新过程中，1997 年制定了以形成资源循环型社会、实现川崎临海地区再生为目的的《川崎生态城构想》。同年，川崎被认定为全国第 1 号生态城市（现在已有 26 个地区接受了认定）。川崎生态城构想是以临海工业地带（2800 公顷的区域）为对象，在推动区域现有企业的生产活动向资源循环型转变的同时，积极引进先进资源回收利用设施，并通过两者的互动重振临海地区的产业活动，使该区域成为"生态"型产业示范区。

首先，搭建互信、联合平台，推进企业之间的合作。为了促进区域内的企业之间的相互信赖关系形成和产学的合作，2001 年成立了"川崎临海地区再生创造研究会"（现在为"川崎临海地区再生创造推进协议会"）。研究会由行政（川崎市）、临海地区的企业、学者等构成，共同探讨临海地区产业转型与创新。2004 年以临海地区企业为主体，创设了特定非营利活动法人产业环境创造中心。由于企业与行政有各自不同的需求，创造中心旨在发挥提供解决方案的平台功能，这种平台不但规避了行政直接干预企业间的合作，而且还有利于超越企业之间壁垒，收集信息、调整企业间利益，促进企业的合作。

其次，推动环境领域创新创业的国际化。为吸引和支援来自中国及亚洲的优秀技术人员及创业者，创设了"亚洲创业家村"，并在川崎临海地区 JFE 研发中心 THINK 内专门设置了创业基地，并对创业者在商务和生活方面给予支援。

最后，完善对创新型企业和先端产业的支援制度，加大支援力度。川崎为了推进"生态城"建设，川崎出台了综合性支援措施，其中对生态城区域内认定的民营企业实施回收设施维修费的补助（补助率在 50% 以内）。为了培育环境、能源等领域的成长型先端产业，构筑环境与经济和谐的可持续发展社会，2008 年制定了《先端产业创出支援制度》，并开始为能源等先端技术企业提供资金支援。

3. 构建"三位一体"的支援体系，提高对创业者的支援效率

目前川崎市内有 KSP、KBIC 和 THINK 3 个"孵化设施"，其中由官民共同出资建设的 KSB（川崎市科技园）是日本最早、规模最大的孵化设施。KSP 在如何提高孵化设施对创业者的支援效率，促进创业企业发展方面，经过长年的摸索，形成了集创业者的审查发掘、孵化以及创业初期的风险投资于一体的创业支援体系，即通过审查发掘创新创业者、孵化设施对入居创新创业者进行支援和激励，并通过自身的创投基金即可加强对创新创业者的监督管理又可引入外界的投资。这一支援体系中，孵化设施是核心。

首先，发掘希望创业的创业者。财团法人川崎市产业振兴财团与 KSP 分别设置了"川崎创业家竞赛"和"创业讲座"两个创业者发掘平台。KSP 在其创业者发掘过程中，非常重视创业者的商务模式、创业者的资质和个人的挑战意欲。这两个平台将发掘出的创业者与孵化设施联系起来，促进了创新发掘与孵化的合作，提高了创业企业孵化效率。

其次，在创业企业的孵化过程中，采取从创业到成长的"阶段性支援"措施，发挥孵化设施的支援与激励作用。KSP 内的入住制度根据创业者的需求分为 1 年、3 年和 5 年三个阶段，并提供相应的支援服务。同时引入了孵化业务经理的职能，负责为入驻企业提供各种功能性、专业性的支援服务。通过"阶段性支援"措施和孵化业务经理的措施，不仅强化了 KSP 的商务支援服务功能，更重要的是提升了创业者的创业意欲。目前 KSP 设有 8 名孵化业务经理。

最后，KSP 创立了 3 支创投基金，对其入驻创业企业进行投资。创投基金的融资对创业企业的成长将起到推动作用。创投基金不仅是对创业企业初期进行投资，还可通过创投基金的投资对其他投资机构产生的抛砖引玉的效果。特别是孵化设施自身拥有创投基金后，通过投资不仅可以要求创业企业公示信息，还可以加强对创业者的经营监督，提高对创业者的商务支援效率。

4. 搭建各种"独特"的创新支援平台，促进中小企业创新

日本一般习惯于把中小企业称为"产业支撑"（Supporting Industry）。这表明如果没有坚实的中小企业群，也就不可能有日本制造业的竞争力。中小企业对于产业集群的技术创新也是不可或缺的。因此，提升中小企业创新能力，推动中小企业发展，是各国高度关注的问题之一。

川崎通过搭建多种具有特色的中小企业创新支援平台，对中小企业的创新与转型起到积极的推动作用。

（1）川崎模式产学联盟

一般来说，产学联盟的对象是大企业与大学研究机构，而很少将中小企业作为合作伙伴。"川崎模式产学联盟"不是把大学的成果与企业的需求相结合，而是把大学的需求与中小企业的开发能力相结合，即将大学研究机构在成果开发阶段需要开发和制造的样（机）品与中小企业的"试制"开发能力结合起来。2004 年启动该产学联盟平台以来，到 2005 年底共进行 24 项试制产品开发。通过该平台，中小企业可实现其技术的提升，并通过试作开发可实现研发成果的产业化。

（2）提供中小企业经营支援有偿服务

中小企业经营支援也是川崎模式产学联盟的一个重要内容，即中小企业在承担大学需求的同时，大学也承担中小企业的需求。但有调查资料显示，因种种原因向大学咨询有经营方面问题的中小企业很少。2002 年川崎市工商会议所为了支援会员企业解决经营上的难题，成立了由川崎市内大企业 OB 为核心的"技术服务广场"网络平台。该平台为会员企业提供 ISO 资格认证、技术开发、产品开发、质量管理等各种经营支援服务。工商会议所根据会员中小企业的支援要求，介绍咨询顾问，并协调企业与咨询顾问之间业务委托。这一独特的经营支援模式的最大特点是，咨询顾问的专业性强、经验丰富、应对迅速，能为中小企业解决实际问题。这种咨询虽然是有偿服务，但逐渐被认可，2007 年有 27 家企业得到支援。

（3）以企业为主体，培养实用型人才

这是所指人才不是"研发型"人才，而是一种"技能型"人才。川崎是日本有数的研发型城市，研发人员占从业人员的比例高达 3.68%，远超过东京、横滨等大都市。但同时，许多中小企业、特别是信息服务型中小企业存在着"人才"不足的问题。2004 年川崎市工商会议所设立了"川崎市产业人才培养协会"，该协会联合市内 37 家软件企业共同组建了"川崎 IT 学校"，并以"软件编程"课程为主，以理论学习与实践相结合为原则，以自由职业者为对象实施培训计划。培训包括 11 周的理论学习和 3 周的企业实习。2004～2007 年共培训507 人，其中 90% 以上的人成为企业的正式员工。3 年间政府累计提供了 3 亿日元的资助，人均资助额约为 60 万日元，[①] 资助力度大。但从结果来看，培训人员就业之后，国家及地方政府将得到个人所得税的回报。

（4）政府牵手中小企业与大企业，推动技术转让

2007 年，川崎市政府（经济劳动局）根据川崎的企业特征，即大型企业研发机构多、中小企业多的特点，创设了大企业向中小企业转让技术的平台——

---

① 财团法人川崎市产业振兴财团资料。

"知识产权交流会"。该交流会成立后的第一年，富士通、东芝和 NEC 3 家知识产权提供企业与 60 家中小企业之间，共举办了 4 次交流会，中介技术转让 16 件，成约 3 件。① 一般来说，技术转让成约比率在 3% 左右。

（5）公开、透明、高效率的协调机构。在对中小企业的发展和创新支援方面，财团法人川崎市产业振兴财团、川崎市工商会议所等中间机构的各种"协调"作用是不可忽视的。这些机构能够从中小企业的需求出发，协调与大企业、研究机构以及政府部门、区域之间的关系，提供各种服务，帮助中小企业解决实际问题。如产业振兴财团的新产业振兴部门，为中小企业提供了一种"出差型一站式服务"，即组织专家直接访问企业，为企业当场介绍政府的各种支援政策，并为企业如何利用这些政策提出建议，同时也为企业在技术、经营方面存在的困难和问题提供咨询服务。

川崎对企业的发展和创新支援，除了以上具有"独特"的措施之外，还有如中小企业融资、信用担保等各种支援制度。川崎的中小企业创新支援措施不仅包括了各个方面，而且非常透明，同时各种协调机构的存在，提高了其支援措施的利用效率。

四 对上海产业转型的几点思考

自改革开放战略实施以来，上海实现了经济快速发展与产业结构大调整，并推动了城市功能的转变，从以工业生产为中心的大都市向生产与服务并举的大都市演变。1978～2009 年，上海经济年均增长速度超过 10%，第二、三产业产值构成比从 77.4∶18.6 演变到 39.9∶59.4，平均每年第二产业下降了 1.2 个百分点，而第三产则上升 1.3 个百分点。改革开放后的上海经济发展速度之快、持续时间之长、产业结构调整力度之大，在国际大都市的发展历程中是少见的②。

---

① 财团法人川崎市产业振兴财团资料。

② 1975～2007 年，川崎市第二、三产业产值构成比从 64.5∶35.3 演变到 33.6∶66.4，第二产业下降 30.9 个百点，第三产业上升 31.1 个百分点，其变化的幅度不及 1978～2009 年的上海。东京等国际大都市的变化相对更小，1955～2000 年东京都第二产业占 GDP 比重从 36.5% 下降到 18.7%，过去 45 年间降幅为 17.8 个百分点，即使在日本经济快速发展时期（1955～1975 年）其降幅也不过是 5 个百分点（1975 年为 31.7%）。

经过长期持续发展之后，目前上海人均 GDP 已超万美元，达到中等发达国家的水平。"增量"式发展，即在较低的经济发展水平上，通过产业扩张实现快速经济发展的模式受到了制约。同时，进入 21 世纪后，尤其是 2008 年全球金融危机爆发以来，人民币升值和能源资源价格飙升的压力越来越大，全球贸易保护主义的高涨和对外经济摩擦的扩大化等国际市场环境的恶化。上海经济发展条件的变化，亟须推动产业转型，通过产业及其内部的功能升级、高端化，实现可持续发展。

（一）上海产业转型面临的主要问题

笔者认为，目前影响上海产业转型的因素主要来自两个方面。一是制度制约，二是空间制约。[①]

1. 制度制约

我国是一个正在从计划经济向市场经济转型的发展中国家。这就决定了上海的经济发展，不可避免地受到两个方面的影响：一个是依然能够时隐时现地感觉到计划经济的惯性；另一个是来自于中央政策上的刚性约束。

从计划经济的惯性来看，主要表现为强政府、弱市场的特征格外明显。特别是政府对市场的干预过多，在某种程度上既妨碍了企业的转型又挫伤了企业的创新。一些国有企业大而不强的问题比较突出，尤其表现为在新市场的拓展能力上比较薄弱；具有自主创新精神的民营企业，则因为在市场竞争中受到制度上的制约等原因，难以"成长壮大"。

从中央颁布的政策来看，中央对上海城市发展的定位是"四个中心"和国际化大都市。这一发展战略目标的实现，不仅需要在政策上的支持，也需要对上海与全国以及周边地区的利益进行相应调整。目前，在这两个方面均对上海的发展有一定制约，致使上海的区位优势难以得到进一步的发挥。比如在金融服务、信息服务等领域，就受到国家政策约束很难作为，而港口物流等又面临着与周边地区实现利益调整的现实问题。

2. 空间制约

上海的土地面积仅占全国的 0.06%，而 GDP 的贡献却达到 4.9%。这就说

---

① 2008 年上海市决策咨询研究课题《东京和上海服务业发展比较研究》，该课题由上海致公党承接，笔者执笔。

明在上海这样一片并不算大的区域范围内，产业活动已经呈现相当密集的态势。尽管如此，与国际大都市相比较，上海的产业在发展空间上还是有很大的潜力可以挖掘。因此，上海产业的发展及结构的优化必须考虑到这个因素。

空间制约的问题主要反映在产业功能与人口的空间布局方面。

目前上海处于产业集聚与扩散的第二阶段。这一阶段的主要特点是：人口以及大量生产型工业企业向郊外转移，同时企业的管理层及服务功能、都市型工业向中心城市集中。

从上海目前的状况来看，制造业向郊外转移力度较大，但是由于这些制造业本身不强，并没有相应地激发生产性服务业的大幅增长。第一，上海制造业在发展过程中大部分依赖外资，而外资除了利用廉价劳动力发展加工业务外，企业的研发、销售以及融资等很大一块的服务功能，大部分还是留在国外。第二，上海的产业布局在空间上处于相对封闭，呈现分割状态。即在各种不同的功能区之间、城区与郊区之间、上海与周边地区之间缺乏必要的互动。这种状态，一方面使上海服务业内部结构难以得到有效提升，阻碍上海发展具有高技术含量和较高附加值的服务业；另一方面也使上海无法将制造业与周边城市进行整合，避免恶性竞争。第三，缺少人口等要素资源的自由移动便捷通道，一方面制约了中心城区高端服务业发展的空间，另一方面也使郊区服务业的发展受到阻碍。

（二）几点思考

产业创新是推动川崎产业转型的主要动力，也是川崎在东京大都圈中保持其独特地位的支撑。川崎位于东京和横滨两大都市之间，这一特殊的地理位置对川崎的发展来说即有有益的一面，也有不利的一面。有益的是交通便捷、大市场的接近等区位优势的辐射，不利的是在都市之间的竞争中，各种生产要素容易被规模相对大的都市吸引，形成虹吸作用，使其规模相对小的周边都市失去独立性，而成为大都市的"卫星城市"。但是，川崎在其长期的发展过程中，不但充分享受了区位优势，同时也保持了其都市的独立性。

上海与川崎相比较，即存在一定的共性，也有很大的差异。从都市产业结构来看，两者均具有与其他国际大都市不同的产业结构，即以制造业为中心的产业结构，而且20世纪70年代后川崎产业转型的背景也与目前的上海有一定程度上的相似性。但是从都市规模以都市能级来看，两者差距是巨大的。因此，上海在推动产业转型的过程中，不能直接移植川崎经验。但从川崎产业转型经验来看，笔者认为应从以下三个方面来思考上海的产业转型。

1. 转变传统的发展观念、营造产业创新环境

在过去的计划经济体制惯性作用下，传统的发展观念并未完全根除，严重地制约了上海产业转型进展。目前，在产业发展中的"量"（速度）与"质"（结构）、"大"（大企业）与"小"（小企业）、"国"（国企）与"民"（民企）、"内"（内资）与"外"（外资）等矛盾仍较突出，不利于产业的转型。强调发展速度而忽视产业内部结构的高端化、重视大企业和国有企业而轻视中小型企业与民营企业的发展、优待外资而轻内资的传统发展观念，在我们的政策形成及政策执行过程中时有体现，影响了产业创新。产业转型的动力来自于创新，创新需要环境支撑。因此，上海在推动产业转型过程中，应先转变发展观念，为各种企业营造一个良好的创新环境，不但使国有及大企业有创新的动力，使中小企业变得有创新的能力，还要使外资企业增强技术吸收消化和再创新的能力。通过不同类型、不同层次的企业创新，带动产业结构的高端化，实现产业转型。

2. 突破空间壁垒、推动区域产业协同发展

上海具有国内其他都市无可比拟的区位、人才和市场优势，但这些优势由于受到各种制度层面的制约未能很好地发挥出来，影响了上海产业转型。目前，上海与周边地区之间以及上海各区县之间存在着各种壁垒，这不但妨碍了各种资源的流动与整合，使区域产业之间难以形成协同、互动和利益共享的机制，也影响了上海的优势发挥、产业的升级和转型。因此，在产业空间布局方面，一定要坚持有所为、有所不为的原则，突破目前以中心城区与郊区县为中心的产业布局限制，着眼于长三角地区乃至全国，优化产业布局。同时，通过突破现有的行政区划空间壁垒，促进区域之间的要素流动和产业协同发展，提升上海产业功能的升级。

3. 制度创新、完善创新支援体系

根据中央对上海经济发展的定位以及上海作为国际大都市建设的要求，上海在产业发展和创新等领域的政策制度要敢于创新、率先突破。要以更加开放、更加务实的精神，完善创新支援体系。目前，上海有各种创新支援政策，但创新政策缺乏系统性和可操作性，难以发挥真正的创新支援作用。在共同平台建设方面，上海也付出了很大的努力，但其利用率不高，特别是中小企业利用的难度大，未能达到预期目的。因此，上海有必要打破现有的"条块"行政约束，在政策制度方面有所创新，进一步完善创新支援体系，使政策更加透明、更具有可操作性，真正为企业、特别是中小企业提供支援服务，并提升支援效率。

岁末年初交替之际，照例也是上海经济蓝皮书的面世之时。

《上海经济发展报告（2010）》的主题是"率先转型"。"率先转型"是转型的"现在进行时"，并非转型的"现在完成时"，上海经济的转型是一个长期的、漫长的历史性过程而非短期内所能一蹴而就的。在2010年"率先转型"的基调下，我们确定了上海率先转型的战略目标，但我们深知，上海仍然面临着不断深入转型尤其是有效应对国内外各种不利的约束条件，并继续深入转型的重大战略任务。因此，在2010年"率先转型"的基础上，2011年作为"十二五"的开局之年，其转型的任务更为迫切，形势更为严峻，需要通过构建起有效的体制机制，需要通过创新驱动来推进经济的进一步转型发展。

另外，如同全国一样，全球金融危机以来，上海经济发展经历了2009年"最困难"的一年，2010年"最复杂"的一年，如今正在迈进形势不够明朗、不够确定的2011年。在这样一个复杂格局和背景下，上海经济的转型发展面临多重约束，面临众多的矛盾和问题。这些矛盾和问题包括新一轮经济发展动力的缺失、由投资驱动转向创新驱动的能力不足、已有的产业格局与低碳化趋势不适应、劳动力成本上升压力加大、人民币国际化进程和人民币升值压力叠加、房地产市场走势低迷及政策不明朗、郊区新城综合功能不符合大都市多元化发展要求等，诸多复杂问题相互交织，加大了政策选择的两难局面。在这种背景下，立足于2011年面临的复杂格局，分析深入转型的状况、问题并提出相应的对策，不仅对促进2011年上海经济的平稳发展与深入转型有指导意义，也能为上海"十二五"期间以及后续期间的创新发展与转型驱动奠定坚实的基础。《上海经济发展报告（2011）》便是基于这样的分析和判断展开的。

对上海来说，"十二五"是后金融危机、后世博、后工业化发展的历史性时期，也是上海全面转型的关键时期，上海进入了以功能塑造、城市创新、协调发展和国际竞争力提升为特征的整转型阶段，此时也是上海全面建设政治、经济、社会、文化"四位一体"全球化城市的关键时期，"转型"和"创新"贯穿着"十二五"规划的主线。因此，根据2010年经济发展情况以及2011年经济发展预测状况，并为保持经济发展蓝皮书主题的连续性，结合上海经济社会发展实践以及"十二五"期间面临的重大任务，我们将2011年经济发展蓝皮书主题确定为"创新驱动与转型发展"。

2011年的上海经济蓝皮书与往年一样，也是由上海社会科学院经济研究所负责编撰。作者队伍主要是由上海社会科学院经济研究所、部门经济研究所、数量经济研究中心、城市与区域研究中心的中青年科研人员组成。本书从设计思路、确定主题、梳理主线、提出观点，到形成提纲、细化篇章、落实作者、修改统稿，前后花费了半年多的时间。在这期间，上海经济蓝皮书和其他几本姐妹蓝皮书一样，得到了上海社会科学院领导的大力支持和精心指导。中共上海市委宣传部副部长、上海社会科学院党委书记潘世伟教授，上海社会科学院常务副院长、经济研究所所长左学金研究员，上海社会科学院党委副书记洪民荣研究员等院领导多次亲临蓝皮书研讨会现场，就蓝皮书的主题、2011年上海经济发展形势、上海"十二五"规划主线等重要问题与课题组成员进行商讨研究，对最终形成《上海经济蓝皮书》的现有框架和主题起了十分重要的指导性作用。我们深表感谢！上海社会科学院科研处处长权衡研究员、陶希东副研究员等在蓝皮书的组织工作和事务性工作中投入了大量时间和精力，在此一并感谢！

沈开艳

2010年12月15日于上海社会科学院

图书在版编目（CIP）数据

上海经济发展报告. 2011. 创新驱动与转型发展/沈开艳主编. —北京：社会科学文献出版社，2011.1
（上海蓝皮书）
ISBN 978 - 7 - 5097 - 2043 - 1

Ⅰ. ①上… Ⅱ. ①沈… Ⅲ. ①地区经济 – 经济发展 – 研究报告 – 上海市 – 2011　Ⅳ. ①F127. 51

中国版本图书馆 CIP 数据核字（2010）第 255830 号

上海蓝皮书

上海经济发展报告（2011）
——创新驱动与转型发展

主　　编/沈开艳

出 版 人/谢寿光
总 编 辑/邹东涛
出 版 者/社会科学文献出版社
地　　址/北京市西城区北三环中路甲 29 号院 3 号楼华龙大厦
邮政编码/100029
网　　址/http://www. ssap. com. cn
网站支持/（010）59367077
责任部门/皮书出版中心（010）59367127
电子信箱/pishubu@ ssap. cn
项目经理/邓泳红
责任编辑/姚冬梅　任文武
责任校对/李　敏
责任印制/蔡　静　董　然　米　扬
品牌推广/蔡继辉

总 经 销/社会科学文献出版社发行部
　　　　　（010）59367081　59367089
经　　销/各地书店
读者服务/读者服务中心（010）59367028
排　　版/北京中文天地文化艺术有限公司
印　　刷/北京季蜂印刷有限公司

开　　本/787mm×1092mm　1/16
印　　张/19.25　字数/327 千字
版　　次/2011 年 1 月第 1 版　印次/2011 年 1 月第 1 次印刷

书　　号/ISBN 978 - 7 - 5097 - 2043 - 1
定　　价/59.00 元

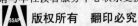

专家数据解析　　权威资讯发布

科学文献出版社 皮书系列

员实用的资讯，对社会各阶层、各行业的人士都能提供有益的帮助，适合合级党政部门决策人员、科研机构研究人员、企事业单位领导、管理工作者、媒体记者、国外驻华商社和使领事馆工作人员，以及关注中国和世界经济、社会形势的各界人士阅读使用。

权威　　前沿　　原创

　　"皮书系列"是社会科学文献出版社十多年来连续推出的大型系列图书,由一系列权威研究报告组成,在每年的岁末年初对每一年度有关中国与世界的经济、社会、文化、法治、国际形势、行业等各个领域以及各区域的现状和发展态势进行分析和预测,年出版百余种。

　　"皮书系列"的作者以中国社会科学院的专家为主,多为国内一流研究机构的一流专家,他们的看法和观点体现和反映了对中国与世界的现实和未来最高水平的解读与分析,具有不容置疑的权威性。

咨询电话: 010-59367028　QQ:1265056568
邮　　箱: duzhe@ssap.cn　邮编: 100029
邮购地址: 北京市西城区北三环中路
　　　　　甲29号院3号楼华龙大厦13层
　　　　　社会科学文献出版社 读者服务中心
银行户名: 社会科学文献出版社发行部
开户银行: 工商银行北京东四南支行
账　　号: 0200001009066109151
网　　址: www.ssap.com.cn
　　　　　www.pishu.cn

点年度资讯 预测时代前程

"盘阅读"到全程在线阅读
皮书数据库完美升级

·产品更多样

从纸书到电子书,再到全程在线网络阅读,皮书系列产品更加多样化。2010年开始,皮书系列随书附赠产品将从原先的电子光盘改为更具价值的皮书数据库阅读卡。纸书的购买者凭借附赠的阅读卡将获得皮书数据库高价值的免费阅读服务。

·内容更丰富

皮书数据库以皮书系列为基础,整合国内外其他相关资讯构建而成,内容包括建社以来的700余部皮书、20000多篇文章,并且每年以120种皮书、4000篇文章的数量增加,可以为读者提供更加广泛的资讯服务。皮书数据库开创便捷的检索系统,可以实现精确查找与模糊匹配,为读者提供更加准确的资讯服务。

·流程更简便

登录皮书数据库网站www.i-ssdb.cn,注册、登录、充值后,即可实现下载阅读,购买本书赠送您100元充值卡。请按以下方法进行充值。

充值卡使用步骤:

第一步
· 刮开下面密码涂层
· 登录 www.i-ssdb.cn
  点击"注册"进行用户注册

社会科学文献出版社 皮书系列
SOCIAL SCIENCES ACADEMIC PRESS (CHINA)

卡号: 52198265425232
密码:

(本卡为图书内容的一部分,不购书刮卡,视为盗书)

第二步
登录后点击"会员中心"进入会员中心。

SSDB
社科文献资源库
SOCIAL SCIENCE DATABASE

第三步
· 点击"在线充值"的"充值卡充值",
· 输入正确的"卡号"和"密码",即可使用。

如果您还有疑问,可以点击网站的"使用帮助"或电话垂询010-59367071。